教育部人文社会科学规划项目
"教师课堂教学行为"（批准号11YJA880139）研究成果

SHUXUE JIAOSHI KETANG JIAOXUE
XINGWEI YANJIU

数学教师课堂教学
行为研究

叶立军　著

ZHEJIANG UNIVERSITY PRESS
浙江大学出版社

图书在版编目（CIP）数据

数学教师课堂教学行为研究/叶立军著.—杭州：浙江大学出版社，2014.4(2017.6 重印)
ISBN 978-7-308-12999-2

Ⅰ.①数… Ⅱ.①叶… Ⅲ.①数学课—课堂教学—教学研究—中小学 Ⅳ.①G633.602

中国版本图书馆 CIP 数据核字（2014）第 046374 号

数学教师课堂教学行为研究

叶立军　著

策划编辑　阮海潮（ruanhc@zju.edu.cn）
责任编辑　阮海潮
出版发行　浙江大学出版社
　　　　　　（杭州市天目山路 148 号　邮政编码 310007）
　　　　　　（网址：http://www.zjupress.com）
排　　版　杭州林智广告有限公司
印　　刷　浙江省良渚印刷厂
开　　本　710mm×1000mm　1/16
印　　张　17.5
字　　数　333 千
版 印 次　2014 年 4 月第 1 版　2017 年 6 月第 2 次印刷
书　　号　ISBN 978-7-308-12999-2
定　　价　49.00 元

内容提要

随着教育改革的不断深入,人们已经逐渐意识到,提高课堂教学有效性,提升课堂教学质量的关键在于教师。而教师课堂教学行为是影响课堂教学质量的首要因素。

本研究以"课堂观察—课堂录像—课堂文字实录分析—课堂教学行为编码—教学行为分项研究—优秀教师、新手教师教学行为个案比较—得出结论"为基本研究模式。

在分析和借鉴了国内外新手教师和专家教师教学行为比较研究的基础上,利用访谈、课堂录像分析等方法,分别从实验学校选取了 6 位优秀教师、8 位新手教师 14 堂课堂教学录像进行比较研究;从数学教师的课堂提问、教学言语、反馈、等待等 4 种主要教学行为进行了分项研究,分别归纳出这 4 种教学行为的类型;通过对师生访谈,制订了这 4 种教学行为课堂观察量表,并对新手教师和优秀教师进行个案比较研究,指出了新手教师、优秀教师这 4 种教学行为的差异,并分别提出了提高这 4 种教学行为的相应策略。

本研究的主要内容与结论如下:

1. 新手教师比较关注学生的知识掌握程度,而优秀教师不仅关注学生知识的掌握,还关注启发、引导学生思考,以调动学生的学习积极性;优秀教师善于追问,根据教学内容和学生的实际情况设置问题串,使问题形成问题链。

教师应以教学目标为指导,设计课堂提问,追求课堂提问的时效性,减少低效提问;针对不同类型的问题采用不同的提问方式,启发、引导学生以激发学生高认知思维;鼓励学生积极参与课堂教学提问,切实提高课堂教学的有效性。

2. 优秀教师追问性语言、引导性语言的使用次数比新手教师多,新手教师提问性语言的次数比优秀教师多;优秀教师言语行为主要发生在课题引入、讲解新知、例题讲解等环节,而新手教师的言语行为主要发生在例题讲解和课堂练习环节;优秀教师应用过渡性语言的次数比新手教师多;在课堂教学中,新手教师课堂教学话语掌控时间比优秀教师多,优秀教师比较关注给学生参与师生对话的机会。

教师应该加强数学语言训练;适时应用隐喻方式进行教学,体现数学与生活实际相联系;合理有效地采用追问,提高教师提问语言的有效性;语言力求丰富、生动、有趣,提高学生的学习积极性。

3. 优秀教师教学反馈行为在讲解新知、例题讲解出现的次数比新手教师多,而新手教师反馈行为在引入环节出现的次数比优秀教师多。优秀教师采用师生共同反馈的形式次数比新手教师多,优秀教师经常会引导学生相互讨论,使学生获得自我矫正的机会;优秀教师往往反馈及时,起到了强化的作用,新手教师往往无反馈地重复练习类似的问题;优秀教师反馈形式呈现多样化,而新手教师往往反馈形式比较单一。

教师应正确认识课堂教学反馈行为在课堂教学中的价值和作用;教师应该灵活运用多种课堂教学反馈行为;提高教师课堂教学反馈能力,在课堂教学中及时、准确地做出反馈。

4. 新手教师在提问后等待次数明显比优秀教师少,每次的等待时间也比优秀教师少;优秀教师运用学生回答后等待的行为次数比新手教师要多。

教师应依据不同的课堂类型,给学生留出恰当的"等待时间",以便学生更好地思维;合理控制无效等待时间,提高课堂效率。

关键词:课堂教学行为比较;提问;言语;行为;反馈行为;等待行为

Abstract

With the continuous deepening of education reform, people have come to realize that the teacher is the key to improve the quality and validity of classroom teaching. And classroom teaching behavior of teachers is the primary factor that affects the quality of classroom teaching.

This study takes "classroom observation—classroom video—analyze classroom text record—encode the classroom teaching behavior—study the classroom teaching in blocks—study four kinds of teaching behavior respectively—make cases comparison between novice teachers and excellent teachers—draw conclusions" as the basic study pattern.

This paper makes a comparative study of classroom teaching video of six excellent teachers and eight novice teachers who are elected from experimental schools by using the methods of interviews, analysis of classroom video and other methods on the basis of the analysis of the comparative studies of teaching behavior of novice teachers and expert teachers at home and abroad. This paper studies four kinds of teaching behavior respectively, including classroom questioning, teaching languages, feedback behavior, waiting behavior, and separately generalizes the types of four kinds of teaching behavior. Additionally, this study develops classroom observation scale of four kinds of teaching behavior through interviews with teachers and students, makes cases comparison between novice teachers and excellent teachers, points out the differences between novice teachers and excellent teachers on the four kinds of teaching behavior, and presents countermeasures for improving the four kinds of teaching behavior.

The main contents and conclusions of the study are as follows:

1. Novice teachers are concerned more about the mastery of students' knowledge, while outstanding teachers are not only concerned about the mastery of students' knowledge but also concerned about inspiring and guiding students to think and mobilizing the enthusiasm of the students. In

addition, excellent teachers are good at questioning further, and can set a series of problems and format chain of questions based on the actual situation of students.

Teachers should be guided by the goal of teaching, when designing classroom questions, pursue the effectiveness of time of classroom questioning, reduce inefficiencies questioning, and adopt different ways to ask when meeting different types of problems. And teachers should also pay attention to guiding students, stimulating high level cognitive thinking of students, encouraging students to participate in questions of classroom teaching actively, and improving the validity of classroom teaching.

2. Excellent teachers use guiding language more often than novice teachers, while novice teachers use questioning language more often than excellent teachers; verbal behavior of excellent teachers occur mainly in the link of introduction, explaining the new knowledge and explaining the examples, while verbal behavior of novice teachers occur mainly in the link of explaining examples and classroom practice; excellent teachers use transitional languages more often than novice teachers; the discourse control time of classroom teaching of novice teachers is more than that of excellent teachers in classroom teaching, while excellent teachers are more concerned about the participation of students in teacher-student dialogue.

Teachers should strengthen the mathematical language training; metaphors are timely used in teaching to reflect the relationship between math and actual life; teacher should increase the effectiveness of questioning language; teachers' language should strive to be rich, lively, funny, which can raise students' learning activeness.

3. Teaching feedback behavior of excellent teachers occurs more than that of novice teachers in the link of explaining the new knowledge and explaining examples, while the number of feedback behavior of novice teachers is more than that of excellent teachers in the link of introduction. Excellent teachers take the form of teacher-student feedback more than novice teachers, and excellent teachers often guide the students to discuss with each other so that students can get the opportunity of self-correction; excellent teachers tend to give some feedbacks timely, while novice teachers are often repeating the exercise of similar problems with no feedbcack; the feedback forms of outstanding teachers are diversified, while novice teachers

are often relatively in a simple feedback form.

Teachers should correctly understand the value and role of classroom teaching feedback behavior in the classroom and should be flexible in the use of a variety of classroom teaching feedback behavior. Moreover, teachers should improve the capability of classroom teaching feedback in order to give the feedback timely and accurately in the classroom.

4. The number of waiting after questioning of novice teachers is less than that of excellent teachers, and each waiting time of novice teachers is shorter than that of excellent teachers; the number of waiting behavior of outstanding teachers after the responses of students is more than that of novice teachers.

Teachers should set aside appropriate "waiting time" to allow students to think better according to different types of classrooms, control the invalid waiting time reasonably and improve the efficiency of classroom.

Key words: Comparison of classroom teaching behavior; Questioning; Verbal behavior; Feedback behavior; Waiting behavior

序

　　研究教师专业发展的一个视角是从教师的知识结构入手。对近几十年的研究状况进行梳理可以看到,早期的研究主要集中在教师的知识结构由哪些要素构成、教师的知识结构对教学有影响吗、教师的知识是如何发展的等方面,形成一条人们从教师的知识维度探讨教师专业发展的清晰轨迹,这种静态的研究范式持续了许多年。后来,学者们看到了静态逻辑的弊端,逐步认识到单纯地考察知识结构难以反映出教师的真实教学水平,教师的知识必须与真实的课堂教学结合起来才能显现,而且,教师的知识要素用于课堂教学必须是一种改造、组合、融通的过程,于是研究的视角转向课堂,产生了"学科教学知识(PCK)"(Shulman,1987)、"学科教学认知(PCKg)(Cochran 等,1993)等核心概念,用动态方式研究教师专业知识的发展,关注教师的 PCK 对课堂教学效果的影响、教师的 PCK 如何发展、教师的 PCK 对学生能力发展的影响等一系列问题。研究的方法摆脱以测量为主的静态模式转向课堂教学观察,观察教师的行为和学生的行为,因为只有深层次地观察教师的教学行为,才能深层次地剖析教师的 PCK。

　　研究教师专业发展的另一个视角是从教师的认识信念入手。研究的问题集中在:教师认识信念的概念模型、教师认识信念的领域特殊性和一般性、教师认识信念与教学的联系、教师认识信念的发展等方面。与研究教师的知识结构一样,教师的信念研究也经历了从静态到动态的方法论转移。事实上,教师认识信念与教学的联系、教师认识信念的发展等问题的研究都只能深入到课堂中去,通过观察教师的教学行为方能找到问题的本源。

基于研究方法的变革,课堂教学研究已经成为当下的一个潮流,在国外,产生了诸如 TIMSS、LPS、Lesson Study 等有影响的课堂教学研究范式。相对于国外而言,国内在课堂教学研究方面相对滞后。

本书是叶立军博士在他的博士论文基础上修订而成的,研究的主题是数学教师课堂行为,研究内容是选择教师课堂行为的四个维度进行探讨,即教学提问、教学言语、教学反馈及等待行为,研究的问题包括:在教学提问行为、教学言语行为、教学反馈行为、等待行为四个方面,新手教师和优秀教师各自有哪些特征? 新手教师与优秀教师有哪些差异? 学生课堂教学参与情况如何? 新手教师存在哪些问题? 如何进行改进? 显然,这一选题正是针对我国在课堂教学研究领域的薄弱局面展开的。

叶立军博士的研究在几个方面是突出的:

(1)将教师行为与学生行为结合起来研究。以往许多关于教师行为的研究,都单纯地对教师进行考察,数据收集、质性分析聚焦于教师,忽略了学生因素。然而,教师的教学行为不是独立于教学情境之外的,教师的教学行为与学生的学习行为相互依存、互为条件,离开学生的学习行为去讨论教师的教学行为如同建造空中楼阁。叶立军在四个研究中,始终贯穿了两者的相互照应。例如,在教师提问行为的研究中,除了考察教师的提问方式、频数、特点外,还对应地就学生关于不同类型提问回答的情况作了分析,讨论教师提问难度与学生回答水平之间的相关关系,将教师提问与学生应答结合起来分析,增强了结论的可靠性。又如,四个研究关于行为观察量表的制订,都有学生的观点介入,研究"教的行为"始终没有脱离"学的行为"。

(2)研究方法的灵活运用。全书的四个研究都是实证,采用的方法是多元的,但这些方法的运用不是简单的叠加与拼盘,而是针对不同的研究问题恰当地使用。其一,自上而下与自下而上的结合。在研究教师行为的共性问题时,首先,根据一定的理论基础拟订一个研究模型(例如将教师的各种行为进行分类),然后用这个模型作为标准对照教师的教学行为,这是自上而下的过程;其次,对优秀老师和新手教师进行个别研究,从各自的表现提升出一般规律,这是自下而上的过程。两种思路相互照应、相得益彰。其二,注重三角论证。围绕一个论点从不同角度采用不同方法去相互印证,形成一种三角论证模式。例如,关于行为观察量表的制订,访谈教师、访谈学生、结合相关理论,这样就形成了支撑一个观点的多种证据,提高了研究结果的外在效度。

(3)整个研究是一个累积性积淀。叶立军选择这样一个题目作为博士论文,不是空穴来风、无中生有,而是在他已经做了大量前期研究工作的基础上形成的,读者从本书的参考文献中可见一斑。而且,这个课题还成功申报教育部人文社会科学研究规划基金项目(2011年),获得教育部课题立项的时间正是他做博士论文期间,这不仅说明他的前期研究工作成效显著,而且也印证了这个课题本身的价值所在。

如前所述,课堂教学的研究国外领先,国内滞后。值得欣慰的是,新一代学者正在朝这个方向努力,近几年关于课堂教学的研究成果日趋丰硕。叶立军博士所做的工作是优秀的,他应当是国内在课堂教学研究领域做得最好的学者之一。

应该说,叶立军博士天资聪慧、悟性极高,这给他奠定了做学问的先天基础,但更应该说,叶立军博士坚守清心、励志苦行,又给了他塑造做学问的后天秉性。愿他不辜负先天的基础,不抛弃后天的秉性,在数学教育研究的路上越走越远,在课堂教学研究这块沃土上不懈耕耘,哺育出更多、更甜的果实。

喻平

2014 年 3 月于南京

目　　录

第1章 引 论

1.1 研究背景

随着教育改革的不断深入,课程改革的问题一直是我国教育研究和教学实践的中心话题。钟启泉曾指出,教育改革的核心环节是课程改革,课程改革的核心环节是课堂教学。[①]

课堂教学是完成数学教育任务最主要的渠道,也是影响学生学习成绩的重要因素。因此,课堂是教与学研究的重要场所,课堂教学研究历来是教育研究的重要领地(Gage,1963;Richardson,2001;Franke,Kazemi & Battery,2007)。课堂教学质量已经越来越受到人们的重视。

课程改革专家富兰认为,现在全球性课程改革几乎都处于举步蹒跚的窘境之中,造成这种困境的原因在于研究者忽视了具体课堂教学改革改善的实证探索。[②] 数学课堂教学是一个复杂的过程,提高数学课堂教学质量需要很好的研究基础和支持,我国有着悠久的数学教学传统,有着优秀的教学经验,但也存在着教学理论与教学实践脱节的状况。

自21世纪初以来,我国进行了一场数学课程改革。国内数学教育工作者已认识到课堂教学改革的必要性,并进行了探索和实践。国际上,对课堂教学研究也十分重视,比较有影响的有 TIMSS、LPS 以及日本的 Lesson Study 的研究。因此,借鉴国际数学课堂教学研究成果、数学课堂教与学的相关理论与数学课堂教学研究方法,以作为我国数学教育研究工作者一个国际视角和理论基础显得尤为重要。

数学课堂教学研究聚焦于数学课堂教学活动,把数学课堂教学活动作为重要研究对象是当前研究的重要方式。然而,由于数学课堂教学的复杂性,选择数学课堂教学的若干方面,对数学课堂教学进行深入研究、分析是很有必

---

① 钟启泉."有效教学"研究的价值[J].教育研究,2007(6):31.

② Fulan M H, Crévola C. Breakthough[M]. Thousand Oaks,California:Corwn Press,2006.

1

要的。

教育是一种以教师行为为表征的改变人的行为方式的过程。在教育过程中,只有通过教师行为这一桥梁和中介,才能使教育者和被教育者达到信息的沟通。① 改进数学课堂教学的关键是努力提高教师的教学水准,而教师课堂教学行为是影响教师教学水准的重要因素。数学课堂教学过程中,教师的课堂教学行为对课堂教学质量的提升有着十分重要的影响。开展数学教师课堂教学行为研究对于数学课堂教学改革有着十分重要的意义和价值。

然而,在近年来关于教师行为的研究中,对影响教师课堂教学行为的教学信念、教学效能感、教学监控能力以及高效教师的行为特征等有较多的研究,但对教师教学行为本身进行研究的却较为少见。

1.1.1 由数学课堂教学偏差行为引发的思考

教学是实现教育目标的基本途径。在过去的课堂教学中,我们往往以一种宏观的态势认识教学,忽视了课堂中学生与课堂环境的真实联系。20 世纪60 年代美国"结构主义课程改革运动"的失败警示我们,基础教育课程改革一定要注重课程实施。课程实施最终具体落实在课堂教学中。课堂教学作为教育的核心,其质量直接关系着学生的发展。

聚焦课堂、提升课堂教学质量已成为当今课程改革的重要着力点。通过对中学数学课堂教学的研究,深入揭示课堂教学中各种因素的内在联系,以帮助教师有效利用课堂教学时间,从而全面提高教学质量,是当前数学教学改革的重要手段。

然而,经过大量的课堂观察、调研,我们发现,课堂教学中许多偏差的教学行为影响着课堂教学质量的提升。这些偏差现象主要表现在以下几个方面:

1.1.1.1 教学目标定位不合理

《全日制义务教育数学课程标准》(实验稿)要求,培养学生"用数学的眼光去认识自己生活的环境与社会",学会"数学地思考"②,即运用数学的知识、方法去分析事物、思考问题。同时,课程标准明确规定了教学的三维目标:知识技能目标、过程性目标和情感态度目标。由此可见,教师在教学中不仅要有明确的知识技能目标,还要重视过程性目标和情感态度目标,这样才能使学生在知识、技能提高的同时,培养学生的学习兴趣,养成良好的学习习惯和健全的心理素质。

---

① 唐松林.教师行为研究[M].长沙:湖南师范大学出版社,2002:4.

② 数学课程标准研制组编写.全日制义务教育数学课程标准(实验稿)解读[M].北京:北京师范大学出版社,2000:173.

但由于长期以来受应试教育的影响,在数学课堂教学中,教师对教学目标的把握往往以考试大纲为依据,存在着"考什么,教什么"的现象,从而降低了教学目标。有的课堂教学目标游离于教学目标之外,甚至偏离了教学目标,致使三维目标难以落实。在调查中我们发现,许多中学教师备课时就参照考试大纲来确定教学目标,往往在学生初学时,教师就已按照考试的要求来进行教学内容的传授了,如此一来,许多本应培养数学思想的教学目标往往就降为只要求巩固知识、掌握技能的层面上了。教学内容也变得肤浅狭窄,知识的传授仅浮于表面,没有挖掘其本质。而为了达到好的考试成绩,在教学过程中,教师严密周到的预设太多,这使得学生只好紧跟着教师设计的步伐在走,从而导致在课堂教学中出现学生被强迫牵制、被动跟随的现象。

同时,很多教师因为忙于管理学生、补课、批改作业等工作,在备课时,没有足够的时间去钻研教材、解读课程标准、了解学生情况。我们发现,许多课堂教学因为教师没有真正理解教材的编写意图而造成了课堂教学目标偏离的现象。

例如,笔者曾听过一节八年级的《认识直棱柱》,教学重点应该是直棱柱的概念,但老师在上课时只花了十多分钟讲解直棱柱后,就开始让学生计算棱柱的体积了。考什么就教什么,为了应付考试,教师让学生反复模仿,简单操练。学生知其然,却不知其所以然,他们没有主动经历知识发生、发展的过程,而是被动、机械地接受教师讲的内容。

1.1.1.2　课题导入不自然

课题导入是指教师在新知识教学之前,为激发学生的学习兴趣,调动学生学习的积极性,创设问题情境引入教学内容。常用的课题导入方法有直接导入、设疑导入、实例导入、游戏导入等等。在教学中,教师根据教学实际情况设计合适的课题导入有助于引导学生进入学习的最佳状态。然而,课题导入过程中也存在着一些问题,如导入方法单一、情境问题喧宾夺主、不切主题等等,对学生数学学习兴趣与内部动机产生不利的影响。

案例 1

在《数学归纳法》的起始课中,教师为了导入课题使用了三个实际问题:

问题 1:美食节前,班主任老师想在办公室单独了解班上每一位同学对本班参与美食节的组织建议,请帮助老师设计一个面见同学的程序。

问题 2:一挂合格的鞭炮,要导爆所有的炮仗,应该点燃哪一颗炮仗前的导线。

问题 3:通过视频导入多米诺骨牌问题。

三个问题共耗时 9 分 30 秒,第一个问题耗时 2 分 29 秒,第二个问题耗时 1 分 1 秒,第三个问题耗时 5 分钟,但始终没有导入数学归纳法这一主题。教师试图通过这三个实际问题让学生体会递推思想,然而,在归纳完多米诺骨牌原理后,教师忽略了"观察"、"发现"的过程,直接使用数学归纳法"证明"数列通项公式,这样的过渡很牵强。

课堂教学重视知识的发生与发展,课题导入是教师为学生再现知识产生过程的重要方式。随着教育改革的推进,教师们已经开始意识到课题导入的重要性,纷纷开始采取各种途径导入课题,并取得了一定的成效。然而,许多不自然、不合适的课题导入对课堂教学不但没有什么作用,有的甚至带来了负面效应,教学没有达到预期的效果。

1.1.1.3 教师提问频繁且低效

近些年来,"问题"对数学和数学学习的作用已得到了广泛的关注,人们普遍认为"问题"是数学及数学学习的一个重点。在数学课堂上,"问题"更多的是以教师提问的形式出现。我们发现,在课堂教学中,教师频繁提问是当前数学课堂教学中的一个显著特征。我们曾对七年级《分式的乘除》的课堂教学做过统计,这堂课教师总共有 160 个问题,提问反映在教学的各个环节中,统计结果如表 1.1 所示。

表 1.1　课堂各类提问统计表[①]

教学环节	提问类型		教师提问							次数	时间(秒)	时间百分比
	封闭	开放	识记	管理	提示	补充	重复	理解	评价			
引入	18	3	2	1	4	8	2	4	0	21	88.5	3.50%
讲解新知识	1	0	0	1	0	0	0	0	0	1	1	0.14%
例题讲解	61	3	0	2	25	24	3	6	4	64	193	7.62%
学生练习	6	0	0	6	0	0	0	0	0	6	12	0.47%
教师讲解练习	39	0	0	0	14	11	6	1	3	4	39	166	6.56%
课中小结	9	7	0	3	5	4	2	2	0	16	82.5	3.26%
课末总结	10	3	0	2	3	4	3	1	0	13	42	1.66%
汇总	144	16	2	29	48	46	11	16	8	160	585	23.10%

从表 1.1 可以看出,一节总时间为 2532 秒的课,教师提问时间就用去 585 秒,占课堂总时间的 23.10%。一节课 160 个提问中,封闭性提问有 144 个,占了总提问数的 90%,可以让学生思考的开放性提问只有 16 个,只占总提问数的 10%。封闭性提问适合知识的记忆和理解,但是过多的封闭性提问

---

① 有关提问类型定义见 4.2.1.

并不能引起学生的积极回应,学生的思考浅于表层、流于形式,不利于学生进行高层次的思维活动。

从整个教学环节上看,教师讲解新知识环节是教师把握学生最近发展区,在学生已有的认知、情感基础上,触发学生认知矛盾,同时帮助学生形成新的认知结构的阶段,这需要学生的积极主动参与,让学生亲身感受知识的发生发展过程。而教师适时诱导提问,是学生能够积极主动参与的前提,但在这个环节,教师只提问了一次,且是封闭的管理性提问。

提问作为课堂教学活动师生互动、生生互动的主要形式,教师在追求"量"的时候,更不能轻视提问的"质"。因此,如何有效地进行课堂提问,是值得关注的。

我们认为,数学教育的基本理念应该是人人都能获得良好的数学教育,不同的人在数学教育中得到不同的发展。关注全体学生,让学生尽可能地参与数学课堂教学活动是当今数学课堂教学的要求。

同样以《分式的乘除》课堂实录为例,在本节课中,学生的参与情况统计如表 1.2 所示。

表 1.2　学生参与情况统计表

学生行为	次数	时间(秒)	时间百分比
应答	142	356.5	14.08%
质疑提问	1	1	0.04%
朗读	1	25	0.99%
其他语言	5	18	0.71%
合作学习	0	0	0%
思考	15	115	4.54%
有板演练习	1	271	10.70%
无板演练习	3	412	16.27%
讨论	0	0	0
举手	2	10	0.39%
总数	170	1208.5	47.72%

从表 1.2 中可以看出,学生的行为时间占课堂总时间的 47.72%,其中学生回答教师的提问和学生练习的时间最长。在课堂中学生练习是学生参与的一部分,但学生回答情况相比学生练习更能体现学生的参与情况。当前的课堂教学中,教师提问贯穿课堂始终,教师非常关注学生的回答,他们认为,学生

的回答情况决定了课堂教学的活跃程度。

笔者对于《分式的乘除》这节课的学生回答进行了统计,如表1.3所示。

表1.3　教学各环节学生应答情况统计表①

教学环节	学生回答					次数	时间（秒）	时间百分比
	无答	机械	识记	理解	创造			
引入	1	6	5	9	0	20	53.5	2.11%
讲解新知识	1	0	0	0	0	0	0	0
例题讲解	5	18	15	25	1	59	156.5	6.18%
学生练习	2	4	0	0	0	4	4	0.16%
教师讲解	3	19	4	13	0	36	87	3.44%
课中小结	6	1	1	8	0	10	38	1.50%
课末总结	0	5	2	5	1	13	17.5	0.69%
汇总	18	53	27	60	2	142	356.5	14.08%

笔者对于《分式的乘除》这节课的学生回答进行过统计:教学引入环节,学生共应答20次;讲解新知识环节,学生没有应答;例题讲解环节,学生共应答59次;练习环节,学生应答4次;教师讲解练习环节,学生共应答36次;课中小结环节,学生共应答10次;课末总结环节,学生共应答13次;对应于教师的160个提问,学生有142个回答,有18次教师的提问学生是没有回答的。在142个回答中,虽然学生理解性的回答次数是最多的,有42.25%的回答是理解性的,但是有37.32%的学生回答是机械性回答,相对于这部分回答的教师提问是相对无效的提问,因为机械性回答对学生而言并没有引起足够的思考,且这种机械性回答绝大部分是学生的集体回答,在集体回答的时候教学气氛是活跃的,但学生真正收益并不多,真正能体现学生思维发展的创新性回答很少。综观这些回答,学生因缺乏思考时间,参与度不高,从而出现了教学低效甚至无效的现象。

从表1.2可知,整节课学生有15次思考机会,平均每次思考时间是7.6秒。其中,一部分思考发生在学生没有回答的情况下。在学生142次回答中,只有极少部分的回答是经过学生思考的。在这142次回答中,学生真正参与的回答只有18次,这是由10名学生单独站起来回答的,且平均每次单独回答的时间不到4秒,而其他124次回答都是学生集体回答或部分学生回答

---

① 有关学生应答类型定义见4.2.1。

(表 1.4),在集体回答和部分学生回答时,学生的主动参与程度是比较低的,很多学生会不假思索地跟着其他同学回答。

表 1.4 各教学环节学生参与情况①

教学环节	学生参与回答						
	参与学生	参与次数	参与时间(秒)	学生参与人数	学生参与次数	学生参与时间(秒)	时间百分比(总时间=2532 秒)
引入	S1	2	5	2	6	21	0.83%
	S2	4	16				
例题讲解	S3	1	2	1	1	2	0.08%
教师讲解	S5	1	3	1	1	3	0.12%
课中小结	S4	2	21	4	5	30	1.18%
	S6	3	9				
课末总结	GBS1	1	3	4	5	9.5	0.38%
	GBS2	1	2				
	GBS3	2	2.5				
	GBS4	1	2				
汇总	10	18	65.5	12	18	65.5	2.59%

这样"满堂问"、"满堂答"的现象,从表面上看好像学生积极参与到了教学之中,但本质上,教师没有真正给学生参与到课堂中的机会,因为教师没有给学生提供自主学习、独立思考的空间,学生的实际参与程度较低,且教师没有真正关注到全体学生,大部分学生只是被动地跟着教师的提问在走。

1.1.1.4 教学过程中学生参与度低

现代教学提倡变"教为主"为"以学为本",在教师的主导下,要充分发挥学生的主体性。但在课堂教学中仍存在以教师为中心的现象,主要表现为教学环节往往教师讲解、学生练习为主的现象。

"讲解"是课堂教学不可缺少的部分,即便是以学生为主的课堂教学活动,教师的讲解也是十分必要的。但并非教师的讲解越多,学生就越能更好地理解问题。很多时候,教师讲解的内容,学生都是知道的,或者说教师只要适当地点拨、引领、启发一下,学生就能明白,可是很多教师生怕学生不能理解,认

---

① Sn 表示第 n 个学生的行为;GASn 表示 A 组第 n 个学生的行为。

为讲得越多、越简单就越好。事实上教师讲得过多，反而会引起学生反感，学生会认为教师讲的内容自己都知道，太简单，不需要自己去思考，时间一长就会出现学生被动跟着教师的步伐走，不擅思考的情况。如何才能在课堂上进行"有效讲解"是值得关注的问题。

学生练习是课堂教学有效组成部分，教师在课堂上给学生一个运用知识的机会，有助于他们更好地掌握知识、技能。但是很多教师没有意识到，如何才能有效地组织学生进行课堂练习，从而避免出现课堂练习次数太多的情况。讲完新知识后，进行课堂练习，练完后讲解，讲完之后再练，在有限的课堂时间里课堂练习占了很大一部分，出现了"满堂练"的现象，难以保证学生有足够理解知识、内化知识的时间。这样课堂练习都是教师的预设环节，虽然教师体现了对知识文本、技能的尊重，体现了教学的计划性，但预设过度、按部就班，课堂生成就没有机会，从而易导致学生缺少立体互动和个性解读的机会，同时，也使他们失去了将知识内化能力的锻炼过程。

1.1.1.5 教学形式化现象严重

数学教学内容是已经形式化的思想材料，具有较强的抽象性。我们教学的目标应是使学生会从直观的现实材料中抽象出形式化的思想材料，并将此用于新的实际问题。[①] 在这个过程中，将教学内容直观化是帮助学生理解抽象问题的重要方法，然而，要真正理解、获得数学知识，仍得通过紧张、有序的思维活动。在教学实践中，教师越来越重视直观化地展示数学内容、组织学生通过合作学习对问题进行深入思考。不过，随之也出现了过犹不及的现象，如过度关注直观、忽视数学抽象本质、合作学习表面化等。

案例 2：

父："如果你有一个橘子，我再给你两个，你数数看一共有几个橘子？"

子："不知道！ 在学校里，我们都是用苹果数数的，我们从来不用橘子。"

教学直观化在一定程度上提高了学生的学习兴趣，但如果过度强调直观性，忽视将直观知识上升为抽象知识，则不利于学生对数学抽象知识的理解、应用，一旦换了情境，学生便无法解决类似的问题。事实上，教学直观化只是帮助学生理解数学抽象知识的一种手段，思维训练才是教学本质。

案例 3[②]：

有一位老师在《圆的认识》教学中，安排了如下几次小组合作学习：

① 在小组里交流日常生活中见到的一些圆形物体。

---

① 张奠宙，唐瑞芬，刘鸿坤. 数学教育学[M]. 南昌：江西教育出版社，1997：20.

② 张志明. 实施小组合作学习中的问题与对策[J]. 小学数学教学研究，2007（12）：26.

② 小组合作画圆,交流画圆方法。

③ 操作中认识圆心和半径。

④ 讨论在同一个圆里,有多少条半径,这些半径的长度是否相等。

在这堂课中,学生几乎都在参与合作学习,且由于合作交流的次数太多,最后导致教学匆匆收场,合作学习没有落到实处,若长此以往,无疑将削弱学生的自主学习能力。当前,教师在课堂教学中经常采用分组讨论的形式让学生进行所谓的合作学习,然而,仅仅开展表面热闹的课堂教学讨论,不仅不能提高学生的学习能力、学习兴趣,反而会降低思维的深度、广度,教学也会逐渐变得形式化、教条化。

1.1.1.6　重预设,轻生成

预设与生成,两者在课堂教学中缺一不可,因为没有预设的生成常会使教学陷入“虚假生成”的误区,而没有生成的预设,往往会使原本精彩的课堂教学失去生命力。然而,课堂教学中却存在着严重的重预设、轻生成现象。

案例 4[①]:

在有关数列的一次课堂教学中。

师:前面学习了等差数列和等比数列,今天我们来学习新的内容……

生:老师,我有一个问题:既然有等差数列和等比数列,那有没有等和数列、等积数列呢?

师:(愣了一下)这不属于高考内容,没必要浪费时间研究这个问题。

师:(继续着原定的教学进程)

在课堂教学中,教师经常鼓励学生对问题进行思考,并发表自己的观点。而对学生提出的各种观点,教师大多采取选择性吸收的态度,当学生观点符合教师原先教学设计时,教师或大加赞赏,或大做文章;当不符合时,则常会有意回避,或将其强行拉回预设“主题”,尤其是对学生那些“突发奇想”。假如课堂教学只在执行“预设”,那又何来“生成”之说?

1.1.1.7　重结果,轻过程

课堂教学是以传授知识为核心的师生互动的教学活动,重视知识传授就是重视双基教学,也就是重视教学结果,而学习是学生体验、感受的结果,在课堂教学中培养思维能力,实际上是重视学生的学习过程。在教学过程中,教师应让学生自己参与、亲身体验教学过程,不能越俎代庖,剥夺学生参与自主思考的机会。

---

① 李祎.“病态”数学教学解析[J].当代教育科学,2007(3-4):37.

案例 5[①]：

曾经有一位企业家问郭思乐教授，什么是教学？他说："如果你告诉学生，3 乘以 5 等于 15，这就不是教学。如果你说，3 乘以 5 等于什么？这就有一点是教学了。如果你有胆量说'3 乘以 5 等于 14'，那就更是教学了。这时候，打瞌睡的孩子睁开了眼睛，玩橡皮泥的学生也不玩了：'什么什么？等于 14?！'然后他们就用各种方法来论证等于 15 而不是 14。"

在当前的教学过程中，由于受到评价体系的影响，"掐头去尾烧中段"，为结果而教，甚至追求结果的现象严重。为了应付考试，教师让学生反复模仿、简单操练，学生没有主动经历知识发生、发展的过程，而是被动、机械地接受教师讲的内容。长此以往，造成了教师单纯传授数学知识，学生只求记忆，学习过程不完整，堵塞了数学思想的传播渠道，学生缺乏对数学的理解现象。教学中，重视解题技能、技巧训练，轻普适性思考方法的概括，学生只会简单模仿，数学思维层次不高等现象严重。

1.1.1.8 随意处理教材例题，学生学习难度增大

教材是教学的根本，在数学教学中应当立足教材，但更要从广度、深度上超越教材。教材编写者从一个普遍适用的角度编写教材，对于不同地区的学生状况、教学资源肯定不是最适用的，它给教师留下了创造和发挥的空间，但这并不意味着教师可以随意处理教材。在调查中我们发现，有些教师在使用教材的时候，有时并没有很好钻研、利用教材，出现了随意处理教材、更改例题讲解的先后次序的情况，从而增加了学生的认知负担，教学效果也不理想。

如七年级《一元一次方程》一节，教师在讲解例题的时候，讲完例题 $17 = 6x$……① 后，跳过书中的例题 $5x = 50 + 4x$，直接讲例题 $8 - 2x = 9 - 4x$……②。①和②的难度梯度较大，虽然学生在小学时就学过简单的一元一次方程，但解方程对学生来说是新知识，并且七年级的学生刚刚学了负数，但对负数没有完全掌握。所以教师在讲解方程①时比较顺利，但在讲解方程②时，就遇到了较多困难。

教师随意处理教材的例题，导致例题梯度太大，很多学生上课听不懂，觉得数学难学，失去了学好数学的自信心，有的甚至感到所学的知识太难，产生害怕或者抵触情绪，造成了两极分化。

综上所述，对课堂教学进行研究，提高教师课堂教学行为对提高数学课堂教学质量，全面推进素质教育有着十分重要的意义。

---

① 郭思乐.教育走向生本[M].北京：人民教育出版社，2001：80.

1.1.2　数学教师专业成长的需要

当今国际社会激烈竞争背后的实质是国与国之间的人才竞争,而人才竞争的关键在于教育,教育的关键在于教师。培养出大批的优秀教师,提高教育质量,才能确保竞争立于不败之地。而优秀教师的培训必须在科学的理论指导下进行。运用新手—优秀教师比较、调查、访谈等方法开展教师心理研究,为师资培训提供有益的借鉴,已逐渐被教师培训工作者关注。

教师教学行为研究是教师专业发展的需要,形成良好的数学课堂教学行为是数学教师专业发展的重要内涵。21 世纪初,我国中小学掀起了一场轰轰烈烈的基础教育课程改革浪潮。课程改革是国家改革人才培养模式、培养创新人才、推进素质教育的必由之路,更是保证在这场竞争中立于不败之地的关键。当前,随着教育改革的不断深入,世界各国都越来越重视教师素质的提升、教师课堂教学行为能力的提高。然而,近年来,世界各国在师资教育改革的同时,逐步认识到职前师资培养的功效非常有限,教师的专业水平主要是在职阶段提升的。

例如,美国全国专业教学标准委员会(National Board for Professional Teaching Standards)制定了《教师专业标准大纲》,各州还制定了更为细化、便于操作的教师专业标准,对教师的教学行为做了严格的规定。

美国各州的教育法都对教师教学行为提出了很高的要求。美国还通过教师资格证书制度、多级晋升制证书管理模式、反思性教学、教师专业发展学校、校本培训等一系列措施,来改进教师的教学行为,以培养出优秀的教师,从而推进教师专业化水平,提升教师队伍的质量。美国于 1996 年制定的《优秀教师行为守则》以及各州的教育法令等都要求对教师教学行为作出具体的要求,以促进教师素质的提升。

由于数学的应用广泛性,数学教育在基础教育改革中可谓首当其冲。随着数学课程改革的推进,数学教师的素质是这场改革能否取得成功的关键,这已经成为人们的共识。数学教师课堂教学行为具有鲜明的个性特征,许多行为是教师长期的个人经验,"我们在种种场合和种种状况下,只有向经验求教,才可以从那里引出一般的规律"。① 很多研究表明,专业发展需要自觉的经验性学习,"自觉的经验性学习意味着教师的自觉,这种自觉主要是教师的经验反思和经验重建。离开了教师的自觉,经验是死的经验,经验性学习充其量只

---

① 列宁.黑格尔《逻辑学》一书摘要.北京:人民出版社,1965:141.

是自发的经验性学习"。①

教师素质的高低决定了学生素质的高低,决定着教育改革的成败。提高教师教学反思能力是提高教师素质、提高数学教学能力的关键。教师通过教学反思自身的不足、寻找解决途径,这是一项创造性的工作,同时也是提高教师数学教学能力、提高课堂教学效果的重要手段。同时,教师通过对课堂教学行为进行反思有利于教师经验的质的提高。

因此,对数学教师课堂教学行为进行研究、总结,可以发现数学教师的教学经验,有利于教师将经验进行反思,将这些教学经验上升为数学教学思想,这对教师的专业发展是很有价值的。

1.1.3　自身经历的反思

自 2003 年以来,我们长期致力于数学课堂教学行为研究,积极围绕教师教育立足于基础教育、服务于基础教育的宗旨,开展了系列研究。

2006 年《课堂教学视频案例与教师行为分析的理论与实践》获得浙江省教育规划课题立项,并在杭州 B 学校开展了相关研究。经过多年的实践研究,该校的研究成果获得杭州市第六届国家基础教育课程改革优秀科研成果三等奖。

2011 年《教师课堂教学行为研究》被列入教育部人文社会科学研究规划基金项目,并在实验学校开展了相关研究。课题组秉承立足基础教育、服务基础教育的宗旨,先后在实验基地长期开展以"听课—摄像—评课—讨论—自省—改进"为形式的教研活动。

课题组成员每周到实验学校一次,开展以讨论、听课、评课、反思等为主题的教研活动,在整个活动中,以课题为抓手,在每个实验学校都有一个明确的主题,以课堂教学录像分析为手段,以听课、评课、反思等教研活动为形式,以课堂教学反思为切入点,以提高教师课堂教学行为能力,改变教师课堂教学行为,从而达到提高课堂教学质量的目的。

根据课堂教学研究的实际情况,我们组织了教师、教研员、研究生等在内的研究团队,对教师提问、言语、反馈以及等待等主要的课堂教学行为进行分析,制订了相应的课堂观察量表,并在实践中加以验证,深受广大教师的欢迎。如,2010 年 4 月 22 日,在 L 市开展了课堂观察活动,上午对教师进行讲座培训,下午利用我们的量表组织教师进行课堂观察分析评课,取得了较好的效果。

---

① 陈振华.论教师的经验学习[J].华东师范大学学报(教育科学版),2003(3):17-19.

近几年的实践表明,基地建设取得了较好的成果,教师提高了教学、科研能力,从而提高了数学教学质量。同时,促进、完善了数学教研组的作用,提高了数学教师的科研能力、教学反思能力和教学能力。

2008 年 6 月,我们与美国加州州立大学长滩分校合作进行课堂教学有效性研究,并组织研究生、中小学教师多次参加网络会议。期间,多次参加国际学术会议,如 2008 年在美国田纳西州州立大学参加中美合作会议,2009 年、2010 年两次参加美国教育研究大会(AERA),并宣读关于课堂教学研究相关论文,引起国内外学者的关注。

2010 年 5 月,我们参与了北京师范大学教育部重点课题《数学课程改革的理念与教学实施一致性研究》,并选择了杭州市 J 区初中作为研究对象,在该区选择 7 所学校,每所合作学校选取 5~6 位 7 年级数学教师作为参与项目研究的教师(包括备课组长、新教师等)。在每位参与项目研究教师所任教的班级中选取一个教学班的所有学生作为参与项目研究的学生。在实验学校对每位选取的教师连续拍摄 2 堂录像课进行分析、研究。

近年来,我们在实验学校录制了课堂教学录像 100 多堂,并选择有代表性的课堂录像进行文字实录、分析。自 2010 年以来,先后在 *Journal of the Korea Society of Mathematical Education Series D*：*Research in Mathematical Education*(韩国)、*Journal of Mathematics Education*(美国)、《教育理论与实践》、《数学教育学报》等国内外杂志上发表了 20 多篇相关论文,相关研究引起了国内外同行的关注。

1.2　研究的问题

教师的理念是教师行为的基础,教师的行为能够对他们的学生产生深远的影响[①]。关于数学教师教学行为有很多问题值得探讨：数学教师教学行为与学生数学学习效果的相关性研究；数学教师行为有效性的评价标准；专家型教师与新手教师的教学行为比较研究；数学教师有效教学行为的研究方法等。[②] 自 20 世纪 90 年代以来,关于教师成长的研究已经逐渐成为教师教育研究的一个重要课题,其中日益受到重视的是专家—新手教师的比较研究。

本研究主要研究的问题有：

(1) 新手教师和优秀教师各自的教学提问、教学言语、教学反馈以及等待

①　[美]Jackie Acree Walsh,Beth Dankert Sattes. 优质提问教学法——让每个学生都参与其中[M]. 刘彦译. 北京：中国轻工业出版社,2009：47.

②　喻平,连四青,武锡环. 中国数学教学研究 30 年 [M]. 北京：科学出版社,2011：250.

行为分别有哪些特征？

（2）新手教师与优秀教师在教学提问、教学言语、教学反馈以及等待行为方面有哪些差异？

（3）新手教师和优秀教师各自在教学提问、教学言语、教学反馈以及等待行为下，学生课堂教学参与情况如何？

（4）新手教师的教学提问、教学言语、教学反馈以及等待行为存在哪些问题？如何改进？

1.3　研究假设

我们认为，不同的数学教师处在不同的教师专业发展阶段。数学教师的成长过程是一个新手教师逐渐向专家型教师的转变过程。新手教师与专家型教师所反映的是教师在成长和发展过程中不同的专业水平，揭示新手教师和专家型教师的教学行为差异对于教师的成长是重要的。

20世纪90年代以来，关于教师成长的研究已经逐渐成为教师心理研究的一个重要课题，其中日益得到重视的是专家—新手教师的比较研究。专家—新手的研究最初应用于象棋、医学等"知识含量高"领域的专长的发展，至20世纪70年代后期才被应用于研究教师的认知。研究者认为，教师的成长过程是一个由新手教师向专家型教师转变的过程，研究的目的在于寻找新手教师与专家型教师之间的差异，确定在教学领域专家所需的"因素"，明确新手教师向专家型教师转变的规律，为教师教育提供科学依据，从而缩短新手教师转变为专家型教师的成长周期。

R.J.斯腾伯格和J.A.霍瓦斯认为[①]，专家型教师区别于新手教师的三个特征是：

（1）关于知识方面的不同，专家运用知识比新手更有效；

（2）关于问题解决的效率，专家比新手能在较短的时间内完成更多的工作；

（3）关于洞察力方面，专家比新手有更大的可能找到新颖和适当的解决问题的方法。

基于专家教师与新手教师教学行为的比较研究是当前比较普遍的研究维度。对专家教师、新手教师的划分来源于对教师成长过程的划分。最典型的是美国亚利桑那州立大学的波利娜（Berliner,1988）在德耶弗斯（Dreyfus）专

---

① ［美］R.J.斯腾伯格,J.A.霍瓦斯.专家型教师教学的原型观[J].华东师范大学学报(教育版),1997(1)：27-37.

长发展五阶段理论的基础上,提出了专家教师教学专长发展的五阶段理论,即新手阶段、优秀新手阶段、胜任阶段、熟练阶段与专家阶段。处于上述不同阶段的教师相应地归属于不同特征的教师。

数学教师的成长需要从新手教师到经验型教师的成长,进而成长为优秀教师,在成长过程中,新手教师向经验型教师以及优秀教师学习教学经验十分重要。①

教师成长过程一般需要经历三个阶段,在专业化发展的不同阶段,教师的行为表现是不同的。

1.3.1 新手教师 ——课堂教学行为表现以自我为中心

新手教师是刚走上工作岗位的教师。由于他们缺乏教学经验,教学内容不熟悉,对学生学习情况不够了解,往往不能安排好课堂教学内容,讲课节奏难以掌控。新手教师主要关心的是自己在课堂上的角色和行为。因此,新手教师的课堂教学行为表现往往是以自我为中心的。

1.3.2 经验型教师——课堂教学行为表现以学科为中心

当具备一定的课堂教学经验后,教师往往会把注意力转移到学科知识上,把大量的时间和精力用于钻研教学内容。他们会发现教材的许多内容太抽象,需补充例题或其他材料。因而,经验型教师的课堂教学行为表现是以学科为中心的。

1.3.3 优秀教师——课堂教学行为表现以学生为中心

当经历较长的教师职业生涯,积累了丰富的教学经验后,他们会开始考虑如何使学生对所教的内容感兴趣。课堂教学中,教师注重启发诱导,学生的主体性不断得到发挥,教师的教学水平和教学效果也越来越好。因此,优秀教师的课堂教学行为表现是以学生为中心的。

总之,近年来,新手—优秀教师教学行为比较研究日益得到重视。这一研究的预设理论在于,新手教师通过与优秀教师的课堂教学行为对比,意识到自身的教学行为与优秀教师之间的差距,开始反思课堂教学理念,改变教学理念,进而不断改变自己的课堂教学行为,从而提高课堂教学质量。教师个人的专业发展就是这么一个不断循环的过程。同时,在教师的成长过程中都会经历一个由新手教师到优秀教师的发展过程,优秀教师和新手教师具有不同的行为特征,寻找新手和优秀教师之间的差别,确定新手教师向优秀教师转变过

---

① 林正范,徐丽华.对教师行为研究的认识[J].教师教育研究,2006(3):23-26.

程中的规律,找出优秀教师和新手教师在课堂教学行为上的主要区别,确定新手教师最需要培养训练的教学行为,将此作为培养新手教师教学技能和教学行为的起点,尽可能缩小新手教师和优秀教师之间的差距,寻找教师专业发展的有效途径。

1.4　研究的目的和意义

1.4.1　研究的目的

本研究主要选择了影响有效课堂教学的提问、教学言语、教学反馈以及等待行为等 4 种重要的数学教师课堂教学行为进行研究,通过研究主要达到以下目的:

(1)通过质性研究、量化描述,归纳、总结出课堂教学中提问、教学言语、教学反馈以及等待等主要教学行为的类型,并制订课堂教学行为观察量表;

(2)利用数据编码分析优秀教师、新手教师在课堂教学中提问、教学言语、教学反馈以及等待等主要教学行为,归纳出新手教师、优秀教师在课堂教学中提问、教学言语、教学反馈以及等待等主要教学行为的特征以及新手教师课堂教学中这四种行为存在的问题,并寻找解决策略。

1.4.2　研究的意义

课堂教学研究的实质是研究课堂教学中存在的问题,其研究的意义和价值是毋庸置疑的。对理论工作者来说,开展课堂教学研究不仅是理论的源头,而且是理论的应用和发展;对实践工作者而言,开展课堂教学研究是行动研究,也是他们参与课堂教学研究的有效途径。

教师课堂教学行为是教师在课堂教学中发生的行为,对学生的学习行为、课堂教学质量有着十分重要的影响。事实证明,新手教师、优秀教师对课堂教学行为的认识、把握存在着明显的差别,而正是因为教师课堂教学行为存在差别对课堂教学质量产生了巨大的影响。

系统研究课堂教学行为的学者始于菲利普·杰克逊,他在 1968 年出版了被人们认为是研究课堂教学行为经典之作的《课堂生活》。他提出了课堂教学框架的五个重要特点,即多元性、同时性、及时性、难以预料的气氛与历史性。

多勒(Doyle)根据杰克逊的理论框架提出了形成课堂教学与学习具有多

维性、同时性、及时性、难以预料和开放性的课堂氛围等四个维度①。正是由于这四个维度构成了课堂教学的复杂性,也决定了课堂教学研究的复杂性。正是为了追求高质量的数学课堂教学,促进人们对数学课堂教学的研究。如何实现高效的数学课堂教学已成为人们日益关注的主题之一。

根据盖奇(Gage,1978)提出的教学基本问题:"什么样的教师和教学特征,以什么方式与理想的学习成就联系起来。"因此,本研究就是试图通过研究教师的教学行为、改善教师的教学行为以提高课堂教学质量。

数学教师的课堂教学行为犹如海德格尔的"林中路",他们的教学行为在课堂教学中各自发展,常常看来仿佛彼此相似,然而只是看起来相似而已,实际的教学效果却相差甚远。课堂观察的价值在于教师对课堂行为的描述和表达能力,从而增强其对课堂中所发生的所有事情的认识。教学录像可以用来作为对教学行为进行分析、辩论和反思的重要素材。教学录像为课堂教学提供了一份记录,可以用来收集、整理和编辑。

我们认为,研究数学教师课堂教学行为,尤其是研究新手教师与优秀教师之间的教学行为差异,总结优秀教师的教学行为特征,对新手教师乃至师范生技能训练是很有价值的。因此,开展新手教师、优秀教师课堂教学行为比较研究的意义是:

(1)帮助数学教师意识到自己的课堂教学行为对课堂教学的影响;

(2)数学教师能真正意识到自己的课堂教学行为,开展有效的课堂教学研究;

(3)数学教师能够正确运用课堂教学行为研究方法,如专业的课堂观察与记录、录像分析方法,对课堂教学提问、课堂教学言语、课堂教学反馈、等待等行为进行自我分析,以不断地改进自己的课堂教学行为。

本研究体现了从实践中来,又到实践中去的原则。数学课堂是数学教育研究的广阔田野,我们在杭州、台州、嘉兴等地中小学开展听课、录像、评课等活动,并选择其中新手教师、优秀教师的课堂进行课堂录像分析,并对课堂教学行为进行编码分析,对新手教师、优秀教师的课堂教学行为进行对比分析。

在当前数学教育改革的大背景下,研究我国数学教师的课堂教学行为,旨在为一线教师提供理论基础和实践案例。因此,本研究的意义在于:

(1)对在职教师培训以促进教师专业化发展有着一定的借鉴价值;

(2)对师范生教学技能培训有着重要的指导意义;

(3)为数学教育改革提供理论基础及实践案例。

---

① [美]Thomas L. Good, Jere E. Brophy. 透视课堂[M]. 陶志琼译. 北京:中国轻工业出版社,2009:1-2.

1.5 各章之间的逻辑结构

教师教学行为的研究一直是国内外心理学界、教育学界众多研究者们普遍关注的问题。他们从不同的理论视角、用不同的研究方法,得出了关于教师认知的累累硕果。在教师专业化这一时代背景下,在教师教学行为研究越来越趋于细化、深化的背景下,通过新手教师、优秀教师教学行为的差异比较研究以期改变新手教师的教学行为,提高教学质量。

因此本书围绕新手教师、优秀教师数学教学行为的差异比较,从理论和实证这两个角度出发来阐述这些问题。本书的基本结构是:

(1)引论。引出本研究的主题。本书从当前数学教师教学行为存在的偏差现象出发,教师课堂教学行为比较研究对教师专业发展的重要性以及结合自身研究的实际情况提出研究的目的、意义,从而引出本书研究的主题。详见第1章。

(2)文献综述和研究框架的构建。通过对教师教学行为研究的历史溯源,在对国内外教师教学行为研究现状和趋势认识的基础上提出理论研究框架。详见第2章。

(3)研究方法和过程。首先借鉴国外新老教师比较研究的方法、国际课堂教学研究方法,提出了本研究采用的研究方法,并介绍了本研究的基本过程。详见第3章。

(4)数学教师课堂提问行为差异研究。通过量化描述和质性分析,归纳出数学教师提问的类型,揭示出新手教师、优秀教师提问方式、策略等方面存在的差异,指出新手教师课堂提问行为存在的问题及其解决对策。详见第4章。

(5)数学教师课堂教学言语行为差异研究。通过量化描述和质性分析,归纳出数学教师言语的类型,揭示出新手教师、优秀教师言语行为的差异,指出新手教师课堂教学言语行为存在的问题及其解决对策。详见第5章。

(6)数学教师课堂反馈行为差异研究。通过量化描述和质性分析,归纳出数学教师反馈行为的类型,揭示出新手教师、优秀教师课堂教学反馈方式的差异,指出新手教师课堂教学反馈行为存在的问题及其解决对策。详见第6章。

(7)数学教师课堂等待行为差异研究。通过量化描述和质性分析,归纳出数学教师等候时间行为的类型,揭示出新手教师、优秀教师等待行为的差异,指出新手教师课堂教学等待行为存在的问题及其解决对策。详见第7章。

(8)得出了本研究的结论,在此基础上,对数学教师课堂教学行为差异进行了反思,提出了教师知识、社会背景等因素决定了教师课堂教学行为的差异;阐述了课堂教学行为研究的复杂性,并指出了本研究的不足;同时,提出了构建数学教师课堂教学行为模式的几点建议以及促进新手教师向优秀教师转化的途径等建议。

　　各章之间的逻辑结构如图 1.1 所示。

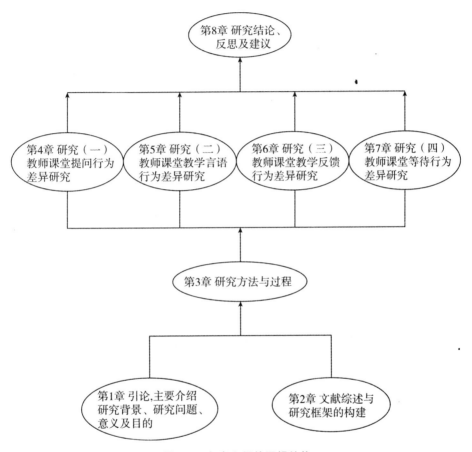

图 1.1　各章之间的逻辑结构

第 2 章　文献综述与研究框架的构建

2.1　文献综述

教师教学行为是教师在课堂教学中为了实现教学目标所采用的一系列外显的、可观察的行为,它不仅能够反映教师的教学素质,同时也在很大程度上决定着教学的效果。对教学行为的关注源于对有效课堂教学的追求,国内外学者对它的讨论古而有之。

我国古代学者的许多著作中都有对教学行为的描述,如《论语·述而》中"不愤不启,不悱不发。举一隅不以三隅反,则不复也"。《礼记·学记》中也有"是故学然后知不足,教然后知困。知不足,然后能自反也;知困,然后能自强也。故曰:教学相长也。"教学相长,意为教和学两方面互相影响和促进,都得到提高。

在国外,古希腊著名的"苏格拉底反诘法"强调对学生的教育采用启发式、问答式的教学方法。古罗马教育家昆体良的《雄辩术原理》、捷克教育家夸美纽斯的《大教学论》中也对教师教学行为提出了许多原则性的要求,并对其从组织、方式等方面进行了论述。

早期国内外教育学者对教学行为的讨论主要是对教学经验的总结与反思,从 19 世纪末开始,以美国的教学行为研究为代表的关于课堂教学行为研究呈现量化、系统化特点。

2.1.1　概念

行为是一个人的实际行动。由于对"教学"一词的理解不同,理论界对"教学行为"一词的定义也就随之产生分歧。行为指为实现某种意图而具体地进行活动①。现代心理学认为,"人类的行为,是基于特定的欲求,为了实现特定

---

① 中国社会科学院语言研究所词典编辑室编.现代汉语词典.第 6 版[M].北京:商务印书馆,2012.

20

的目标,并选择各种各样的手段去实现目标的活动"。①

教师教学行为有广义和狭义之分。广义的教学行为是指一切与教学有关的教育活动。狭义的教学行为是指课堂教学中,教师采取的外显的、可观察的行为。也就是说,教师的教学行为是指教师在课堂教学中影响学生学习的一切活动或表现,教师的教学行为是外显的,是可以观察和记录的。本研究主要从狭义的角度来研究数学教师课堂教学行为。

教学是教师引起、维持以及促进学生学习的所有行为。② 教师的课堂教学行为在教学中有着十分重要的意义。将教学行为作为考察课堂教学的主要窗口,不等于就是"行为主义"③。极端的行为主义者不仅是用外部行为取代"内省"的方法,而且拒绝研究意识,诠释被看作是多余的。教学是由教师的教和学生的学两种活动构成的,没有学生的参与,就无所谓教学。但这并不妨碍在理性思维中将教和学分开,分别进行探究。④

教师行为是教师素质的外在表现,教师的教育理念、教育教学能力等都通过其行为表现出来。同时,学生也是通过教师的行为来理解教师的要求,从而掌握知识,发展能力,形成品德。所以,教师行为研究已经成为教育研究的重要组成部分。⑤

梅德利(Medley,1982)以及梅德利和香农(Medley,Shannon,1994)区分了教师效能(teacher effectiveness)、教师能力(teacher competence)和教师行为(teacher performance)三个概念。他们认为,教师效能是指教师在学生身上获得的理想效果程度,教师行为是指教师在教学过程中表现出来的方式或方法,而教师能力则是教师拥有的从事教学所必须具有的理想的资格知识和技能的程度。⑥

2.1.2　国内研究概况

课堂教学研究的动力来源之一是追求高质量的教学,我国可以追溯到孔子的"启发式教学"。长期以来,对课堂教学不断地进行了深入研究,尤其是课程改革以来,课堂教学的有效性、高效性等已经成为人们日益关注的话题。

---

① [日]佐伯茂雄.现代心理学概论[M].郭祖仪译.西安:陕西师范大学出版社,1985:30.

② 施良方,崔允漷.教学理论:课堂教学的原理、策略与研究[M].上海:华东师范大学出版社,1998:前言.

③ 柳夕浪.课堂教学临床指导[M].北京:人民教育出版社,2003:4.

④ 柳夕浪.课堂教学临床指导[M].北京:人民教育出版社,2003:5.

⑤ 林正范,徐丽华.对教师行为研究的认识[J].教师教育研究,2006(3):23-26.

⑥ 孙亚玲.课堂教学有效性标准研究[M].北京:教育科学出版社,2008:13.

国内课堂有效教学研究从 20 世纪 50 年代起就开始了。从文献可以看出，当时是将注意力集中在如何综合地提高教学质量上，还没有专门研究课堂教学的有效性问题，更缺乏对教师课堂教学行为问题的研究。到了 20 世纪 70 年代，有了"提高教学效率、效果"的提法，但研究比较少，到了 80 年代，提高"教学效率"和"教学效果"的提法慢慢多了起来，直到 90 年代，有关"教学效率和效果"的研究开始深化，出现对影响教学效率和效果的因素做定性与定量分析的研究。①

由于国内研究教师课堂教学行为起步较迟，所以存在大量的文献综述，介绍国外教学行为研究的现状，如盖立春、郑长龙、张建琼等对国外教学行为研究的范式、内容等进行了全面的介绍。闫龙通过对已有的课堂教学行为研究进行系统分析和比较，提出了教学行为研究的基本框架。② 此外，研究者对教师课堂教学行为各角度进行了大量的质性分析。

2.1.2.1 教师教学行为类型研究

傅道春是我国较早、较系统地对教师行为进行研究的学者之一，他将教师行为分为教师组织行为和教师技术行为，并从两个侧面对教师组织行为进行研究：一方面是站在教师的角度看周围，探讨了社会文化、学校组织及其成员对教师行为的影响；另一方面是站在组织的角度看教师，探讨了教师对学校组织目标的达成的效率及对他人的影响作用。③ 他在《教师组织行为》中研究解释了教师在教育教学中所表现出来的身心活动，探讨了教师行为效能训练的理论依据、研究方向和共通行为的习得途径等。

根据教师在课堂教学中发生的行为的作用，钟启泉、崔允漷等将教师行为分为管理行为与教学行为，教学行为分为主要教学行为、辅助教学行为，因此，课堂教学行为分为主要教学行为、辅助教学行为和课堂管理行为三类。④

唐松林根据教师的任务和活动目标将教师行为结构分为三种⑤：教师行为的基础系统、教师行为的动力系统和教师行为的效率系统，并从这三种行为结构出发展开了较为深入的研究。

也有学者认为，教师课堂教学行为还应包括教师观察行为⑥、教师角色行

① 喻平，连四青，武锡环.中国数学教学研究 30 年[M].北京：科学出版社，2011：235-236.

② 闫龙.课堂教学行为：内涵和研究框架[J].全球教育展望，2007(36)：39-44.

③ 傅道春.教师组织行为[M].上海：上海教育出版社，1993：1.

④ 钟启泉，崔允漷，张华.为了中华民族的复兴、为了每位学生的发展——《基础教育课程改革纲要(试行)》解读[M].上海：华东师范大学出版社，2001：228.

⑤ 唐松林.教师行为研究[M].长沙：湖南师范大学出版社，2002：24.

⑥ 林正范.试论教师观察行为[J].教育研究，2007(9)：66-69.

为。有学者将教师行为分为言语行为和非言语行为,并对教师非言语行为如表情、眼神等方面做了较为细致的研究。

2.1.2.2　教师教学行为有效性研究

随着教学改革的不断深入,如何提高课堂教学的有效性逐渐成为研究者们关注的焦点,而教学行为作为影响教学效果最重要的因素,也成为人们研究课堂教学的重点。

有学者认为,教学行为的有效性是指教师在教学活动中实现的合理的、灵活的行为的能力。教师教学行为的有效性主要表现在合理性和灵活性上。合理且灵活的教学行为是教师行为的外化形式,是教师成功地实践素质教育理论的关键。[①]

也有学者通过课堂观察和访谈法,对有效教学和低效教学的教师课堂教学行为的差异进行了比较研究,寻找影响课堂教学有效性的教师行为因素,为教师课堂教学行为的选择提供依据。[②]

还有学者通过对教师效能感及其相关因素研究,认为,教师效能感与教学监控能力、教学策略和教学行为之间存在着明显的正相关。[③]

2.1.2.3　教师教学行为影响因素及其实践性研究

许多研究者从教育学、教师角色、教师评价等角度对教师行为的影响因素进行了分析。例如,有学者研究了教学理论与教师行为的关系,认为教师的教学行为受其主观意识所支配和调节,其中教学观是决定教师教学行为的关键,而教学观是在教育理论指导下形成和发展的,因此,不同教学理论下的教师有不同的教学行为。[④] 有学者试图通过对教师课堂教学行为的评价反映教师真实的教学水平和工作质量,进而改变教师课堂教学行为。[⑤] 也有学者从新课程对教师观念、角色的要求出发,提出了教师课堂教学行为要进行相应的改变。[⑥]

同时,随着对国外教学行为研究方法的不断引进,开始使用质性分析与量化研究相结合的方式研究课堂教学行为,对教师课堂教学行为进行了实证性

[①]　莲榕.教师培训的核心:教学行为有效性的增强[J].教育评论,2000(3):24-26.

[②]　王曦.有效教学和低效教学的课堂行为差异研究[J].教育理论与实践研究,2000(9):50-53.

[③]　俞国良,罗晓路.教师教学效能感及其相关因素研究[J].北京师范大学学报(人文社科版),2000(1):72-78.

[④]　施长君.教学理论与教师行为[J].哈尔滨学院学报,2001(2):120-123.

[⑤]　苏明强,张占成.对基础教育课堂教学中教师行为评价的再思考[J].雁北师范学院学报,2004(6):13-16.

[⑥]　穆永芳,张旭.关于教师课堂教学行为的思考[J].大庆高等专科学校学报,2004(1):106-107.

研究。柳夕浪在《课堂教学临床指导——教学行为的分析与指导》①中以教师课堂教学行为为研究重点,运用心理学、教学论、管理学等学科的研究成果,借鉴临床诊断的方法,分析、记录了教师的课堂教学行为,并提出了教师课堂教学与课堂管理的理论与方法。

李松林②运用要素论分析法和过程论分析法,探寻课堂教学行为在学生发展中的独特规律,并介绍了如何运用课堂观察法、课堂语言行为互动分析法和人种志方法分析课堂教学行为。

左斌③从心理学研究角度出发,通过对课堂师生互动特点、课堂师生互动主要影响因素的观察与实验研究,得出了课堂师生互动行为研究的结论,认为影响课堂师生互动的主要因素是背景因素、观念因素、特质因素、任务因素,这为教学行为研究提出了新视角——心理学实验角度出发。

张建琼在对课堂教学行为现状进行调查的基础上,通过探讨、实践验证等过程,探究了优化课堂教学行为的三大策略:环境支持策略、发展性支持策略和具体实施策略。

由于教学行为涉及的研究对象较宽泛,也有许多研究者从各自关注焦点入手进行阐述,如陈永明结合数学语言特点,阐述了如何在数学课堂教学中使用教学语言④,另有学者从已有教学经验出发,讨论如何在课堂教学中进行有效提问、如何对教学行为进行评价。

随着学生主体性在人们观念中日渐增强,在关注教师行为的同时,学生行为问题逐渐引起了学者们的关注。但大部分研究重点在学生行为的规范和管理,对学生学习行为的指导研究并不多,尤其是专门研究中小学生的论述更为少见。⑤

2.1.2.4 数学教师课堂教学行为研究现状

由于数学课堂教学是一个复杂的系统,提高数学课堂教学质量需要很好的研究基础。虽然,我国有着悠久的数学教学传统,不乏有许多优秀的教师,有着许多优秀的教学经验,但长期以来,大量的研究都集中在数学教学活动的认知方面,缺乏对数学课堂教学进行系统研究,尤其是缺乏系统的质性与量化

① 柳夕浪.课堂教学临床指导——教学行为的分析与指导[M].北京:人民教育出版社,1998.

② 李松林.课堂教学行为分析引论[J].教育理论与实践,2005,25(4):48-51.

③ 左斌.师生互动论——课堂师生互动的心理学研究[M].武汉:华中师范大学出版社,2004.

④ 陈永明.论"数学教学语言"[J].数学教育学报,1999(3):22-24.

⑤ 王姣姣.实践与反思:课堂教学行为研究——以六所中小学为个案[博士学位论文].长沙:湖南师范大学,2009:15.

相结合的研究。国内的研究则往往采用经验总结和简单的现象描述的方法，既缺乏实践基础上的理论提升，又缺乏理论的实践验证，难以对实践起到切实的指导作用。当前，对数学课堂教学行为进行整体、全面的研究并不多。

吴海荣、朱德全(2002)认为，数学有效教学行为应具有对象意识、情景意识以及目标意识等特征。[①]

冯立(2003)从两节相同内容的教学录像课的特定角度分析了最近十多年来数学教师的教学行为发生了哪些变化，得到以下结论：① 数学教学已由"讲深讲透"转变为"精讲多练"，而逐步向"探究加精讲"变化；② 重视学生基础训练的传统，在比较优秀的教师中被继承下来。[②]

黄丽生(2004)认为，在目前基础教育课程改革的背景下要切实转变教师的教学行为以实现先进理念向教师行为的转移就显得尤为重要。而转变教学行为的途径是：教学观念必须先走进新课程；聚焦课堂，多方配合，注重实效；开展新课程背景下"课例点评"与"案例分析"活动；教学实施反思。[③]

教师教学行为是课堂实施行为的主要教学行为[④]，同时，也是影响数学有效性教学策略的重要方面。沈涛(2007)认为，数学有效性的教学策略包括：① 教师运用语言的策略。② 教师提问的策略：问点准确、难度适宜、问面要大、问机得当、问法灵活。③ 教师引导学生活动的策略：组织讨论的策略、启发学生思考的策略。④ 创设有效课堂教学的策略等。[⑤]

从 20 世纪 80 年代开始，国内研究教师教学行为主要有三类形式：文献综述、质性研究、量化研究。也有学者开始探究课堂教学中教师教学行为与学生学习行为之间的相关性。[⑥] 王光明(2010)认为，数学教师的课堂教学行为是影响教学效率的关键因素。[⑦]

总之，影响数学课堂教学质量的因素有很多，其中教师的教学行为是重要

① 吴海荣，朱德全.数学新课程标准下教师有效教学行为分析[J].数学教育学报，2002(3)：16-20.

② 冯立.教学改革进程中的教师教学行为变化分析——对两节数学录像课的比较研究[J].上海中学数学，2003(5)：1-4.

③ 黄丽生.数学新课程标准下教师教学行为的转变[J].数学通报，2004(10)：2-3.

④ 施良方，崔允漷.教学理论：课堂教学的原理、策略与研究[M].上海：华东师范大学出版社，1999：149.

⑤ 沈涛.探索中学数学有效教学的策略[J].现代教育科学(中学校长)，2007(2)：73-75.

⑥ 陈玲.课堂教学中教师教学行为与学生学习行为的调查[J].职教通讯，2000(4)34-35.

⑦ 王光明.高效数学教学行为的归因[J].数学教育学报，2010(3)：75.

的因素。而在这些教师教学行为中，教师提问行为、教师言语行为、教学反馈行为以及教师等待行为是课堂教学实施的主要教学行为，也是影响课堂教学有效性的教学策略的重要因素。因此，对这4种教学行为进行研究是很有必要的。

2.1.3 国外研究概况

随着社会的飞速发展，学校教育在培养社会发展所需人才、提高劳动者素质方面的作用越来越重要，学校教学效果随之越来越受到重视。对教师课堂教学行为进行研究源自对提升课堂教学质量的追求，因此教师教学行为研究也逐渐成为研究者们关注的焦点。

教师作为教学主导者，成为研究者在追求提升教学效果时研究的首要对象。1896年，美国学者克雷兹(Kratz)[①]发表《儿童公认的优秀教师特征》一文，拉开了国外近代教育学者研究教师课堂教学行为的序幕。从研究内容角度看，研究者主要从以下几方面展开了研究：

2.1.3.1 教师教学行为类型研究

美国学者安德森(Anderson H H)和他的同事将教师行为分为控制型行为和统合型行为两类。[②] 德国学者莱因哈德·陶施和安妮—玛丽·陶施将教师行为分为"专制的行为方式"和"合群式合作方式"。[③] 西方学者盖哲伦(Getzels J W)和谢伦(Thelen H H)从班级社会系统角度出发，探讨了教师在课堂教学中的控制行为，认为教师的控制行为受制度方面和个人方面两个因素影响。[④] 社会学者瑞安将教师行为划分为三对模式：①温和、谅解、友善——冷漠、自私、拘谨；②负责、认真、有规律——规避、懒散、无计划；③善于激励、富于想象——单调乏味、苟且因循。[⑤]

2.1.3.2 教师教学行为特征研究

研究者运用不同的方法，从不同的视角出发，归纳出教师教学行为的不同特征。瑞安斯(Ryans)请各类教育人士(包括学生)对教师的教学行为进行成

① Kratz H E. Characteristics of the best teachers as recognized by children[J]. Pedagogical Eminary,1896(3)：413-418.

② 吴康宁.课堂社会学[M].南京：南京师范大学出版社,1999：162.

③ [德]F. W. 克罗恩著.教学论基础[M].李其龙,李家丽,徐斌艳,等译.北京：教育科学出版社,2005：225.

④ Getzels J W, Thelen H H. A conceptual framework for the study of the classroom group as a social system. In：Morrison, A(teal, eds) The social psychology of teaching, 1972：32.

⑤ 姜文闵,韩宗礼.简明教育辞典[M].西安：陕西人民教育出版社,1988：540.

败鉴定,再从这些鉴定结果中分析得出"教师有效/无效行为分辨表"。他认为教师的热情与学生的成绩成正相关,其研究结果不仅对当时课堂教学行为研究拓展了思路,同时也对"过程—结果法"的形成作了铺垫。其后许多研究者开始用"过程—结果法"寻找与学生学习效果有密切联系的教学行为。

罗森珊(Rosenshine)和佛斯特(Furst)在分析用此法研究的文献的基础上,找出了清晰明了、有变化性、热心、任务取向与认真的行为、学生有机会去学习标准材料等 11 种与学生成果具有强相关的教师课堂教学行为。①

塞曼德斯(Symonds)在教育实践中总结出学生喜爱的教师行为特征:亲密性、安全感以及个人组织能力和综合能力。②

戴维通过对教师行为和课堂控制关系研究,指出教师要能很好地控制课堂教学秩序,必须具备:大公无私和幽默感;轻松自如、自我控制和耐心;以适当方式解释问题,为孩子们留一点空余时间去实践;为良好的课堂教学秩序投入资本。③

2.1.3.3　教师教学行为结构研究

戴维德(David H. Hargreaves)从教师教和学生学的素质两方面对教师行为结构进行了研究,他认为,教师教必须具备的素质:① 班级管理能力;② 教学能力,选择、呈现顺序等上课的知识与方法;③ 综合与关联,即结构的有序、统合、衔接、结构与文体的关系等。学生学的素质:① 学生行为的适应性;② 学生的能力与动机;③ 学生的社会背景;④ 学生学业和成就的结构与程度;⑤ 广泛的社会政治经济环境。④

还有研究者对学生行为进行了研究,但只是把它作为研究的视角和手段,目的是为研究教师行为结构服务的。

2.1.3.4　教师教学行为有效性研究

鲍里奇(Gary Borich)提出,影响课堂有效教学有五种关键行为:清晰授课、多样化教学、任务导向、引导学生投入学习过程、确保学生成功率⑤。富勒(Fuller)等人指出,效能是个体对通过个人努力所获得结果的预期。盖斯特

---

① 张建琼.国内外课堂教学行为研究之比较[J].外国教育研究,2005,32(3):40-43.

② 唐松林.教师行为研究[M].长沙:湖南师范大学出版社,2002:10.

③ [美]F.戴维著.课堂管理技巧[M].李彦译.上海:华东师范大学出版社,2002:152.

④ David H. Hargreaves. A commonsense model of the professional development of teachers[A]. In: Reconstructing Teacher Education[C]. Edited by John Elliptt. The Falmer Press,1993.

⑤ [美]加里·D.鲍里奇著.有效教学方法[M].易东平译.上海:华东师范大学出版社,2002:8.

(Guskey)从心理学的理论基础出发对教师行为有效性展开研究,研究表明,教师对教学效能的知觉与完成教学的态度呈显著相关,表现出个人教学效能的教师喜欢教学,对自己的教学能力很有信心。在教学中讲究效率,对新的教学方法也有接纳。①

耐宁(Nanning)和佩里(Payne)将维果茨基的理论应用于课堂教学研究和教师培训领域,他们通过大量的研究探索了元认知策略在教师成长和学生学习中的重要作用。研究表明,对师范生和在职教师进行言语指导训练的效果是显著的。这类方法在改变教师行为,减少教学焦虑,提高创造性问题的解决能力等方面都有明显作用。②

从19世纪末至今,以美国为代表的课堂教学行为研究主要集中在教师行为和师生互动行为研究这两个领域③,且在不同哲学思潮和心理学理论的影响背景下,先后经历了"教师效能研究"、"教师认知研究"及"教师生态研究"这三个阶段④,其对应的三种研究方法分别为:"过程—结果法"、"认知—对话法"及"情境—生态法"。⑤

(1)教师效能研究

从19世纪末至20世纪70年代,有关教师课堂教学行为的研究主要以研究教师人格特征和研究教学行为与教学效果之间的关系为主,其研究对象主要为教师的教学行为。有学者将其称为"教师效能研究"阶段。

教师人格特征研究始于美国学者克雷兹(Kratz)所进行的优秀教师品质研究。研究者通过对学生问卷调查的方法得到有关优秀教师品质的一些数据,并以此为依据建立了教师人格特征量表。此后,研究者开始对各类人员如学生、一线教师、教育管理者等就"成功与失败教师的人格特征是什么"这一问题进行大规模的开放式问卷调查。研究者从调查对象列出的人格特征中选出出现频率相对较高的那些特征制定教师人格特征量表⑥,其中比较著名的是斯考林(Schorling)和巴撒勒(Batchelder)的研究⑦,在研究基础上,他们制定

---

① 俞国良,罗晓路.教师教学效能感及其相关因素研究[J].北京师范大学学报(人文社科版),2000(1):72-78.

② 唐松林.教师行为研究[M].长沙:湖南师范大学出版社,2002:6.

③ 张建琼.课堂教学行为优化研究[博士论文].兰州:西北师范大学,2005.

④ 盖立春,郑长龙.美国教学行为研究的发展历史与范式更迭[J].外国教育研究,2009,36(5):33-37.

⑤ 盖立春,郑长龙.课堂教学行为研究的三种范式及其基本问题[J].课程·教材·教法,2010,30(11):33-38.

⑥ 张建琼.国内外课堂教学行为研究之比较[J].外国教育研究,2005,32(3):40-43.

⑦ 郑燕祥.教育的功能与效能[M].香港:广角镜出版社有限公司,1986:87-91.

了"教师性格的重要因素检查表"供一线教师自查使用。

此类研究结果为培养和优化师资队伍、提高教师的教学效能很有帮助。教师的课堂教学行为是教师人格特征的外显行为,也是影响课堂教学效果的主要因素,但已有的研究无法严格说明教师的人格特征与教学行为、教学效果之间的关系。

从 20 世纪 50 年代开始至七八十年代,研究者们开始研究教师行为标准及其与教学效果之间的关系,主要研究方法是"过程—结果法",它通过探寻教学行为与教学效果之间的关系,从而寻找有助于促进教学效果的最有效教学行为。其基本程序是:

第一步,详细描述教学过程中出现的教师行为;

第二步,将其与后期测量的教学结果(如学生在认知、情感和态度等方面的变化)联系起来;

第三步,研究前后的教学结果是否有显著变化,并通过 t 检验、F 检验、χ^2检验和相关检验等统计技术来确定教师行为与教学结果的变化之间是否存在特定的联系。[①]

这一时期,研究者将研究角度聚焦于教学行为对学生学习成果影响的同时,师生互动作为课堂教学中常见的教学现象也逐渐成为研究者们关注的焦点,其中弗兰德斯互动分析法(Flanders' Interaction Analysis System,FIAS)最为著名,它主要用以分析课堂中师生的言语互动行为,主要包括三部分:

一套描述课堂互动行为的编码系统,即量表;

一套关于观察和记录编码的规定标准;

一个用于显示数据,进行分析,实现研究目标的迁移矩阵。

研究表明教师的间接影响促进学生参与行为,而教师的直接影响则会阻碍学生参与行为的发生。因此,教师在课堂教学中应该更多地对学生施加间接影响,减少对学生的直接影响,如教师多提问少讲解,用更多的接受和表扬来激励学生,而非一味地批评学生和维护教师自己的权威,在教学中要充分考虑学生所表达的想法和感情。FIAS 在分析课堂教学互动行为时客观性较高,编码的意义明确,独立性较强,且易操作,直至现在亦广受教师和研究者的欢迎。

除此之外,亦有研究者从课堂整体上研究教学主导性、教师领导方式等师生互动问题。如英国学者艾雪黎(B. J. Ashley)等人根据社会学家帕森斯的社会体系的观点,把师生课堂互动行为分为三种:教师中心式、学生中心式、知识中心式。利比特与怀特(R. Lippitt & R. K. White)等人把教师在课堂上

---

① 岳欣云.西方教师研究发展中的问题及其转换[J].外国教育研究,2006(10):42.

的领导行为分成三类：权威式、民主式和放任式。①

　　课堂教学由一个个生动、活泼的教学情境组成，单用研究线性系统的经典自然科学方法（"过程—结果法"）研究这一原本丰富多彩的教学活动难免会出现简单化、绝对化倾向。许多研究者如多尔（William E. Doll, Jr.）、舒尔曼（Lee S. Shulman）等都对用"过程—结果法"研究教师课堂教学行为提出批评，他们认为课堂教学具有情境性，教师行为在很大程度上受到自身认知思维、知识背景、教师素质等因素的制约，只研究课堂中教师的教学行为无法从根本上提高课堂教学效果。同时，随着理性主义哲学和认知心理学的兴起，研究者们逐渐将教学行为的研究焦点集中到教师认知研究上。

　　（2）教师认知研究

　　随着认知主义心理学的不断发展，研究者们逐渐意识到，单纯从教学行为出发研究其与教学效果之间的关系，不仅窄化了教学行为的丰富内涵，同时也不利于从本质上探寻提高教学效果的方法。因此，从 20 世纪 70 年代开始至80 年代，研究者们开始关注教学行为背后的教师思维过程和知识结构，教学行为研究进入"教师认知研究"阶段。其主要研究方法是"认知—对话法"，即使用访谈、文本分析、刺激回忆（观看教学录像）等对话方法对教学行为背后的教师认知结构进行分析。

　　教师教学行为思维过程的研究主要通过教师反思其教学设计和教师实施过程进行研究。研究者通过对教师进行访谈或通过教案分析来获得授课教师对其教学设计反思的信息，通过让教师看回放的教学录像，让任课教师回忆其教学行为的目的。研究结果表明处在同一阶段（相似的教学年龄、教学水平）的教师对教学设计的认知和解决教学问题的方式相似，比较稳定，而在对专家、新手教师进行比较时发现，这两个不同阶段的教师对教学内容的认知、处理教学问题等方面存在一定的差异。②

　　1983 年，美国教育家唐纳德·萧恩（Donald Schon）在《反思实践者》一书中提倡教师在行动中反思、对行动进行反思。他提倡教师应该有意识地对自己的教学过程、内容、方法进行反思，提高教学行为的有效性。一方面，教师在反思的过程中可促进自身对教学的认识，提高教学的有效性；另一方面，也为教学行为的研究提供了新的研究视角，便于研究者从教学实施者的角度挖掘

---

　　①　亢晓梅. 师生课堂互动行为类型理论比较研究[J]. 比较教育研究，2001(4)：42-46.

　　②　盖立春，郑长龙. 美国教学行为研究的发展历史与范式更迭[J]. 外国教育研究，2009,36(5)：33-37.

更多有关教学行为实施缘由的信息。①

研究者从教师反思可了解其专业知识掌握水平,它是教师教学行为产生的知识基础。同时,"教师专业化"逐渐成为研究者关注的焦点,教师专业知识在教师专业化成长的道路上有着不可或缺的作用,因此,教师专业学科教学知识研究应运而生。

20 世纪 80 年代,李·舒尔曼(Lee S. Shulman)率先提出了学科教学知识(Pedagogical Content Knowledge,PCK)的概念,他认为教师应该具备像医生、律师那样的专业学科教学知识。根据李·舒尔曼的观点,学科教学知识(PCK)实际上是教师对一些相关知识的教学加工,如图 2.1 所示。

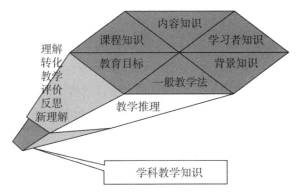

图 2.1　教师学科知识结构②

所谓 PCK,是一些相关知识在教学实践中相互融合而形成的结晶体,从理论上看,PCK 是无法分解后再传授给他人的,本质上是一种隐性的知识。形成 PCK 的关键环节是理解、推理、转化与反思。这一系列的环节就组成了李·舒尔曼所说的"理想的教学"(idea of teaching),其中,最重要的环节是反思。

此后,许多研究者都围绕 PCK 展开研究,古罗斯曼(Grossman)在舒尔曼的研究基础上,将 PCK 概括为学科内容知识、一般教学知识、学科教学知识和教育环境类知识。Magnusson,Krajcik 和 Borko 等人从建构主义角度分析了科学教学的 PCK,它由 5 种成分组成:科学教学定向的知识、科学课程知识、知道学生理解特定的科学课题的知识、评价的知识和教育策略。至今为止PCK 仍是研究者们研究课堂教学时关注的焦点。

① 盖立春,郑长龙.美国教学行为研究的发展历史与范式更迭[J].外国教育研究,2009,36(5):33-37.

② Shulman L S. Knowledge and Teaching:Foundations of the New Reform. Harvard Educational Review,1987,57(1):1-23.

现实环境中课堂教学效果除了受教师的教学思维、学科教学知识结构的影响外，还受到周围教学环境的影响，同时，随着生态心理学和生态哲学理论的兴起，教师生态研究应运而生。

（3）教师生态研究

20世纪80年代，随着生态心理学的兴起，教学行为研究者开始认识到，课堂教学效果除了受到教师、学生内在认知结构、教学行为的影响外，同时也受教学环境的影响。生态心理学认为，人类行为是个体内在因素与外在环境相互作用的结果。在课堂教学中，教学行为与教学环境密不可分，一方面，教学行为形成教学环境，另一方面，教学环境也影响着教学行为。教学行为研究逐渐进入教学生态研究阶段，研究者们开始使用"情境—生态法"研究教学环境与教学行为之间的相互作用。

教学生态研究主要是基于现代多媒体技术的自然观察方法，在综合考虑教学目标、教学内容、教学过程、学生行为等因素的情况下，使用实验设计、行为样本记录、行为背景调查和档案记录等方法，以"教学情景"和"教学片断"的形式刻画教师的课堂教学行为。[①] "生态"是一个相对比较宽泛的概念，大至学校文化，小至教学情境，都是教学生态研究的范畴。

任何研究方法都有其利弊，尤其是对于课堂教学行为这样丰富、生动的研究对象，虽然教学生态研究避免了教学行为研究和认知研究去情境化的现象，但若过分拘泥或强调教师、学生与教学环境的相互作用，则使研究趋于片面化、缺乏整体性的问题。

20世纪80年代以后，学生行为的相关研究与日俱增，但大多散见于各种教育理论著作中，研究者关注的焦点往往集中在学生行为的影响因素问题以及学生行为的管理问题。其中，主要以学生个体行为差异、对学生行为影响因素、学生行为的管理等几方面进行研究。[②]

2.1.4　教师课堂教学行为研究存在的问题

反思国内外已有大量关于课堂教学行为的研究，虽然有大量的成果，但是也存在着一些问题，主要有以下几方面：

2.1.4.1　课堂教学行为研究对学生关注不足

教学是教与学的结合，综观已有的研究成果，研究者主要关注的是教师的

---

① 盖立春，郑长龙.美国教学行为研究的发展历史与范式更迭[J].外国教育研究.2009，36（5）：33-37.

② 王姣姣.实践与反思：课堂教学行为研究——以六所中小学为个案[博士学位论文].长沙：湖南师范大学，2009：7.

课堂教学行为及其影响因素,比较忽视学生在课堂中的行为及其对教师教学行为的影响。事实上,虽然教师是课堂教学的主导者,其教学行为受其思维、认知结构和外在教学情境的影响,但学生才是教学的主体者,他们不仅是教师教学行为的主要实施对象,教学行为效果的检验者,更是教学行为的其中一部分。如果只关注教师的教学行为,忽视学生在课堂中的重要性,易出现"只见树木,不见森林"的现象。

2.1.4.2　课堂教学行为研究成果缺乏检验

国内外有关课堂教学行为的研究成果颇多,不论是通过问卷调查,还是通过经验总结,都能提出许多有关提高课堂教学行为有效性的策略。策略的提出固然能给教师、学者带来一定的启发,但是策略实施是否有效仍值得商榷。一方面,学者们在提出策略之后,很少有研究能跟进检测策略实施的实际效果,另一方面,课堂教学研究成果与实际课堂教学实施脱节,教师在课堂教学中该怎么教还是怎么教,已有的研究成果对课堂教学效果的提高收效甚微。

2.1.4.3　课堂教学行为研究形式单一,研究持续时间短

许多学者对教学行为特点的研究主要来自问卷调查和经验总结,这些调查或经验所得的结果都是教学行为相对比较突出的特点,但没有对其进行深入细致的分析,容易使其流于表面。虽然也有研究运用心理学实验的方法,但都是一些比较小的实验,持续时间不长,得到的研究结果无法保证其稳定性。

随着课程改革的不断推进,如何提高课堂教学行为的有效性已成为教育者、学者们关注的焦点。课堂教学行为的已有研究中,国外研究虽然相对比较成熟,但其研究成果是否适合我国课堂教学,我国课堂教学形式研究是否能在借鉴国外已有研究的基础上进行深入探究,都是值得进一步思考的问题。

2.2　理论基础

2.2.1　行为主义心理学

行为主义的代表人物斯金纳提出了操作条件作用理论。该理论认为,学习就是行为的改变并可受外界条件的作用而强化或改变,行为是可观察的。斯金纳主张改革传统的教学方法,实行程序教学,积极控制学习行为。斯金纳的行为主义观点成为美国 20 世纪 60 年代师资培训方式改革的直接理论依据。

澳大利亚悉尼大学的克利夫・特尼认为,基本教学技能是在课堂教学中教师的一系列教学行为。斯金纳强调塑造技术,以行为主义的学习观来理解教学行为,即掌握教学技能的最好办法是将其分解为若干子成分,在分别掌握

每个小步骤后又将其整合起来，使之相互协调和有机联系。由此可见，数学教师可通过分解数学课堂教学技能来具体掌握其知识，将其分解为若干小步或基技能，在掌握每个方面之后再将他们整合起来，使整个教学行为系统显示出最大的功效。

行为主义心理学认为，行为的习得是一个反复刺激、强化、巩固的过程，一项复杂的行为或目标，可以分解为若干个小的行为或目标。从行为学角度来看，教师行为研究的重点是教师教育教学实践中外化了的组织行为、技术活动和教育教学行为的基本方式。这种研究具有外显性研究的特征，认为教师行为是可以观察、可以分解的，并且是可以进行分析并加以改善的。[①] 微格教学和教师行为训练的实践证明教师行为是可分解的、可训练的。[②] 黑龙江农垦师范专科学校的研究者在微格教学的影响下，就"师范生教师行为分解训练"进行了多年的研究(1988—1996)。[③] 他们认为，通过训练可以实现教师职业的专门化和技术化，同时，他们把教师行为训练内容分为三部分：教学基础行为训练、教学技术行为训练、教学组织行为训练。他们采用案例分析法、个别训练法和角色扮演法等方法进行多次综合的训练，取得了预期的效果。在基础行为训练方面，实验组被试 100％ 达到了合格要求。

与此同时，教师的教学行为是一个极其复杂的过程，为了更好地研究该过程，将教师教学行为进行分解，并选择其中教师提问、教师言语、教师反馈以及等候时间等 4 个重要的教学进行分项研究，是很有必要的。

2.2.2 现象学理论

现象教育学专家兰格威尔德认为："(教育学)是一门经验科学，一门人文科学，一门具有规范性的人文科学，具有实践性的目的。它是一门经验科学，是因为它的对象处于生活经验世界当中。它是一门人文科学，是因为教育情境有赖于人们的目的和意图。它具有规范性，是因为它教学生区分什么是好什么是坏。它具有实践性，是因为所有这些活动都致力于儿童抚养和教育的实践过程。"[④]

教育现象学认为，研究应该回到实事本身。海德格尔对现象学的解释是：

---

① 傅道春.教师组织行为[M].上海：上海教育出版社,1993：2.

② 周鹏生.教师非言语行为研究简论[M].北京：民族出版社,2006：142.

③ 傅道春,齐晓东,施长君,等.师范生教师行为训练的设计与实践[J].黑龙江农垦师专学报,1997(1)：6-9.

④ Langeveld M J. Reflection on Phenomenology and Pedagogy Phenomenology pedagogy, Edmonton：University of Alberta Publication Services,1982：5-10.

"现象学"一词主要是表示一种方法。"现象学"也表明,"转向事物本身"。① 真正教学论研究的生命力和生长点在课堂教学论,同时,任何一个教学论研究者同时也面对着真实的教学生活世界,这是教学论研究的基础和归宿。② 课堂教学行为研究是教学论的一个重要组成部分,是教学理论的生长点,教师教学行为只是课堂教学中观察到的现象。因此,对教师课堂教学行为研究应该回归课堂教学本身。

2.2.3　实证主义

众所周知,孔德(A. Comte)是实证哲学的开创者,最早提出了有关实证研究的构想。他认为,人类历史发展过程不可避免地经历三个不同阶段,即神学阶段、形而上学阶段和实证阶段,实证阶段是最高阶段。

实证主义基本原则是,强调科学结论的客观性和普遍性,强调知识必须建立在观察和实验的经验事实上。利用经验观察的数据和实验研究的手段来揭示一般结论,同时,要求结论在同一条件下具有可比性。由此得到实证主义研究方法:通过对研究对象大量的观察、实验和调查,获取客观材料,从个别到一般,归纳出事物的本质属性和发展规律的一种研究方法。

实证科学认为科学研究须遵循以下六条原则:① 经验证实原则,强调任何概念和理论都必须以可观察的事实为基础,并能为经验所验证,超出经验范围的任何概念和理论都是非科学的;② 客观主义原则;③ 方法中心原则,实证方法是知识科学性的唯一可靠保证,必须放在第一位;④ 元素分析原则;⑤ 还原论;⑥ 描述性与数量化。

实证主义不仅对哲学而且对整个社会科学均产生了深刻影响,而教育活动是最复杂的一类社会实践活动,教育问题也是非常复杂的一类社会问题。在实证主义的推动下,自 19 世纪下半叶开始,教育科学研究领域也开始引入自然科学研究方法。

实证主义教育研究范式模仿自然科学研究方法如观察法、实验法、调查法、比较法等应用到教育现象的研究中。在本体论上,实证主义研究范式认为教育现象和规律是客观存在的,不受主观价值因素的影响;在认识论上,实证主义强调客观事实独立于认识主体之外,因而研究者应该保持价值中立,以保证通过经验的手段获得客观的资料和认识;在方法论上,实证主义认为方法可以独立于对象,具有普遍适用性,并强调通过量化的方法;在研究思路上,实证

---

① ［美］赫伯特·施皮格博格.现象学运动［M］.王炳文,张金言译.北京:商务印书馆,1995:533.

② 徐继存.教学论导论［M］.兰州:甘肃教育出版社,2001:234.

主义采用"假说—演绎法",在研究开始时形成一定的假说,界定有关的变量并假设它们具有因果关系,然后通过某些观测工具考察这些变量,强调验证预定的假设。

2.2.4　复杂性理论

复杂性思想产生于 20 世纪 40 年代,其产生的根源是由于自然科学理论思想发生了深刻的变化:从平衡到非平衡、从混沌到有序、从线性到非线性、从组织到自组织、从确定到不确定、从精确性到模糊性、从可逆性到不可逆性、从稳定性到不稳定性、从存在到演化、从一元世界到多元世界①。

虽然,目前还没有对复杂科学有一个明确的定义,但是,复杂科学的局部原理已经得到了社会的认同,人们已经利用复杂性思想来探讨、分析一些具体的社会现象,解决一些具体问题。

教育现象是极其复杂的,它带有很大的不确定性。叶澜认为:"教育是人类社会所特有更新系统,可能是人世间复杂问题之最。"②在许多教育现象中,看似简单的教育问题实际上隐藏着复杂性的思想。正如彭加勒所言:"基本现象的简单性再次隐藏在可观察的总现象的复杂性下面;但是,这些简单性本身只是表面的,它隐藏着极其复杂的机制。"③

复杂性理论为教育研究提供了一个新的思路、新的研究视角和方法。教育研究必须立足于教育实践,应用复杂性方法进行教育研究只能解决一部分教育问题,而且研究结论是否正确、合理,必须通过实践才能得以检验和修正。

课堂教学从表面上看似简单,但实际上,这是极其复杂的教育现象。它的复杂性不仅体现在教育的主体复杂多样,课堂系统内部纷繁变化,还体现在与课堂教学系统息息相关的外部环境的复杂性上。因此,运用复杂的思想研究课堂教学过程具有十分重要的意义。复杂思想可以为课堂教学研究提供方法指导,为教育研究提供宏观思路上的启示。

与此同时,数学教师课堂教学行为是一种复杂的社会现象,它受多种因素的影响,因此,利用复杂性的思想来分析、研究教师课堂教学行为显得很有必要。

因此,要用系统论的观点研究课堂教学问题。系统的观点就是全局的观

---

① 姜勇,何敏.复杂性理论视野中的教师发展研究.外国中小学教育,2006(10):25-29.

② 叶澜.世纪初中国教育理论发展的断想[J].华东师范大学学报(教育科学版),2001(3):4.

③ [法]H.彭加勒.科学的价值[M].李醒民译.北京:光明日报出版社,1988:119.

点,也就是说,在研究数学教师课堂教学时需要从教师、学生等角度去研究、分析教师的课堂教学行为。

2.3　研究框架的构建

2.3.1　分项研究的必要性

综观有关教师课堂教学行为研究可以发现,研究者都面临一个共同的难题,那就是如何合理地对教师课堂教学行为进行分解,然后依据分解的维度展开相关研究。

对教学行为的划分就是将课堂教学行为研究分解为各个部分、各个方面,逐一认识它们的属性,这是进行数学教师课堂教学行为研究的前提和基础。划分的意义是:

(1) 加深对数学教学活动的理解,明确数学教师课堂教学行为的各个部分、各个侧面的操作特性,有利于改进数学课堂教学,也有利于数学师资培训;

(2) 有利于集中、有序地对新手教师进行数学课堂教学行为分项培训;

(3) 便于对数学课堂教学进行定量观察分析,促进数学课堂教学研究的科学化。

教师是数学课堂教学中涉及数学教育中最重要的元素之一,教师在数学课堂教学中的行为对课堂教学质量有着十分重要的影响。对教学行为进行分类、分项研究为教师、课堂观察者提供了课堂观察方法和观测点,为教学行为数据收集提供了明确的方向和目标。

然而,经过调查、访谈发现,不少教师没有意识到教学行为的重要性。无论是教师还是课堂观察者,如果他们不知道怎样收集信息,不知道要寻找什么教学行为,而且也没有一个概念系统来引导其对课堂行为的分析,那么他们不可能获得新的见解[①]。

数学教师课堂教学行为具有鲜明的个性特征,许多行为是教师长期的个人经验,"我们在种种场合和种种状况下,只有向经验求教,才可以从那里引出一般的规律"。[②] 同时,各种数学教师不同的观点,只有通过教学经验才能转化为数学教学思想。很多研究表明,专业发展需要自觉的经验性学习,"自觉的经验性学习意味着教师的自觉,这种自觉主要是教师的经验反思和经验重

---

① 　[美]Thomas L. Good,Jere E. Brophy. 透视课堂[M].陶志琼译. 北京:中国轻工业出版社,2009:16.

② 　列宁.黑格尔《逻辑学》一书摘要.北京:人民出版社,1965:141.

建。离开了教师的自觉,经验是死的经验,经验性学习充其量只是自发的经验性学习。"①

实践证明,课堂实践才是教育理论的来源,教育理论的价值是通过课堂教学的真正改善才得以实现的②。"变式教学"研究、"行动研究"等一系列数学教学实验之所以能成功开展并取得实效,是因为它们扎根于"课堂",从课堂教学实际出发,改进了教师的教学行为方式,提高了教师的教学能力。

诸多研究表明,教师看自己的录像,就有点像坐在教室里听别的老师的课,教学的行为快速闪过,而且复杂多变。事实也证明,教师看过自己的课堂教学录像后,他们教学行为的改变并不明显。③ 因此,对课堂教学行为进行分类,让教师知道要观察和寻找什么样的教学行为,在课堂观察和教学反思中做到有的放矢是十分重要的。

对教学行为进行分类、分项研究为教师、课堂观察者提供了课堂观察方法和观测点,为教学行为数据收集提供了明确的方向和目标。

2.3.2 研究四种课堂教学行为的必要性

提问、教学言语、教学反馈以及等待等 4 种行为是课堂教学中教师教学行为的高频行为,对教学效果有着十分重要的影响。

好的课堂提问是教学有效传递的关键,它能激发学生的动机,集中学生的注意力,能帮助学生更好地学习和思考。同时,它能为学生提供操练和演示的机会,让教师更好地知道学生对课堂所学内容掌握的情况。④ 最重要的是,好的提问能激发学生高认知水平的思考,培养学生的问题意识。

课堂教学言语是开展课堂教学活动的重要工具,是教师课堂教学表达的主要方式。课堂教学要顺利开展活动,有效地进行师生间信息的传递、情感交流和沟通,完成教学任务,实现教学目的,很大程度上取决于教师的课堂教学表达艺术。⑤

针对学生执行目标的情况,教师需要作出具体的、细致的优点和缺点方面

① 陈振华.论教师的经验学习[J].华东师范大学学报(教育科学版),2003(3):17-19.

② 鲍建生,王洁,顾泠沅.聚焦课堂——课堂教学视频案例的研究与制作[M].上海:上海教育出版社,2005.

③ [美] Thomas L. Good,Jere E. Brophy. 透视课堂[M].第十版.陶志琼译.北京:中国轻工业出版社,2009:15.

④ Dillon J T. Questioning and teaching:A manual of practice [M]. New York:Teachers College Press, 1988.

⑤ 李如密.中学课堂教学艺术[M].北京:高等教育出版社,2009:135.

的反馈,以激励他们的学习热情。学习受反馈推动的原则已为心理学界所公认。① 在课堂教学中,教师在需要的时候给学生恰当的反馈是很有必要的。通过教师给学生恰当的反馈行为,学生学习上的进步获得教师承认,心理获得满足,从而强化学生的学习积极性。肯定的评价一般会对学生的学习起鼓励作用,否定的评价往往会使学生产生焦虑,而适度的焦虑则可成为学生努力学习的动力。"当紧张和焦虑的程度处于中等水平时,学习进展最好。而有关学习进步的反馈数据应当有助于保持这种适当的紧张。"②

反馈对激励学生和让他们认识到自己的行为是否正确非常重要。教师的反馈行为为学生参加教学活动,掌握知识提供了动力。实践表明,学生喜欢参加能立即获得反馈的活动,他们利用教师的反馈行为指导随后的活动。

"等待时间"这一概念是美国心理学家罗威(Rowe)在 1974 年提出的,她认为,教师提出一个问题后学生必然有一反应与之对应,所以教师提出问题后留给学生的思考时间既可以看作教师提问类型的等待时间,也可以看作学生回答问题情况的等待时间。

恰当的提问能够很好地训练学生的思维,激发学生的学习热情。等待时间始终贯穿于整个提问过程中,从罗威的研究结果③不难发现:合理把握等待时间,可以增加提问的效率,优化课堂,提高课堂效率。

4 种教师教学行为都是数学课堂教学的重要行为,它们相互联系,相互影响,贯穿于课堂教学的始终。在这 4 种主要教师课堂教学行为中,教师教学语言是提问行为、教学反馈行为的基础,没有科学、简洁的教学语言,就没有高质量的课堂提问,也不可能有合理、正确的反馈。针对教师的课堂提问,学生需要思考的时间,教师因此需要留出时间让学生思考。由此可见,只有正确处理好这 4 种教师课堂教学行为,才有可能提高课堂教学质量。

因此,本研究选择了教师课堂教学提问行为、教师教学言语行为、教师课堂教学反馈行为以及课堂教学等待行为四个维度进行分项研究。

2.3.3　新手教师、优秀教师选择的标准

对于新手教师、优秀教师、专家型教师,现在没有统一的界定。所谓专家,就是那些掌握了特殊方法进行有效思维和推理的人。在参照《人是如何学习的》一书对"专家"定义的基础上,本研究归纳界定了优秀数学教师的课堂教学

①　李秉德. 教学论[M]. 北京:人民教育出版社,1991:311.

②　[美]林格伦. 课堂教育心理学[M]. 章志光译. 昆明:云南人民出版社,1983.

③　Rowe M B. Wait-time slowing down may be away of speeding up[J]. American Educator,1987,11(1):38-47.

行为特征,主要有:

(1) 优秀教师能够识别新手教师注意不到的数学课堂教学信息特征和有意义的信息模式;

(2) 优秀教师灵活地应付数学课堂出现的新情境;

(3) 优秀教师能够从容自如地从自己的知识中灵活地提取重要内容;

(4) 优秀教师获得了大量的教学内容知识,对这些知识的组织方式反映优秀教师对数学学科的理解深度;

(5) 优秀教师的知识不能简化为一些孤立的事实或命题,而应反映应用的情境,也就是,它们是"条件化"的。

在借鉴已有界定方法的基础上,本研究将基本具备以上特征、同时符合以下三项标准的教师定义为优秀教师:一是从事教学十年以上的教师,二是具备高级职称或获得教学荣誉的教师,三是在所任教的学校有着良好的教学业绩和教学口碑的教师。本研究中的新手教师是从本科师范院校毕业、且工作时间在 1~3 年间的教师中挑选。

2.3.4 个案选取

根据选取的教师具有代表性的要求以及所研究的教师的课堂教学录像又符合常态性的原则,我们选取了杭州 4 所实验学校的教师作为个案选取的对象。因为在这些学校中,我们至少已经进行了长达 1 年的听课、评课、拍摄课堂录像,以及采用同课异构方式等教研活动,教师们已经适应了该项活动,因此,可以确保选取的课堂教学录像具有常态性。

研究选取了杭州 B 中学、W 中学、S 中学和 D 中学一共 24 位教师作为研究对象。又遵循典型性、代表性的原则,分别选择优秀教师 6 位、新手教师 8 位进行个案研究(表 2.1)。

表 2.1 数学优秀、新手教师个案选择情况一览表

教师类型	教师	学历	教龄	职称	荣誉	上课内容
优秀教师	A	本科	30	中学高级	特级教师	合并同类项
	B	本科	26	中学高级	特级教师	合并同类项
	C	本科	25	中学高级	特级教师	合并同类项
	D	本科	19	中学高级		合并同类项
	E	本科	18	中学高级		用字母表示数
	F	本科	12	中学高级	市教坛新秀	因式分解的应用

续　表

教师类型	教师	学历	教龄	职称	荣誉	上课内容
新手教师	G	本科	2	中学二级		分式乘除
	H	本科	2	中学二级		分式乘除
	I	本科	3	中学二级		不等式的性质
	J	本科	3	中学二级		不等式的性质
	K	本科	1	见习期		分式(2)
	L	本科	1	见习期		分式(2)
	M	本科	1	见习期		因式分解的应用
	N	本科	1	中学二级		因式分解的应用

2.3.5　研究框架的设计

课堂研究是课程与教学论的一种研究取向,其实质是一种微观的、质性的、描述的、直观的研究。[1] 数学课堂教学中,不同教师对教学内容本质的理解不同,教学方法、教学环节、教学行为也会因此有很大的差异。Brookfield(1990)对中小学高技教师(the skilling teacher)的教学特征(teaching traits)进行个案质性研究,其研究成果和方法在欧美教师研究领域产生了很大的影响。[2] 他提出了一个两要素的分析框架,即教学观念(teaching idea)和教学行为(teaching performance)。

本研究从实验学校选取了新手教师、优秀教师进行个案比较研究,在研究中,以"课堂观察—课堂录像—课堂文字实录分析—课堂教学行为编码—教学行为分项研究—优秀教师、新手教师教学行为个案比较—得出结论"为基本研究模式。

本研究主要研究过程变量是教师可观察的教学行为。同时,通过对课堂教学进行文字实录,把课堂教学中的许多细节通过实录得到客观细致的反映。

本研究通过对数学课堂教学录像课进行文字实录,结合课堂观察、录像分析,归纳出提问、教学言语、反馈、等待等教学行为的类型,在此基础上选取 2 位数学特级教师、4 位高级教师和 8 位工作 1~3 年的新手教师课堂录像分别进行个案研究,归纳出新手教师、优秀教师的课堂提问、教学言语、课堂教学反馈以及教学等待行为的特点,指出了两类教师在这 4 种主要教学行为上的差

---

[1]　王鉴. 课堂志:回归课堂生活的研究[J]. 教育研究,2004(1):81-85.

[2]　Brookfield S D. The skillful teacher. San Francisco:Tossey-bass,1990.

异,并提出了新手教师这4种教学行为存在的问题及其解决的对策。具体流程如图2.2所示。

第一步,听课,并进行课堂录像,与教师交流,收集相关资料;

第二步,对整节课进行实录,实录内容包括教师和学生在课堂中的所有教学活动行为,并记录每个活动相应的时间;

第三步,对教师提问、教学言语、教学反馈、教学等待等4种教学行为进行分类,统计出每节课中教师各种教学行为发生的次数和相应的时间;

第四步,对教师教学行为进行分析、整理、归类,并进行编码,进行量化研究;

第五步,个案研究;

第六步,总结。

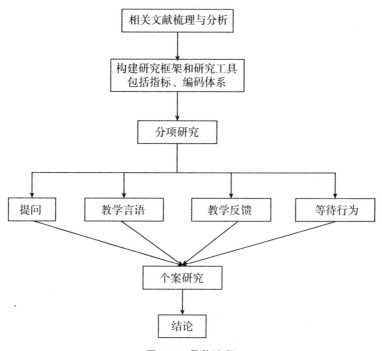

图2.2 具体流程

第3章　研究方法与过程

3.1　国外关于新、老教师教学差异比较研究及其启示

3.1.1　问题的提出

国外关于新、老教师差异的研究涉及较多方面和领域,也得出了一些结论,如:老教师有较强的自我监控能力,更具灵活性,通常能更好地解决课堂中出现的问题等。正如许多研究所主张的,研究新、老教师在教学中的差异,可以为培养新教师以及高等师范院校教师教育课程的设置提供理论与实践的支持,同时也可以为基础教育学校培养新教师提供有益的帮助。

·3.1.2　研究过程与方法

3.1.2.1　研究对象

国外关于新、老教师的研究所选取的样本一般为 15 人左右,通常将样本分成两组(新教师、老教师)或三组(新教师、中级教师、老教师)。

关于新、老教师的划分,John A. Craven (2003)指出,应该根据他们教法知识的多少而不是他们学科知识的多少,不仅要考虑教师的教学年限,还要参考学生成就和校领导评价[①]。Evelyn A. O'Connor 和 Marian C. Fish(1998)划分老教师的标准是:教学能力强,有 5 年以上工作经验,在所执教的年级至少工作过一年[②]。Ruth M. Allen 和 Renee M. Casbergue(1995)对老教师的划分依据是:教学年限、教学能力(所教学生成绩状况)和校领导的推荐。

---

① Tracy Hogan, Mitchell Rabinowitz and John A. Craven. Representation in Teaching: Inferences from Research of Expert and Novice Teachers. Educational Psychologist,2003,38(4): 235-247.

② Evelyn A. O'Connor & Marian C. Fish. Differences in the Classroom Systems of Expert and Novice Teachers, a Paper Presented at the Annual Meeting of the American Educational Research Association,San Diego,CA,April 13-17,1998.

3.1.2.2　研究方法

国外对于新、老教师的研究主要采用的数据收集方法有两种,一种方法是,研究者让教师看录像带,然后对教师进行访谈,让他们谈谈对这节课或这段内容的理解;第二种方法是,研究者现场听课、录像,同时记录听课的过程,并与任课教师进行访谈,了解教师在上课前、上课后或上课过程中的感受。

访谈有时是结构性的,有时也是非结构性的。Ruth M. Allen 和 Renee M. Casbergue(1995)关于新、老教师回忆差别的研究是具有代表性的,[①]他们首先听课并录像,记录下课堂上的每一个细节,然后对每名教师进行一小时的访谈,并对访谈过程全程录像。访谈涉及的问题主要是让教师回忆其课堂上的一些具体事件,然后将教师的回答与录像进行对比,进而得出新、老教师在课堂教学回忆上的差别。

Clarridge 和 Berliner(1991)的研究结合了角色扮演,他们让 19 名新、老教师分别给某班学生上课,该班大约有 21 人,其中有 7 名学生是按研究者的要求扮演的,以此来研究新、老教师在课堂管理中的差异。

问卷法也是数据收集的常用方法。开放性试题往往要求被试围绕问题写出自己的看法。封闭性试题一般设计为李克特量表型问题,Kathleen Gormley 等 (1995)采用了 7 级量表的方式,以便于更精确地了解被试对某一观点的同意或否定程度

3.1.3　研究结论与启示

3.1.3.1　教学水平差异

(1) 教学准备

教学准备即备课,是教师授课前的首要环节。新、老教师对于课堂教学的理解往往是不同的,所以他们的教学准备方式也不同。新教师往往把整班学生看成整体,更关注整体的能力和学生的兴趣;而老教师则将学生理解成不同的个体,因此会采用多种方法让不同学生得到不同的发展(Housner,Griffey,1985);老教师在备课时会考虑更多的细节(Housner and Griffey,1985),关注长期的教学目标,而新教师更关注具体的课堂教学目标;老教师认为,较好的课堂组织和设计来适应学生先前的知识,关注学生对知识的理解才能进行更有效的教学,但新教师则认为清晰的交流才是关键;专家教师在备课

时往往能提出多种解决问题的办法,以便于学生更好地理解问题,专家教师更能理解学生错误之所在,所以会采用多种方法避免学生产生或维持错误的思维方式。

(2)教学过程的调控

在灵活性方面,研究显示,老教师的班级比新教师更具灵活性。在课堂教学中新教师往往会照本宣科,而老教师则更随意(Borko and Livingston,1989)。老教师能够利用学生的问题和回答来引导班级讨论,能够更灵活地将学生的问题与课程联系起来,能够利用更具有交互性的决策,能更好地解释学生的行为;而新教师很难用有意义的、联系的方式进行授课,他们更关注他们自身的教学效果而不是学生的理解,新教师通常对于学生偏离教学内容的回答不予理会;新、老教师改变教学方法的依据是不同的,新教师依据的是学生的兴趣与能力,而老教师则依据学生的成就(Housner and Griffey,1985)。

课堂中的语言交流能够传递教师的期望,通过提问评价学生的成绩,有效地传递新知识,是必不可少的。在交流水平方面,老教师班级中的交流水平明显高于新教师。Sánchez、Rosaes 和 Cañedo(1999)选取 9 个新教师、9 个专家教师研究新老教师交流中的差异。他们把教师语言分成三类:过去(关于学习已知知识的交流)、现在(关于学生要学习的新知识的交流)和评价(证明学生已经学会了新知识的交流)。研究发现,专家教师与学生的交流往往围绕着一个中心进行,而新教师的交流往往没有明显的组织结构;在前两类交流中,专家教师有更多的交流方式和策略,并能利用已有知识构造新知识;在第三类交流中,专家教师更倾向于高水平和综合性的交流,而新教师往往忽视第三类交流的作用。

在班级凝聚力上,新、老教师没有太大的差异。

在课堂管理上,Clarridge 和 Berliner(1991)通过实验发现,专家教师能够更合理地在整个教室里分散自己的注意力,而新教师则往往只将注意力集中在教室的中心位置;老教师能更全面地理解课堂事件,了解事件是怎样发生的,能提出更好的解决方案,并能利用外部控制解决问题,如换座位等;新教师对如何解决问题通常没有准备;在对其他教师的录像课进行观察时,专家教师更关注课堂的组织和管理,关注师生的行为,关注学习环境的效益,而新手教师仅关注教师的行为和学生的错误行为,不关注学习环境的效益;在对课堂管理问题进行评论时,老教师往往会先对问题进行分类,然后提出解决方法,倾向于深层次的评论问题,而新教师则表示没有办法。

(3)教学反思

教师教育的主要目的是促进教师的发展。教学反思是促进教师发展的一项非常重要的工具,也是教师教育课程的一个目的。良好的回忆是反思的前提。研究发现,工作年限相同时,反思性强的教师有更强的回忆能力。当反思的频率和持续性相同时,有经验的教师有更强的回忆能力。

在对课堂教学进行回忆研究中,专家教师与新教师都能精确地回忆他们的课堂教学,但新教师更关注他们自身的行为,关注他们自己的预设课程的生成和课堂目标的实现,新教师仅回忆具体事件,而专家教师既能轻松地回忆具体事件又能全面回忆课堂整体情节(Borko and Livingston,1989)。

Ruth M. Allen 等①(1995)选取 4 名新手教师、5 名中级教师、3 名老教师进行了研究。这个研究通过新手教师与专家教师回忆他们自己与学生的具体课堂行为考察新手教师的发展。研究发现 1～3.5 年教学经验的新手教师在自身的课堂教学回忆中会出现一些不精确的回忆。有 6.5 年教学经验的教师和专家则显示了准确的回忆。教师从具体的缺乏深入性的回忆向笼统的更彻底的回忆发展;从犹豫不决、不确定、不一致和不自然的回忆向流畅的、确定的、一致的和一般地轻松的回忆发展。

在回忆的基础上,Ruth M. Allen(1996)研究了新、老教师的反思能力。他们发现每一名教师的反思都有三种水平,但他们强调不同的反思重点、体现不一样的持续性。每一名教师对于第一水平的反思基本相当,即对教学知识的效率和效益的反思。新教师与没有经过反思训练的工作一年的教师反思水平基本相当。伴随着教学经验的增加,教师更倾向于对第二水平的反思,即评价自身的教学结果和评价教学目标的完成情况,和第三水平的反思,即对于学生情感的满足情况。

第二水平和第三水平的反思上,中级教师是新教师的两倍,专家教师是中级教师的两倍(取相同数量的样本进行研究)。专家教师在第二水平的反思上是新教师的四倍,在第三水平的反思上是新教师的三倍。

老教师在反思时更关注个体学生对学习的理解和成就,较少关注课堂管理,除非纪律问题影响了他们的教学。新教师在反思时更关注自身的教学效益,关注他们自己如何举例和提问,关注自己黑板的使用和其他细节,不关注学生的行为和纪律问题(Borko and Livingston 1989)。

在对不良课堂现象进行反思时,专家教师更倾向于首先对问题进行分类,指出哪些问题是典型的,并提出自己以前解决这些问题的方法。而新教师则往往很难意识到不良现象,当他们发现不良现象时,在急于解决问题的同时,也表示自己没有准备好如何处理这些问题,专家教师倾向于对不良现象进行

---

① Ruth M. Allen & Renee M. Casbergue. Evolution of Novice Through Expert Teachers' Recall, a Paper Presented at the Annual Meeting of the AERA, San Francisco, CA, April 17-22, 1995.

评价,而新教师则倾向于对不良现象进行表层的描述(Clarridge and Berliner 1991)。

3.1.3.2　启示

国外关于新老教师差异的研究取得了一定的成果,审视这些成果,可以为我们的下一步研究提供借鉴作用。

(1) 个案比较研究方法是值得借鉴的研究方式。由于教育研究的复杂性,纵观国外关于新老教师的研究大多采用选取一定的样本进行个案比较研究。本研究也借鉴了这种研究方法,利用个案比较研究方法研究新手、优秀数学教师课堂教学行为的差异。

(2) 新老教师教学行为差异是值得关注的课题。如何通过研究,揭示新手教师在课堂教学中教学行为存在的问题以及寻找其对策对教师专业发展极其重要。

3.2　主要课堂教学研究方法介绍

从 19 世纪末开始,课堂教学研究尤其是课堂教学行为的研究呈现系统化、专业化的特点,以美国的教学行为研究为代表,与教师的专业化发展研究紧密联系在一起,受不同哲学思潮和心理学理论的影响。哲学思潮和心理学理论决定了教学行为的研究范式,教学行为研究自身的逻辑矛盾决定了教学行为研究范式的更迭。

在国外课堂教学行为的研究中,研究者往往采用严格的量化工具进行研究,如"弗兰德斯互动分析系统",就是用严格的量化标准对师生的互动行为进行观察和研究的。它首先将师生在课堂教学中的言语行为分为十类,其中,根据教学言语行为对学生的影响方式,将教师言语行为分成间接影响和直接影响两种,然后让观察者在常态的课堂教学中以每三秒一次的频率,将师生之间的互动行为记录在一个由横、纵向各十个小方格组成的方表格中,最后再将整堂课的记录加以归类分析,找出教师行为对学生所产生的影响。然而,由于课堂教学的复杂性,这样的研究往往由于课堂教学行为的情景性、复杂性和多变性,容易造成研究结果的非客观性和低推广性。

3.2.1　TIMSS 的课堂录像研究[①]

1995—1999 年,在 TIMSS(Third International Mathematics and Science Study)录像研究项目中,美国、德国、日本的研究工作者首次大规模地对这三

---

① http://nces.ed.gov/pubs99/199074.pdf.

个国家八年级 231 节数学课进行了实录,并构建了录像信息分析模式,用于比较研究三个国家课堂教学与学生学习成就的关系。该项目被誉为信息技术在教育研究中应用的革命性的突破。

TIMSS 研究的基本步骤:选择课堂教学样本→现场摄录→录像带的数字化处理→课堂教学信息编码→统计分析→比较研究。TIMSS 录像研究采用两次编码方法对课堂谈话进行编码。第一次是对谈话片段(utterance)进行编码。所谓谈话片段,指的是课堂上服务于单一目标或作用,由句或词构成的谈话。第二次是在初次编码基础上进一步对内容作细分编码,增加了谈话启发—响应序列(Elicitation-Response),来刻画师生之间的交流。

TIMSS 研究分别从教师对数学问题解决的理论和数学课堂的学习活动两个层次进行评价。一方面,TIMSS 通过研究 4 类问题的频度来评价教师对数学问题解决的理解层次:① 对解法的合理解释;② 通过表格、图表和图形来呈现数学对象之间的关系;③ 对没有直接明显答案的数学问题的解决;④ 用等式的形式来呈现数学关系。另一方面,TIMSS 将数学课堂的学习活动分为 6 个方面评价项目:① 对公式和程序的记忆;② 运用一些事实、概念和程序来解决一些常规问题;③ 对答案的解释;④ 将所学的数学知识与日常生活联系起来;⑤ 决定解决复杂问题的解题程序;⑥ 如何解决一些没有直接标准答案的问题[①](Mullis et al.,2008)。

在借鉴 1995 年 TIMSS 项目基础上,第三次数学和科学教学比较研究—重复项目(Third International Mathematics and Science Study-R,TIMSS-R)于 1999 年开始实施,一共有 38 个国家(地区)的学生参加数学和科学教育测试项目。

TIMSS-R 录像研究项目由美国和澳大利亚、捷克、中国香港、日本、卢森堡、荷兰和瑞士等 8 个在 TIMSS-R 项目中学生学业成就较高的国家(地区)参加,开展跨国比较研究。录像分析范围由八年级数学教学扩展到数学和科学两个学科,每个国家和地区选取 100 所学校作为分析样本,每所学校至少提供一节数学和科学课堂教学录像。

TIMSS-R 项目扩展了 TIMSS 录像研究项目的目标,进一步把项目应用于教师专业发展,开发一种新型的基于录像案例分析的教师培训模式。由美国威斯康辛—麦迪逊大学教育学院教育研究中心牵头的数字化洞察力(Digital insight)项目,有卡内基—梅隆大学、宾夕法尼亚大学以及有关信息

---

① Mullis I V S, Martin M O, Foy P. TIMSS 2007 International Mathematics Report. International Study Center, Lynch School of Education, Boston College, Boston, 2008.

技术企业参加,专门开展大型教学录像资源库的分析和管理研究。数字化洞察力项目采用 QSR 公司(QSR International Pty Ltd)开发的定量数据分析软件 Nvivo 以及项目专门开发的录像数据编码和分析平台 Transana 进行课堂教学录像的编码分析。

3.2.2　LPS 的课堂录像研究

LPS(the Learners' Perspective Study)研究是在 TIMSS 的基础上发展起来的,开始时研究在澳大利亚等 5 个国家中进行,最后发展到有 12 个国家和地区参加的国际性合作研究。LPS 研究者试图从学生的视角入手,探索数学课堂教学特征,其目的是为了深入分析每个国家数学课堂教学特征。

LPS 研究的一个主要特点是,研究的对象通常是连续的 10 节课,而不是孤立的一堂数学课。他们认为教师在课堂上的教学策略和教学的主题密切相关(Clarke,2006)。而且与以前不同的是,把教师的课堂教学和学生的课堂学习联系起来进行观察和研究。课堂采用了三个摄像机收集数据,课后对教师、学生进行访谈,这些访谈是以课堂录像为基础的,一边观看录像,一边进行访谈。

LPS 的研究者认为,TIMSS 研究的一个主要缺陷是课堂的录像来自不同教师孤立的课堂,而且没有和学生的学习相联系。Shimizu(2002)的研究表明,在日本的数学课堂,教师教学的特征基本符合 TIMSS 所概括的"国家脚本",但是在具体的每一个步骤中,学生对问题的反应,以及教师和学生的交流会影响教师的教学,而且有经验的教师会根据教学单元的整体计划和学生对所教内容的理解,更加灵活地处理各个教学过程,甚至会打破这种一般模式。Clarke 和 Mesiti(2003)在 LPS 的研究中发现,25 节美国数学课没有一个是符合 TIMSS 所概括的脚本。Jablonka(2003)的 LPS 研究表明,30 节德国数学课堂很少有像 TIMSS 所概括的脚本。LPS 的系列研究得出以下结论:通过课堂实践,特别是连续 10 节课的研究,可以说明各国存在相对稳定的课堂教学特征。课堂教学一方面会受到文化的影响,但作为一种教学实践,同一个教师的课堂之间同样也存在差别,这表明必须在具体情境中思考教学才具有本质的意义。课堂的教学实践是教师和学生共同互动的结果。教师教学策略的变化,与学生的学习实践相关(Clarke,2006)。

3.2.3　日本的课例研究: Lesson Study

20 世纪末,日本的"课例研究"(Lesson Study)引起了美国、加拿大等国家许多学者的广泛关注。西方学术界也正在全面推广日本的 Lesson Study,把它作为一种促进教师专业化发展的新举措(Fernanderz,2002)。

"课例研究"起源于日本的授业研究(jugyokenkyn 或じゅぎょけんきゅう),最早可追溯到明治时期①,至今已有一百多年的历史。Jugyokenkyn 由两个词组成:一个是 jugyo,意思是"课",另一个是 kenkyn,意思是"研究"。

"授业研究"引起广泛的关注始于 1995 年和 1999 年的 TIMSS②,斯蒂格勒和黑波特(Stigler,Hiebert)对比了日本、美国和德国的课堂教学录像之后,认为日本教师在教学上的成功与日本的一种特殊的教育活动相关,即"课例研究"。③ 随后,斯蒂格勒和黑波特对"课例研究"展开了进一步的研究,并于 1999 年出版了《教学的差距》。至此,"课例研究"引起了人们的普遍兴趣。④

"课例研究"有其自身的特征,不少学者对"课例研究"的特征作了归纳,如 Lewis 在《课例研究:日本教师专业发展的核心》一文中将"课例研究"的特点归纳为:① 研究课是由其他教师进行课堂观察的;② 研究课需要很长的设计时间,通常是合作研究的结果;③ 研究课设计使特定的教育目的或观点在课堂中成为现实;④ 研究课是需要记录的;⑤ 研究课是要讨论与反思的。⑤ Beauchamp 在《日本教育的新旧声音》一书中指出"课例研究"的 4 个特征:①"课例研究"是一种长期的持续不断的改进、提高模式;②"课例研究"始终聚焦于学生的学习;③"课例研究"是教师合作完成的;④"课例研究"直接围绕着具体的教学情境等。⑥

关于"课例研究"实施的步骤,不同的研究者有不同的观点,例如,斯蒂格

---

① Isoda M, Miyakawa T, Stephens M. Japanese Lesson Study in Mathematics:Its Impact, Diversity and Potential for Educational Improvement[M]. Singapore:World Scientific Publishing Co. Pte. Ltd. , 2007:275-278.

② Friedman E R. An examination of lesson study as a teaching tool in US public schools[D]. Ashland University, 2005.

③ Martin M O, Mullis. TIMSS 2003 International Mathematics Report:Findings from IEA's Trends in International Mathematics and Science Study at the Fourth and Eighth Grades, Boston College, 2003[C]. Massachusetts:TIMSS & PIRLS International Study Center, 2004.

④ Sonal Chokshi, Clea Femandez. Reaping the systemic benefits of lesson study:Insight from the U S[J]. Phi Delta Kappan, 2005, 86:674-688.

⑤ Lewis C. Lesson study:The core of Japanese professional development[C]. American Educational Research Association (2000 Annual Meeting), New Orleans, LA. 2001.

⑥ Beauchamp E. New and Old Voices on Japanese Education[M]. Armonk, N. Y. 2001:50-52.

勒和黑波特(Stigler & Hiebert,1999)认为"课例研究"包括 9 个步骤:① 定义问题;② 设计教案;③ 上课;④ 评价、反思;⑤ 修改教案;⑥ 执教经过重新设计的课;⑦ 再次评价、反思;⑧ 分项成果。[①]

3.3 研究方法

教师课堂教学行为受各种因素影响,其表现方式也形态各异,既有表观状态的特征分析,也有深层水平的原因分析。本研究主要采取文献法、比较研究法、质性研究与量化研究混合研究、自下而上与自上而下的混合研究、视频录像分析方法等方法开展研究。

本研究运用了这些研究方法,对优秀教师、新手教师的课堂教学行为进行了对比研究,其步骤可以分为如下三步:

(1) 根据对优秀教师、新手教师的界定标准,选出一定量的优秀教师和新手教师;

(2) 采用同课异构的方法,选择两类教师的课堂教学录像;

(3) 通过课堂文字实录,结合课堂录像,比较两类教师在课堂教学中的行为表现。

3.3.1 定性和定量分析方法

采用定性和定量分析的方法研究数学教师教学行为是行之有效的。在研究方法中,定量研究有其合理性和科学性,但由于教师教学行为的复杂性,过于运用量化的研究往往比较容易忽视或抹杀隐藏在教育内部的教育规律性。因此,本研究采用定性和定量相结合的方法。

3.3.1.1 量化研究

在量化研究中,观察者使用观察量表或规范标记来记录特定范围内一些事件出现的情况,然后分析这种事件发生的频率。定量方法为某件事件多久发生一次提供信息,或者就事件本身进行描述。

在 20 世纪 60 年代,系统观察方法(systematic observation)是定量研究中占绝对优势的课堂观察方法。"系统观察"是指:观察者尽量避免参与课堂教学活动,通过使用一个预定的分析或标记系统来分析课堂活动的某些方面。这种分析可以在观察中进行,也可以使用录音、录像或课堂对话文本。它的目的是帮助教师理解教学行为,并且调查课堂互动与教学行为之间的关系。例

---

① Stigler J W, Hiebert J. The teaching gap:Best ideas from the world's teachers for improving education in the classroom[M]. New York:The Free Press, 1999.

如,著名的编码系统是由弗兰德尔斯(Ned Flanders,1970)开发的。然而,系统观察方法由于只关注量的方面而忽视一些重要的质的信息而备受批评(Hammersley,1994)。

3.3.1.2 质性研究

随着人类文化学(ethnographic)和社会—语言学(socio-linguistics)的研究方式的出现,数学教育研究中广泛采用质性的研究方法,数学课堂教学行为研究也不例外。质的研究是以研究者本人作为研究工具,在自然情境下采用多种资料收集方法对社会现象进行整体性探究,使用归纳法分析资料和形成理论,通过与研究对象互动对其行为和意义建构获得解释性理解的一种活动。[①]

质性研究关注过程、意义和现实的社会属性,对被研究的现象提供了独到的洞察(Teppo,1998)。对课堂教学研究而言,主要的数据有教案、课堂录像、学生日记和学生的工作等,同时,语义分析(discourse analysis)成为一种重要的数据分析手段,它强调意义协商和理解概念的课堂互动分析(Tsui,1995)。

3.3.2 录像分析方法:量与质的混合研究

自1963年首次在斯坦福运用便携录像设备于微型教学训练之时起,现代化的视听设备便在课堂教学研究中显示出其特有的魅力。20世纪90年代以来,录像分析的方法受到课堂研究者的青睐。通过录像,可以结合质和量的研究方法来分析课堂教学的过程,允许研究者从不同视角进行分析和解读,发现一些新的教学理论(Martin,Mullis & Chrostowski,2004)。由洛杉矶课堂研究实验中心(Los Angeles Lessons Lab Centre)领导的,分别在1995年进行的第三次国际数学和科学研究(the International Mathematics and Science Study,TIMSS)的录像研究和在1999年进行的第三次国际数学和科学研究的追踪研究的录像研究,它们一个是以量的研究为基本范式(黄荣金,2004),另一个是以澳大利亚墨尔本大学国际课堂研究中心(International Centre for Classroom Research)领导的"学习者视角的研究"(Learners' Perspective Study,LPS),虽然同样采用录像分析技术,但它以质的研究为基本范式(黄荣金,李业平,2009)。[②]

另外,使用录像分析方法对课堂中的基本要素,如课堂提问、学生错误处理(Santagata,2005;Schleppenbach,Flevares,Sims,Perry,2007)、教学任务分

---

① 陈向明.教师如何作质的研究[M].北京:教育科学出版社,2001:12.

② 黄荣金,李业平.数学课堂教学研究[M].上海:上海教育出版社,2010:13.

析和教学法表征等(Huang,Cai,2007,2009)进行分析,取得不少成果。此外,也有研究者使用录像分析方法对如何使用录像或视频案例进行教师培训研究(Borko,Jocobs,Eitelijorg,Pittma,2008；Star,Strickland,2008)。

3.3.3　课堂观察法

自从有课堂教学以来,课堂观察作为一种研究课堂教学的方法就一直存在着。课堂观察是指教师采取的一种行动,其目的是提高自己或同事的教学水平,并在实践中检验教育理论假设,或者是作为评价和实施学校优先发展项目的一种手段。教师对课堂教学行为的描述和表达能力,会增强其对课堂教学中发生的所有事情的认识。课堂观察能力是一项教师专业能力。

课堂观察起源于西方的科学主义思潮,作为一种研究课堂教学的方法发展于 20 世纪五六十年代。美国社会心理学家贝尔思(R. F. Bales)于 1950 年提出了"互动过程分析"理论,开发了人际互动的 12 类行为编码,并构建了课堂教学中小组的人际互动的研究框架,拉开了较为系统的课堂量化研究的序幕。

本研究在实验基地开展了课堂观察,并利用自制的编码构建了课堂观察量表进行课堂教学研究。为了研究课堂教学观察量表的有效性,于 2010 年 4 月 22 日,笔者在 L 中学利用我们设计的课堂观察量表对《二元一次不等式(组)与平面区域》进行现场观察。对参加教研活动的 30 多名教师进行了分工,6 人为 1 小组,分别对课堂提问、教学言语、教师课堂等待时间进行统计,事后让教师们对该课堂观察法以及课堂教学行为进行分析,得到教师们的好评。以下是部分教师对课堂教学以及课堂观察法的评价实录:

老师 1 点评:

听了 Q 老师的课和三组老师的统计分析,第一感觉,觉得这样的评课方式很新颖。第二个感觉,这样评课理由很充分,比如刚才老师讲到,等待时间多少,他从中就可以发现等待时间多少,留给学生思考时间多少,这样说起来理由非常精细。

老师 2 点评:

第一次碰到这样的评课,这样能使课堂定量分析更加精确。它需要一个团队,可以发现具体问题出在哪里。

老师 3 点评:

第一次接触到这样的课堂观察,尤其是像刚才 3 个组分别讲到的。这样的评课我觉得最大的优势就是避免了形式主义,以前的评课讲优点、避开缺点。这样的评课可以落到实处。

3.3.4 视频录像分析方法

由于课堂教学的错综复杂性,数学教师要清楚地意识到课堂教学中所发生的一切复杂情况,是很困难的。视频录像可以作为对数学教学进行分析、研究的工具。该研究通过课堂拍摄录像,一个摄像机拍摄教师,另一个摄像机拍摄学生,对录像数据进行编码,对教师教学行为进行分析。

3.3.5 课堂文字实录

课堂文字实录也叫逐字记录方法。首先,利用课堂录像将师生课堂上所说的每一句话以及师生教学行为一字不漏精确地记录下来,并把每个教学行为所用的时间都分别标出,将整堂课用文本方式记录下来,成为逐字记录文本(verbatim transcript)。其优越性是:① 为教师提供一个完整的课堂逐字记录手稿,以便教师能够分析、反思课堂教学行为以及师生交流语言存在的问题;② 课堂教学中的许多细节,都可以通过文字实录得到客观细致的反映,为教师提供了一个客观的课堂教师行为记录;③ 能够让教师关注自己关注的课堂行为。接着,将整堂课按照教学环节进行第二次整理,并对教师的每个教学行为进行记录并在时间上加以标识。

3.3.6 访谈法

研究优秀与新手数学教师课堂教学行为,除了理论研究、文献分析借鉴国内外同类研究的精华外,有必要了解教师、学生对数学课堂教学行为的看法。为此,在课堂观察、评课、调查等基础上,运用访谈的方式,选择了新手教师、优秀教师对数学教师课堂教学行为的认识进行了访谈,了解他们对数学课堂教学行为中的提问类型、语言类型、课堂教学反馈行为以及等待等教学行为分类的看法以及对两类教师课堂教学行为差异的看法;同时,还选择一定数量的学生,就他们对数学教师课堂教学行为认识进行了访谈,并征得他们的同意对这些访谈做了现场录音。

根据平时在实验学校观摩课堂教学、教研活动以及平时与教师交流的实际情况,制订了教师访谈提纲;同时,为了从学生角度了解他们对教师课堂教学行为的看法,制订了学生访谈提纲。分别选择了 4 所实验学校,18 名教师进行了访谈,并进行了录音。

选取教师访谈教师样本如下:

B 中学

BT1:男,本科,教龄:15 年,职称:中学高级;

BT2:女,本科,教龄:18 年,职称:中学高级;

BT3：女,本科,教龄：3 年,职称：初级职称；

BT4：男,本科,教龄：26 年,职称：高级职称。

S 中学：

ST1：女,硕士研究生,教龄：3 年,职称：初级职称；

ST2：女,本科,教龄：16 年,职称：高级职称；

ST3：男,硕士研究生,教龄：1 年,职称：初级职称。

W 中学：

WT1：男,本科,教龄：23 年,职称：中学高级；

WT2：男,教育硕士研究生,教龄：13 年,职称：一级教师；

WT3：男,本科,教龄：15 年,职称：一级教师；

WT4：女,硕士研究生,教龄：3 年,职称：二级教师；

WT5：男,本科,教龄：15 年,职称：中学高级；

WT6：女,本科,教龄：21 年,职称：中学高级。

D 中学：

DT1：女,本科,教龄：3 年,职称：二级教师；

DT2：女,本科,教龄：4 年,职称：二级教师；

DT3：女,本科,教龄：1 年,职称：见习期；

DT4：女,本科,教龄：16 年,职称：中学高级；

DT5：男,专科,教龄：15 年,职称：中学一级。

同时,由于我们选择的课堂录像学生原来是初一的学生,现正就读初二,因此,我们选择了初二的学生作为访谈对象。根据学生的数学成绩,并由教师推荐优秀、中等、后进生三个层次,每个层次学生各选 3 人,进行访谈,对访谈过程也进行了录音。我们对师生的录音进行实录,将语言转换成文字,并进行分析、研究。

3.3.7　个案研究法

个案研究作为一种研究方法,在社会科学的各个领域有着广泛的应用。个案研究既基于定性研究方法又基于定量研究方法,它在广泛搜集个案资料的基础上,对研究的对象进行深入、全面的研究分析,确定问题的症结,提出建议。斯蒂克(Stake)认为,"个案"是一个"有界限的系统"。在有界限的系统中存在某种行为形态,研究者可由此行为形态或活动性质来了解系统的复杂性及过程性。[①]

---

① 潘慧玲.教育研究的途径、概念与应用[M].上海：华东师范大学出版社,2005：192.

本研究的"有界限的系统"是实验学校的数学教师,目的是通过对这些学校的数学教师的个案研究,通过课堂教学观察,构建教师课堂教学观察量表;同时,试图了解新手、优秀数学教师课堂教学行为的特征以及他们的差异,探索新手教师课堂教学行为存在的问题,从而提出相应的对策以提高新手教师的课堂教学行为能力,改变教师课堂教学行为,从而提高数学课堂教学质量。

3.4　研究工具

3.4.1　课堂观察

课堂是学校教育的基本单位,也是研究教与学最适当的场所,它蕴含着丰富的、有价值的研究要素。课堂研究就是要通过对这些研究要素的研究,揭示课堂的基本事实和规律。而课堂观察是课题研究最基本的方法之一,也是课题研究中收集可靠资料的重要手段。所谓课堂观察,是指研究者或观察者带着明确的目的,凭借自身感官(如眼、耳等)及有关辅助工具(观察表、录音录像设备等),直接或间接(主要是直接)地从课堂情境中收集资料,并依据资料作相应研究的一种教育科学研究方法。[①]

3.4.2　录像

录像技术为教师收集教学方面的信息提供了有利条件。通过录像,教师能够迅速观察教学的多个方面,可以为课堂诊断提供一些启发性的、准确的信息。录像的主要作用是[②]:① 用以获取整个教学情景的视觉资料;② 充当诊断的根据;③ 作为详细检查某一特定教学片段的工具。

其优点:① 可以不断地回放、观看、评价所有的教学情景;② 可以诊断问题的根源;③ 可以发现师生的行为模式;④ 可以清楚地发现较长一段时期内的教学进展模式。

3.4.2.1　课堂录像机位

用 DV 格式数字摄录像机或专业数字摄录像机双机位拍摄,并且使用三脚架,架机拍摄。

(1)教师机位:拍摄教师活动镜头,包括黑板的宽度为上下边界,完整记录教师讲课情况,镜头紧随教师移动(如教师在讲台移动、讲台下巡视、教师个

---

① 陈瑶.课堂观察指导[M].北京:教育科学出版社,2002:1-2.

② [英]戴维·霍普金斯.教师课题研究指南[M].杨晓琼译.上海:华东师范大学出版社,2009:106.

别辅导等),并根据适当内容(如教师板书、展示屏幕内容等)而适当推近镜头,清晰地再现课堂上教师的板书、同步播放的课件内容和教具演示过程。教师佩带麦克风,音量适中。

(2) 学生机位:拍摄全体学生面部镜头,完整反映学生学习情况,并根据适当内容(如某个学生回答问题、教师对学生实行个别辅导等)而适当推近镜头,学生音量适中,但同时也能听清教师的声音。

3.4.2.2 课堂录像效果

录像机机位合适,构图合理,画面清晰稳定,对比度适中,镜头切换自然流畅,无明显摇晃抖动。

3.4.2.3 录像导出要求

(1) 格式要求:所有视频文件尽量使用通用格式,以 mpg、avi 格式为主。

(2) 二合一:用 QuickTime pro 软件,复制粘贴到一个新的播放器中。

(3) 将教师机位、学生机位以及合成的录像课共三个视频文件,还有教师的教学课件和相关电子文件都刻录到同一张光盘内,光盘写上编号,如 HZ01-X03-T05-L02 表示杭州第三所学校第五号老师的第二节课。

3.4.2.4 相关材料的收集

(1) 教师的所有材料都用类似 HZ01-X03-T05 的格式写到每页最上端,教师随机要求一列学生把这两节课的课堂练习本用类似 HZ01-X03-T05-S12 的格式写在每页最上边(或者直接发给学生统一的 A4 纸),录像教师的两节课教案、相关教科书内容、相关教学辅导材料、学生课堂练习本进行扫描或拍照;如果条件不允许,复印也可。

(2) 全班学生的座位表,并写上名字。

(3) 按学号顺序排列好的学生名单。

3.5　教研活动

每次在实验学校听课后,召集全体教研组教师对课堂教学进行评课,研讨教师们对课堂教学的看法,尤其关注教师在课堂教学中的行为。

具体做法:每周确定一天的时间,实验学校教师轮流上课,每次确保实验学校有两到三位教师上课,组织课题组教师、实验学校全体数学教师集体听课,并拍摄课堂录像;上完课后,组织集体研课。研课过程中,首先让上课教师讲解设计意图,实施过程中的得失,并进行必要的反思。接着让所有听课教师进行评课,最后让上课教师撰写教学反思。在课堂观察的同时,对课堂教学、研课过程进行录像,制作光盘,供教师反思、科研使用。

3.6 数据的编码与分析

1963年2月,美国斯坦福大学的教育实验项目运用录像分析方法进行课堂教学研究。随着科学技术的发展,视频记录的技术也不断革新,视频的方法不仅在研究项目中运用,也广泛地用于教师培训。视频的方法是研究课堂教学的有效方法,因为它融合了定性和定量分析方法,能更有效地分析课堂现象。在1984年,Nussbaum就用视频案例编码的形式研究教师的课堂交往行为。[①] 而1986年Irvine也用这样的方法,研究不同教师的口头反馈与对不同宗教、性别和年纪的学生的影响。[②] 也有一些学者如Bettencourt等(1983)就用视频的方法研究了教师培训前后对教师有效行为的改善情况。[③] 近几年,我国很多学者也开始通过视频录像记录真实的教学环境,并制作成案例的形式来研究隐含在热闹课堂背后的教学中存在的问题,如鲍建生等人著的《聚焦课堂——课堂教学视频案例的研究与制作》就全面地记载了教学案例制作的过程,并认为视频案例是教师培训的有效途径[④]。

通过视频录像拍摄整个教师过程,然后将录像转化成文本的形式,制成完整的教学案例,再根据提问编码表格整理数据进行分析。该研究的课堂提问素材完全来源于实际的课堂教学,真正的是通过"聚焦课堂"来获取真实的信息。而视频录像的方法,能更真实地将整个教学过程记录下来,通过案例的形式保存下来,能进一步地分析探究,也能作为教师培训的典型素材。视频研究方法是探索有效教学模式的最佳方式。它最大的优点是可以反复播放教学过程,可以提取一些现场观察无法记录的细节,并进行多次编码,多次利用,不同观察者从不同的角度可以提取有用的信息,而且也不受时间和地址的限制,是一种便于交流的资源财富。

本研究过程包括了以下基本步骤:听课→拍摄课堂教学录像→将录像进行文字实录→根据课堂教学实践整理课堂文字实录→结合文字实录与视频进

---

① Nussbaum J F. Classroom behavior of the effective teacher. Communication,1984(13):81-91.

② Irvine J. Teacher-student interactions:Effects of student race,sex and grade level [J]. Journal of Educational Psychology,1986(78):13-21.

③ Bettencourt E,Gillett M,Gall M,Hull R. Effects of teacher enthusiasm training on student on-taskbehavior and achievement [J]. American Educational Research Journal,1983(20):435-450.

④ 鲍建生,王洁,顾泠沅. 聚焦课堂——课堂教学视频案例的研究与制作[M]. 上海:上海教育出版社,2005.

行教师和学生的行为分析→归纳教师教学行为类型→根据行为类型的分类对每一教学行为进行分类、统计→对数据进行分析→得出结论。

在课堂拍摄中,采用 2 台摄像机分别从教师和学生 2 个角度对整堂课进行拍摄,可尽可能多地捕捉教师提问时的肢体语言变化和学生表情特点等用文本和音频工具无法记录的细节,然后反复观看拍摄的内容,进行整理。以下是整理的过程:第一次整理,将课堂录像转化为文本形式,并进行编码(见附录 A),也就是将整个教学过程用文本的形式记录下来。除了记录下教师和学生的语言外,对课堂环境和教学环节进行辅助描述。第二次整理,将文本实录转译成表格形式(见附录 B),也就是记录下教师讲授和学生反馈的起止时间、停顿时间,添加一些教学细节,如教师走动的路线、面部表情、一些特别的语音语调等等。第三次整理,对师生行为分别进行统计(见附录 C)。第四次整理,分别对教师的四类行为进行统计(分别见附录 D、E、F、G)。同时为了更好地了解该班级的情况,我们在课后分别对教师和部分学生进行访谈,了解该师生在课堂教学中的基本情况。

3.7　研究的信度和效度

本研究不仅是收集材料、分析材料的过程,而且是对教师的课堂教学行为进行分析、研究的过程。

本研究中,对教师的课堂教学行为进行了录像分析,其内在信度问题是:两个或两个以上的分析者在看到同一堂课的录像时,对教师的各个行为是否能够达成一致的意见。为了提高本研究的内在信度,在研究方法上采用质性分析和量化描述相结合的方法,对一线教师进行了访谈。在此基础上,对所要研究的课堂提问、教学言语、教学反馈、等待等教学行为进行了分类,以便在研究教学行为时统一分类标准。同时,在对课堂录像进行文字实录后,由 4 名研究者分别从 4 个教学行为出发,结合课堂教学录像对课堂文字实录进行分析研究,统一课堂教学行为、环节、时间等,以确保课堂实录文本的真实性以及课堂教学行为统计的一致性。

外在信度涉及的是一个独立的研究者能否在相同或相似的背景下重复研究。本研究是关于教师的教学行为,其实质是一个质性研究,即使针对同一个课堂教学,就同一问题进行研究,其研究结果也有可能因不同的研究者所关注的角度不同而有所不同。为了提高信度,本研究注意对研究过程、研究程序作比较周密的考虑,以增强其内在、外在的信度。

效度是指"能够被证明"①(维尔斯曼,1997)。本研究为了提高效度采取了:① 本研究建立在前人研究基础之上。② 本研究建立在丰富的理论基础之上,如行为主义理论、社会现象学、实证主义等相关理论支撑。③ 尽可能翔实的第一手资料作为研究素材。早在 2003 年,笔者就开始在实验学校开展了听课、评课、录像等研究工作,积累了录像搜集经验以及课堂教学研究经验。期间,收集了 100 多堂课作为研究素材,同时开发了一套录像编码分析方法,为本研究提供了基础。④ 综合运用访谈和录像分析等多种研究方法获得教学实践的一手数据。

---

① [美]威廉·维尔斯曼.教育研究方法导论[M].袁振国主译.北京:教育科学出版社,1997:11.

第4章　数学教师课堂提问行为比较研究

4.1　数学教师课堂提问行为研究概况

　　教师提问是最古老，也是最普遍的教师课堂教学行为，对提问行为的研究可以追溯到孔子的"启发式"提问和苏格拉底"产婆术"提问。《中国大百科全书·教育》认为，提问是一项重要的教学手段，它被运用于整个教学活动中，是联系师生活动的纽带，在教学中有助于引导学生探索知识、积极思考、获得智慧。① 提好问题等于教好书。教学的艺术在于有技巧地使用提问比其他什么都重要，因为在问题中我们有清晰生动的思想指导，能快速刺激想象力，启发思考，激励行动(DeGarmo，1911 年，第 179 页)。

　　课堂提问是教学过程中师生之间进行思想交流的重要方式，是沟通教师、教材和学生三者之间的桥梁和媒介。② 《西方教育词典》认为，提问对教师具有重要的意义。提问既可作为了解学生学到了什么和能做什么（评定，assessment）的手段，又可作为教学技巧的一部分（如苏格拉底对话法）。也就是，通过提问，一方面，可以引导学生逐步作出教师预期的回答，或鼓励学生为培养他们的洞察力而对其亲身体验进行考察；另一个方面，不仅能培养学生回答别人提出的问题的能力，而且能使学生自己组织问题并求得答案。③

　　美国教学法专家斯特林·G.卡尔汉认为，提问是教师促进学生思维、评价教学效果以及推动学生实现预期目标的基本控制手段。④ 尼尔·波斯特曼指出，"我们所有的知识都是始于问题，也就是说提问题是我们的重要的智力工具"。善教者必善问，善问是一种艺术，只有"善问"，课堂气氛才会活跃，学生的思维才能激活。正如钱梦龙所说："问题提得好，好像一颗石子投向平静

---

　　① 中国大百科全书编辑委员会.中国大百科全书·教育[Z].北京：中国大百科全书出版社,1985.

　　② 余文森.有效备课、上课、听课、评课[M].福州：福建教育出版社,2010：117.

　　③ [英]德朗特里.西方教育词典[M].陈建平等译.上海：上海译文出版社,1988.

　　④ 李如密.教学艺术论[M].济南：山东教育出版社,1995：343.

的水面,能激起学生思维的浪花。"[1]

对于数学课堂提问国内外都有一些相关的研究,国内的研究大多集中在提问的方式以及提问的类型上,国外的研究更关注提问的模式。例如,梅汉(Lemke,1985)提出了"提问—回答—评价"的课堂交流 I—R—E 模式,其中,I(Initiation)——教师提出问题;R(Response)——学生们回答问题;E(Evaluation)——教师对学生的回答进行教学评价。这种模式已经被教育研究者们作为课堂交流的潜在和最典型的模式而运用。

贝隆(Bellon)和布兰科(Blank)认为,提问是课堂上以语言交流为中心的教学过程,它充当了教师的解释与学生回答之间的中介。[2]

就提问而言,教师好的提问应该是具有启发性的。好的提问,能够启发学生对所学知识的联系,启发他们对问题进一步思考,而不仅仅是简单的回忆。教师的提问在于"启",而不在于多。

赵敏霞(2003)通过课堂观察以及文献研究认为,目前中小学教师的课堂教学提问情况并不如人意,主要表现在:问题数量随意性大,一节课最多的可提 20 多个问题,最少的只提一个问题;提问从教材内容出发,而没有从学生发展的角度出发;事实性问题和理解性问题比例较高,基本没有答案开放的、鼓励学生阐述观点、进行分析、评价的问题;学生回答问题时,教师反复重述、打断学生发言的情况比较严重;参与回答问题的学生比例不高,最多参与的人数不到全班人数的一半,最少的只有一人;教师几乎没有为学生留出提问的时间,也几乎没有学生主动提出问题。这些表现是目前课堂教学提问比较普遍的现象。[3]

沈建红、郦群(2007)提到当前的课堂提问存在着一些问题,如重数量轻质量,教师错误地理解素质教育的理念,把提问的数量作为衡量一堂课学生活动是否丰富的标准,而过频的提问导致学生无法获得完整的知识;重提问轻反馈;盲目提问,让学生无从下手,教学表面热闹却无实效。[4]

总之,教师课堂提问行为是一种重要的教学行为,是师生之间交流、对话的重要方式,在教学中有着许多重要的功能。

数学课堂提问是一种很常见的现象,在数学课堂教学中,教师的讲课内容

① 余文森.有效备课、上课、听课、评课[M].福州:福建教育出版社,2010:117.

② Cruickshank DR,Bainer DL,Metcalfk K.教学行为指导[M].时绮译.北京:中国轻工业出版社,2003.

③ 赵敏霞.对教师有效课堂教学提问的思考[J].现代教育论丛,2003(3):16-19.

④ 沈建红,郦群.如何提高数学课堂提问的有效性[J].中学数学研究,2007(7):14-17.

往往就是由许多问题串起来的。Dunkin 和 Biddle(1974)研究发现,教师提问时间占所有课堂互动时间的六分之一到十分之一。教师使用提问策略来复习,检查学生的学习,探索思维过程,提出问题,寻求可选择性的解决方案,并挑战学生批判性的思考和思考他们以前没有考虑过的问题或价值观。因此,"问题"被称为"最有影响力的单一教学行为"也就不足为奇了(Tabs,Levine,Elzey,1964)。

4.2　课堂提问行为类型研究与观察量表的制订

4.2.1　数学教师课堂提问行为类型研究

4.2.1.1　研究背景

数学教与学中最重要的活动之一是提问题,提问有助于实现多种学习目的。实际上,数学的多数活动与教学评价的许多程序,都是以提问为中心的。[①] 实践证明,好的课堂提问是教学有效传递的关键,它能激发学生的动机,集中学生的注意力,能帮助学生更好地学习和思考。同时它能为学生提供操练和演示的机会,让教师更好地知道学生对课堂所学内容掌握的情况。[②] 更重要的是,好的提问能激发学生高认知水平的思考,培养学生的问题意识。因此,研究课堂教学提问,提高课堂教学提问的有效性,对提高数学教学质量显得很有必要。

对课堂提问的研究有必要对问题进行明确的分类,最简单的是将问题分为封闭性问题和开放性问题,也有研究者称为"敛聚性"和"发散性"问题。[③]

对课堂提问的各种分类大多起源于 Benjamin Bloom(1956)的认知领域的问题分类,他的分类是基于对知识性质的等级不同的基础上,将提问分成认知、理解、应用、分析、综合和评价 6 种类型。

国外学者在 Bloom 的基础上又发展了各自的问题策略,Sanders 基于经验和非内容的问题分类,提出著名的问题策略:记忆、传递、理解、应用、分析和综合。但是他的分类还是有一定的缺点,因为认知的过程不能被观察,结论

---

① [美]贝尔.中学数学的教与学(下)[M].许振声,管承仲译.北京:教育科学出版社,1987:468.

② Dillon J T. Questioning and teaching:A Manual of Practice. New York:Teachers College Press, 1988.

③ 明轩.提问:一个仍需要深入研究的领域[J].外国中小学教育,1999(4):26.

最终是推论性的[①]。Guszak 在 1967 年使用了内容和经验型的问题分类系统，他的分类为：识记（recognition）、回忆（recall）、转化（translation）、联系（conjecture）、解释（explanation）和评价（evaluation）。[②]

1972 年，Francis Hunkins 借鉴 Bloom 的分类法，将问题策略集中在关注（将学生的思想集中在某个话题上），展开（提升学生的更高层次的思维），分配（包括学生用数据工作），命令（课堂管理）。

在 1979 年的时候，Ronald T. Hyman 的问题策略使用了非内容和非层次的分类系统，有 5 个方面的分类，① 定义；② 事实；③ 事实间的关系；④ 观点；⑤ 观点间的证明。他的分类被认为是很简单的，并且这些分类能在至少 15 个方面帮助教师操练。这些变量将与 Hyman 的 5 个分类结合形成大量的策略：① 诱导和演绎的途径；② 回应的线索，像是或不是的问题，或者是选择型的问题结构；③ 生成的类型，他也建议教师应该学习如何有效地等候学生回应问题，探究学生额外的信息，如何在问一个新问题之前，先明确其他人的观点等[③]（Hunkins，1972；Hyman，1979；Citedin Frager，1979）。

我国学者对课堂提问的分类在参考了 Bloom 的 6 个分类的基础上提出了课堂提问的类型，如，顾泠沅（1999）将提问分为常规管理性问题、记忆性问题、推理性问题、创造性问题和批判性问题等 5 类；[④]徐小芳（2003）将提问分为识记型、理解型、启发型、评价型和无关型等 5 类。[⑤]

解玉亮（2004）按照提问的目的和作用，将提问分成 5 类：① 组织学生的注意定向、集中和转移提问；② 启发学生掌握知识关键和本质的提问；③ 引导学生进行推理、归纳、概括的启发性提问；④ 引导学生进行有效练习的提问；⑤ 在教学过程中，针对学习方法的有关问题进行提问。而从教学内容和教法角度看，提问又分为直问、曲问、反问、激问、引问和追问等 6 类。[⑥]

---

① Sanders N M. Classroom Question：What Kinds? New York：Harper & Row，1966.

② Guszak F J. Teacher Questioning and Reading. The Reading Teacher，1967(21)：227-234.

③ Frager A M. Questioning Strategies：Implications for Teacher Training. Information Analyses，1979(70)：232-235.

④ 顾泠沅，周卫.课堂教学的观察与研究——学会观察[J].上海教育，1999(5)：14-18.

⑤ 徐小芳.高中数学课堂有效提问的策略与评价[J].中学数学月刊，2008(9)：15-18.

⑥ 解玉亮.数学教学的课堂提问之我见[J].中学数学研究，2004(5)：3-5.

卢华东(2004)根据认知心理学的特征,又提出了元认知提问,即该类提问是针对学生的认知活动的,促进学生回忆知识,理解运用,并整理知识体系形成完善的知识结构的[①]。陈森君、沈文选(2005)根据学生思考问题时的思维参与程度,将数学课堂中的问题分为知识技能型问题和数学思维型问题。[②]

张晓贵依据学生回答问题的方式,将教师的提问分为两类:第一类是非学生回答式提问,第二类是学生回答式提问。所谓的非学生回答式提问是指教师在讲课中向学生提出的但不需要学生口头回答的问题,往往是教师提出问题后给学生一点时间进行思考和讨论,教师自己给出答案。而所谓的学生回答式提问是指教师在教学中向学生提出问题,并且在学生思考和讨论后让学生回答该问题。对于后一类型的提问,有过不少研究;而对于前一类型的提问,文献则较少给予关注。[③]

4.2.1.2　研究目的

本研究通过利用录像分析的方法,对 4 堂代数课进行归纳总结,并对数学课堂教学提问进行了分类、分析,试图找出教师在代数课中提问的类型、频率以及学生回答的类型、频率,并探讨教师提问与提高数学教学质量之间的联系。

4.2.1.3　研究方法

本课题在借鉴 TIMSS Video Study 的录像编码和视频案例研究后,采用了录像分析的研究方法。通过现场观察和视频拍摄相结合的方式记录下 4 堂课教学实录,通过反复观看录像,并对课堂提问进行了编码分析,对课堂教学提问进行分类,由此得出一些结论和启示。

4.2.1.4　研究过程

(1) 研究对象的选择

选择杭州两所实验中学:S 中学和 W 中学,并对其进行了长达 3 年的听课、评课、拍摄课堂录像,笔者从中选择了 4 位教师和 2 节不同的课进行录像分析。这 4 位教师中有两名来自 S 中学:教师 A 和教师 B,她们的授课内容都是《不等式的基本性质》(浙教版数学八年级上册第五章第二节);另两名来自 T 中学:教师 C 和教师 D,她们的授课内容都是《分式的乘除》(浙教版数学七年级下册第 7 章第二节第一课时)。

这四位教师都是有两三年教学经验的年轻教师,他们有新的教学理念,工作努力,所带班级学生成绩处于校年级一般水平。由于四位年轻老师积

① 卢华东.谈数学教学中的元认知提问[J].广西教育学院学报,2004(7):198-199.
② 陈森君,沈文选.数学课堂中的提问[J].中学数学研究,2005(9):15-18.
③ 张晓贵.数学课堂教学的社会研究[M].合肥:安徽教育出版社,2007:144-145.

极参与长达一年的听课、评课活动,因此不论是教师还是学生,都适应了有摄像机拍摄的课堂环境,从而使我们所研究的课堂视频尽可能地呈现常态教学。

（2）研究数据搜集

在课堂拍摄过程中,我们用两台摄像机分别从教师和学生两个角度对整堂课进行拍摄,为了尽可能多地捕捉教师提问时的肢体语言变化和学生表情等特点,我们用音频工具记录文本无法记录的细节,然后将拍摄的内容反复观看,进行三次整理。第一次整理:是将整个教学过程用文本的形式记录下来,除了记录下教师和学生的语言外,对课堂环境和教学环节进行辅助描述;第二次整理:记录下教师讲授和学生反馈的起止时间、停顿时间;第三次整理:添加一些教学细节,如教师走动的路线、面部表情、一些特别的语音语调等等。

4.2.1.5　数据编码和分析

我们在对四堂课进行实录、统计之后进行了量化分析。

（1）教师提问类型编码

我们对每一堂课、教师每个提问类型进行统计比较,其中包括对教师各类提问的次数,占总提问的百分比,以及根据提问对象的不同,区别不同教师的提问方式的差异。

根据提问作用以及认知水平的不同层次,我们在 Bloom(1956)认知领域分类的 6 个层次,即知识(knowledge)、理解(comprehension)、应用(application)、分析(analysis)、综合(synthesis)和评价(evaluation)的基础上,结合课堂实录中数学教师提问的作用和目的,将提问分为管理、识记、重复、提示、理解、评价等6 种类型。

① 管理性提问:为了维持课堂纪律,与课堂知识无关,为了使教学有序进行的提问。

② 识记性提问:要求就基本事实、基本材料作答,如概念、公式、定理、性质、步骤、程序等的复述,或是简单的运算提问,并不需要学生理解所学的知识。也有学者将这类提问称为事实性提问。

③ 重复性提问:重复学生的回答后再进行提问,对学生的答案表示怀疑或者想强调该答案,用来反馈学生掌握情况的提问。

④ 提示性提问:教师应用相关的知识点启发学生进行正确地思考,或教师为了完成整个过程的指导,对解题步骤的提示。

⑤ 理解性提问:需要结合所学知识进行一定的思考、归纳和总结,这类提问有时是在提示提问的基础上对学生提出了更高的要求。

⑥ 评价性提问:要求学生进行判断,这样的判断是基于学生能依据一定

的标准做出决定。

（2）教师提问方式

我们使用了这样的编码形式进行数据的统计，N：无答；Sn：教师们点名让某个学生进行回答；GNSn：按小组顺序回答；RS：在座位上回答；PS：部分学生的回答；S：全班学生回答；T&S：师生共同回答。

（3）学生回答类型的统计

在处理学生根据教师提问所作的回答内容，我们将学生的回答情况归为5 类："无答"、"机械性回答"、"识记性回答"、"理解性回答"和"创造性回答"。

① 无答：对于教师的提问学生没有作答。

② 机械性回答：学生的回答对教师的教学给予简单的回馈，一般是没有经过思考就直接回答的，该回答一般都十分简短，如"是"、"好"等等。

③ 识记性回答：学生通过回忆已有的知识进行回答，而较少涉及复杂思维，一般局限于简单的逻辑判断。

④ 理解性回答：需要学生根据所学知识和内容经过思考、判断和理解后才能作答。

⑤ 创造性回答：运用已有的知识创造性地形成自己的想法、认识，进行作答。

4.2.1.6　结论及启示

（1）课堂教学提问是数学教学的有效方法，课堂教学提问数量较多，各类提问运用的比例不同，教师在不同教学环节所采用的提问策略不同

综观 4 堂课，数学教师都运用课堂提问的方法。但在课堂教学提问的数量以及提问的类型等方面存在一定的差异。4 位教师中提问次数最多的是教师 C，提问数量为 160 次，而提问次数最少的是教师 D，提问总数也有54 次，4 位教师的平均提问次数为 117.25 次，且平均提问的时间占据了整个课堂时间的28.19%（图 4.1）。从统计结果来看，4 位教师在教学过程中各类问题运用的比例更不相同，但是从分析平均使用情况来看，教师较多运用的是"提示性提问"、"理解性提问"。"提示性提问"的使用说明数学教师善于根据学生回答问题的情况，来进一步提出相应的问题，启发学生进一步思考。当然，相比"理解性提问"，教师选择"提示性提问"时适当地降低要求，增加条件，提醒学生完善答案或帮助学生思考。"重复性提问"是重复学生的回答后再进行提问，起到了一定的强调作用，帮助学生加强对知识点的理解。而 4 位教师使用最少的是"管理性提问"、"识记性提问"和"评价性提问"，一方面，说明学生在数学课中的课堂纪律较好，另一方面，"识记性提问"和"评价性提问"对学生认知要求来说是难度较低和难度最高的提问，说明数学教师在不同层次提问策略的使用上都比较保守，整个课堂的气氛相对而言比较平稳，不会出现学生思路过于发散。

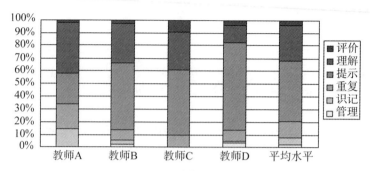

图 4.1　4 位教师提问类型分布图

（2）学生回答问题所占时间较短，而在回答问题中，学生机械性回答占了较大的比例

根据统计，4 节课中学生回答的平均时间占了总时间的 17.87％，而 4 位教师提问时间明显多于学生回答的时间，尤其是教师 B 和教师 C，他们提问所用时间是学生回答所用时间的近 2 倍。这说明，在数学课堂中，提问是教学环节中重要的一部分，教师几乎用提问控制了整个教学过程，而学生仍处于比较被动的地位。

同时根据统计，在回答问题中，学生在课堂中"理解性回答"平均占了 48.54％，而"机械性回答"也占了 23.31％，这两类回答是在回答类型中最多的，创造性回答只占了 2.52％（图 4.2）。分析学生回答类型统计图中的分布情况，教师 D 的学生在课堂表现较为被动，学生在回答的时候更多的是一些"机械性回答"，而教师 B 更善于激励学生进行深层次的思考，高层次的回答出现的频率较高。

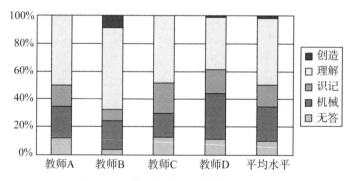

图 4.2　4 节课中学生回答类型分布图

（3）教师提问难度与学生回答水平不存在显著相关关系

根据 6 种提问类型的提问难度的不同，教师提问分为"简单性提问"和"复杂性提问"。简单性提问包括管理性提问、识记性提问、重复性提问和提示性

提问;复杂性提问包括理解性提问和评价性提问。如图 4.3 所示,在比较 4 位教师提问难度时,可以发现数学教师使用复杂性提问和简单性提问的比例约为 1∶2,但是不同教师之间也有明显的差异,教师 D 复杂性和简单性提问的使用比例竟为 1∶3.93。

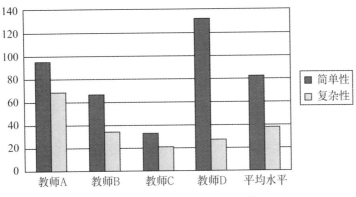

图 4.3　4 位教师提问难度比较

根据 5 种回答类型的认知要求不同,学生回答分为"低认知回答"和"高认知回答"。低认知回答包括无答、机械性回答和识记性回答;高认知回答包括理解性回答和创造性回答。

我们利用 SPSS 软件对教师的复杂性提问和高认知回答进行 Pearson 相关性检测,检测结果如图 4.4 所示。

Correlations

		Q	A
Q	Pearson Correlation	1	.728
	Sig. (2-tailed)		.272
	N	4	4
A	Pearson Correlation	.728	1
	Sig. (2-tailed)	.272	
	N	4	4

图 4.4　Pearson 相关性检测结果

从图 4.4 可以看出概率 Sig 值>0.05,说明两者没有显著相关关系,即 4 位教师的复杂性提问与学生高认知回答之间并不存在明显的线性关系,也就是说,教师仅通过增大提问的难度并不是导致学生产生高认知的回答的直接因素。

（4）数学教师应根据不同教学环节采用不同的提问策略

我们分析了4位教师在不同教学环节的提问策略,尽管在具体的数据比较中只针对了某些教学环节,但是从总体上看,4节课都基本经历了"引入环节"→"讲解新知"→"例题讲解"→"学生练习"→"教师讲解"→"归纳小结"这6个教学环节。在不同的教学环节,教师使用的各种提问次数存在较大差异,提示性提问和理解性提问主要在"例题讲解"和"教师讲解"环节,而在"讲解新知"环节,教师提问比较少,主要是以教师讲解为主,学生真正参与的程度可能比较低,即课堂教学以练习、讲解练习为主,教师在课堂中主要通过学生练习来达到教学目标。

（5）数学教师应合理使用追问的频度和密度,提高课堂教学的有效性

我们发现,在数学课堂教学中,教师对提出的问题采用合理追问,可以加深学生对数学概念、定理的学习,同时,在数学解题训练的强化过程,教师可以使用高频度和高密度的追问,训练学生的思维能力。

（6）数学教师应适当提高提问覆盖率,从而提高课堂教学的有效性

笔者对课堂提问率、提问覆盖率进行了分析,从而定量地描述学生的课堂学生行为。[①]

课堂提问率与提问覆盖率的差值体现了重复提问的情况,从表4.1中可以看出,课堂提问率约是提问覆盖率的2倍,即被提问的学生一般会被重复提问一次。在数学课堂教学中,教师课堂提问虽然量很大,但约有30%的提问是学生集体回答,提问覆盖率比较低,从20%到51.06%不等,提问覆盖率反映了在课堂上教师对学生的关注程度,也反映了学生的参与程度,它直接影响着教学的效果。因此,要提高教师提问的效果,学生的参与程度,提高教师教学质量,需适当提高提问的覆盖率。

表4.1　课堂提问覆盖率

	C1T1	C1T2	C2T1	C2T2
参与发言的总次数	45	46	26	18
参与发言的学生人数	24	17	9	10
学生总人数	47	46	45	49
课堂提问率	95.74%	100.00%	57.78%	36.73%
提问覆盖率	51.06%	36.96%	20.00%	20.41%

注：课堂提问率＝参与发言的总人数/学生总数×100%

提问覆盖率＝参与发言的学生人数/学生总数×100%

---

① 孙琪斌.课堂提问统计表的设计与应用[J].教学新论,2008(2)：68-69.

4.2.2　课堂教学提问行为观察量表的制订与实际应用

4.2.2.1　数学教师课堂提问行为观察量表的制订

课堂提问是数学教师教学行为最重要的行为之一,为了了解师生对教师提问行为的看法,我们对实验学校的师生进行了访谈。

我们分别从提问的目的、提问的策略等方面对教师进行了个别访谈。

Q：您认为提问的目的是什么？

BT1：就是检测学生有没有听懂这节课。

BT2：有一个反馈,了解学生掌握知识的情况。

BT3：平常上课提问的目的,一是看看基础知识扎实不扎实,第二个有可能怕他不认真听吧,也是一个督促他的作用。不过较难的题呢,让同学思考过,就是看一下他们能够思考到什么程度,需要老师补充什么,需要继续做哪些工作,我觉得这是一个方向。

BT4：上课提问的目的有两个方面,有的是看学生掌握得怎么样,有的时候他不太专心听讲,人很聪明,我要提问一下,提高一下他的警觉。

ST1：激发学生思考。

ST2：让老师知道这些学生对知识的理解程度。

ST3：了解学生对知识的掌握程度,分解自己教学中的难点问题。

WT1：提问的目的,一个是看学生的知识起点是怎么样的,还有就是一种反馈,看学生对这节课的内容掌握的情况是怎么样的。

WT2：提问的目的,就是对学生的一种引导。突破重点、解决难点问题,还有就是对学生的考查。

WT3：有时是为了引起学生的注意,还有的时候是对学生思维方向性的一个指引。

WT4：提问的目的,就是引导学生思考问题,就是怎么样思考。

WT5：让学生思考。

WT6：一个是引导,对思维的指向性,最主要还是这个原因。因为教学是有目的的,需要一个问题的引导,他才会往这个方向去。

DT1：提问的目的可能有的时候是追求本源吧,比如说学生回答问题,你再追问一个,就是揭示一些数学本质,或追其原因。

DT2：提问的目的,一方面是让学生思考,另一方面引导思考,带动他们思维。

DT3：一个嘛,是让老师了解学生的掌握情况,一个是用学生的语言来让身边的学生去理解一些知识。

DT4：提问的目的我想主要是启发学生思考,还有呢,纠正学生的错误或者是说加深学生的理解吧。

DT5：提问的目的有这样几个：一个，我提问的时候就是对个别学生，可能他在课堂上注意力不集中，我提问他一下，让他引起重视；第二个，提问的时候也便于复习前面的知识，了解学生掌握程度；还有一个具体来说，看一下，我们有的时候或者看学生思考的方式，或者说我通过某种引导方式，让学生思考能不能朝这方面进行。

Q：你平时是怎样促进课堂提问的？

BT1：我的提问是比较单一的，基本是针对中等层次学生的，也不会特意去安排。

BT2：上课之前精心准备一下，结合课的特点，这样可以促进课堂提问效果。

BT3：当我做课件的时候，我还是会有意地，比如说这种过渡的幻灯片，在旧的知识上给它变式一下。还有一种提问，你提出来，他反应比较强烈，或者是我讲了一个题，做法跟他们不一样，想法比较多，很快就调动起来，这种情况是很多的。

BT4：我比较喜欢集体提问、集体练，个别提问要少。

ST1：经常要听学生的回答，从学生回答中找一些方面。知道自己提问有什么目的，想要达到什么效果。

ST2：很多提问的时候，很多同学都没有反应，内容也不要太难，因为我们面对的是大部分学生。

ST3：因课堂的内容而异的，有些问题可以结合时间引入……

DT1：可能这个要预先讲过吧，在上课之前肯定有你的预设，然后肯定会预设一些学生可能会出现的错误之类的。

DT2：那就是备课的时候咯，备课的时候，学生要考虑进去，然后教材目的也要考虑进去，这个我觉得有时候提问要看学生发挥的，他们深层的东西，如果我能够抓得住、抓得好，再提问，这个时候就很好，有时候设计好的东西不一定问得好。

DT3：有些时候会等待吧，有些学生想举手又没举手，就是还没考虑好，所以第一个嘛是等待，等待好之后再鼓励他们举手；有些学生呢，如果真的是不愿去回答，那我可以采取比如："知道答案的请举手"，举手我知道以后，然后我会再加一句话，"那么下面我请位同学回答"，有些同学不回答手就会放下，那么我就知道哪些同学是知道这个答案的。

DT4：那我觉得还是课前老师的准备，或者是说老师课堂生成的捕捉能力。

DT5：这个我是这样考虑的，对于学生呢，不同的学生，我们给他提问的内容是有所区别的,对于基础比较差一点的学生,我们考虑用一些简单的知识,对于难度比较大一点的,那么就要找成绩好的,否则你点一个成绩差的学生,那么对他的打击可能有点大的。

为了更好地了解教师课堂提问行为在教学中的意义,我们从学生角度进行了调查、访谈。我们分别在每个学校选择优秀生、中等生、后进生各 3 名进行了访谈。

Q:你觉得老师为什么要在课堂上提问?

BSA1:互动,根据他的教学需要往下延伸。

BSA2:我觉得首先是要看一下我们对于他提问的问题掌握了多少,还就是我们可以学到很多东西。

BSA3:看一下你有没有在认真听,考察一下掌握知识的情况。

BSB1:增加跟学生的互动,延展我们的智慧。

BSB2:看一下我们掌握知识的情况。

BSB3:是对学生在课堂表现上的总结吧。

BSC1:让我们懂一些道理,然后让我们再继续想下去。

BSC2:看一下我们掌握知识的情况。

BSC3:想确定你上课的学习情况。

WSA1:尽可能地知道学生对问题的理解程度,让学生进一步思考。

WSA2:可以让学生发表自己的观点,可以调动积极性,活跃课堂气氛,老师还可以知道学生的想法。

WSA3:让我们更深地了解问题,巩固知识。

WSB1:是诱导我们的思考,更好地学习那一块知识。

WSB2:了解学生学习的状况吧。

WSB3:提高同学们的学习兴趣,消除同学们上课时的疲劳。

WSC1:让我们更好地了解掌握知识。

WSC2:可能使我们更加清楚地了解知识。

WSC3:让同学们掌握那堂课的内容吧。

Q:你觉得老师提出问题后会让什么样的学生回答?

BSA1:成绩差的。

BSA2:没有什么规定,随便点吧,就是他觉得还没有掌握得很好的学生会多提问。

BSA3:随机的。

BSB1:都一样,平等的。

BSB2:随机的。

BSB3:中等偏上的学生。

BSC1：一般都是人人平等。

BSC2：成绩好的。

BSC3：心不在焉的学生。

WSA1：我觉得大部分是成绩中等的学生回答吧。

WSA2：那要看题目的难度，如果是中等难度题的话，会让中等的学生回答，如果是比较难的，会让成绩比较好的同学回答。

WSA3：难一点的问题会让比较好的、思维比较发散的学生回答。

WSB1：会让成绩好的、或者是上课开小差的学生。

WSB2：难题就叫好学生，基本的问题就让那些比较落后的学生回答。

WSB3：上课发言比较多的。

WSC1：中等以上的。

WSC2：一些可能有进步的学生。

WSC3：好学生。

通过对师生的访谈，可以得到以下结论：教师的提问目的：确定学生的理解程度；鼓励学生更深入思考；促进讨论；保持授课的流畅性；吸引学生的注意力；处罚不良行为。教师提问基本模式：教师提出问题→一个学生回答这个问题→教师对该学生的答案做出评价，然后提出一个新问题。

通过对教师、学生对数学教师课堂提问行为认识的访谈以及预研究对课堂提问行为的分类，我们制订了如表 4.2 所示的数学教师课堂提问行为观察量表。

表 4.2　数学教师课堂提问行为观察量表

提问行为	编码				
	A	B	C	D	备注
A. 问题的类型 ①管理性提问；	1				
②识记性提问；					
③重复性提问；	2				
④提示性提问；					
⑤理解性提问；	3				
⑥评价性提问。					
B. 提问方式 ①学生群体回答；	4				
②提问前先点名学生回答；	5				
③先提问后叫自愿回答的学生回答；	6				
④先提问后叫不自愿回答的学生回答。	7				

C. 学生应答 ①无答； ②机械性回答； ③识记性回答； ④理解性回答； ⑤创造性回答。 **D. 提问后等待时间** ①叫学生回答前等待几秒； ②叫学生回答问题前没有等待时间； ③不采用提问后等待，而是提问前就点名要求回答问题的学生。 记录与提问有关的其他行为： 1. 叫学生回答问题前重复问题的次数＿＿ 2. 同时问两个或两个以上的问题的次数＿＿ 3. 让一个同学回答两次或两次以上问题的次数＿＿ 4. 学生自己提出问题的次数＿＿ 5. 就某一问题，学生之间讨论的次数＿＿ 6. 就某个问题向多个学生提问的次数＿＿	编码				
	A	B	C	D	备注
	8				
	9				
	10				
	11				
	12				
	13				
	14				
	15				
	16				
	17				
	18				
	19				
	20				
	21				
	22				
	23				
	24				
	25				
	26				
	27				
	28				
	29				
	30				
	31				
	32				
	33				
	34				

4.2.2.2 数学教师课堂提问行为观察量表的实际应用

在 L 中学组织的一次数学教研活动中,我们将数学教师课堂教学提问行为观察量表与参加培训的老师分享,并尝试将观察量表运用于数学教师课堂教学中。我们让部分教师使用该量表对课堂教学进行现场量化统计分析,并将其统计结果在评课中进行交流。这不仅给教师带来有关课堂观察的新启示,同时将"质"与"量"的课堂评价进行有效结合,使评价有理有据。课后,教师们对课堂教学进行了评价,其中提问组的评价如下:

提问组(L 中学的老师)发言

我们 3 个老师记,有两个老师记下来分别是 16 次和 14 次,我记下来是 16 次,其中评价性提问 1 次,理解性提问 4 次,提示性提问 9 次,识记性提问 2 次。学生回答分类情况:创造性回答 1 次,理解性回答 8 次,识记性回答 6 次,机械性回答 3 次,无回答 1 次。提问次数相对比较多,提问总的感觉是有效的,无效的很少,提问的设计总体比较合理、科学,有几个提问提示性比较多,有点拨的作用,这个理解性的提问,我们主要把二元一次不等式表示区域,研究先画直线,把平面分成三个区域,不等式表示哪个区域,后面再叫学生怎么判断,使这个区域从特殊到一般的证明,学生的回答如何确定上面那个区域,这个如果没有提前准备,那是有创造性的。再一个,叫学生在那些基础上判断出一般二元一次不等式的解集,这两个是作为理解性的提问,中间的问题虽然没有很特别,在问题展开中引导还是比较好的。

事后,我们对"二元一次不等式(组)与平面区域"进行了课堂教学实录分析,并对教师课堂提问行为进行了分析,结果如表 4.3、表 4.4 所示。

表 4.3　教师提问次数统计表

	评价性提问	理解性提问	提示性提问	识记性提问
次数	1	5	11	2

表 4.4　学生应答次数统计表

	创造性回答	理解性回答	识记性回答	机械性回答	无答
次数	1	8	6	3	1

在教师的课堂语言中,提问性语言出现最多,其中提示性提问出现次数最多,主要起到了提示点拨的作用。同时,也表明,利用课堂观察量表进行观察有一定的效果。

4.3　数学教师课堂提问行为个案比较

4.3.1　优秀教师课堂提问行为个案研究

4.3.1.1　研究背景

随着基础教育课程改革的不断深入,如何有效地开展课堂教学活动进而提高课堂教学效率已经成为人们关注的热点话题。实际上,数学的多数活动与教学评价的许多程序,都是以提问为中心的。教师的课堂提问行为是课堂教学的重要组成部分,浓缩了教师对课堂和学生的理解,浓缩了课堂教学的艺术。而优质的提问类型和策略亦是优质教学的核心和关键,在一个充满优质问题和优质提问方式的课堂气氛中,能让学生意识到一种对他们的学习所具有的共享责任感。[①] 一位成功的教师总会把握这些时机,发挥提问的艺术,开启学生思维的闸门,激发学生学习的兴趣,保证教学活动顺利、高效地进行。当观察这些成功的教师时,我们会注意到他们在课堂上的问题似乎遵循一个特定的模式或顺序,以及他们提问或问题表达的方式也有一定的特点。[②] 从一定程度上讲,教师的提问能力决定着课堂教学质量的高低。本文通过录像分析的方法来探究优秀教师数学教学提问行为特点及其对数学课堂教学的影响。

4.3.1.2　研究目的和材料

（1）研究目的

利用同课异构的方式,通过录像分析的方式记录两堂《合并同类项》课的教学实录,反复观看录像,对教师教学提问类型、方式以及所引发的学生的回答方式进行了分类和统计,并对其进行编码分析,从而探究优秀教师数学教学提问行为特点以及优秀教师课堂提问行为与学生参与之间的关系。

（2）被试

研究对象选自浙江省两名数学教师,教师 A 的教龄为 30 年,教师 B 的教龄为 26 年,两名教师的职称都是中学高级教师,而且都是省特级教师。根据本研究界定优秀教师的标准,两位教师均符合优秀教师标准。两名老师所授课的班级都来自杭州某学校七年级两个班的学生,这些班级学生在组班之初

---

① ［美］Walsh J A, Sattes B D. 优质提问教学法——让每个学生参与其中［M］. 刘彦译. 北京：中国轻工业出版社,2009.

② ［美］伊凡·汉耐尔. 高效提问——建构批判性思维技能的七步法［M］. 黄洁华译. 汕头：汕头大学出版社,2003.

都是由电脑随机抽选组成,因此班级学生成绩及学生素质没有太大差异。

（3）研究材料

本研究的教学内容是浙教版七年级上册《4.5 合并同类项》,在这节课之前,学生已经学习了有关代数式的一些基本知识,如用字母表示数、代数式的值和整式。在此节课之后,学生将学习《4.6 整式的加减》。本节《合并同类项》内容不仅在该章的学习中起到重要的承上启下作用,同时也是培养学生分类、概括能力的重要内容。

4.3.1.3 研究过程

（1）教师提问类型及其等候时间的编码

根据提问作用以及认知水平的不同层次,我们在 Bloom 认知领域分类 6 个层次（识记、理解、应用、分析、综合和评价）的基础上,结合课堂实录中数学教师提问作用和目的,将 Bloom 的 6 个层次拓展为识记、管理、提示、重复、理解、评价 6 种类型。[①]

根据教师提问后所涉及的等候时间,我们将教师提问后的等候时间归为 3 类:"停顿不足 3 秒"、"停顿 3～5 秒"、"停顿 6 秒以上"。

为了探究教师提问方式与提问后等待时间的长短是否存在相关性,我们将教师提问方式和等待时间看作两个变量,根据教师提问后等待时间的长短和提问认知程度不同,将 3 类等待时间和 6 种提问类型分别赋值。

定义提问类型赋值：随着教师提问认知程度的增加,依次将教师提问类型赋值,管理性提问记为 1 分,识记性提问记为 2 分,重复性提问记为 3 分,提示性提问记为 4 分,理解性提问记为 5 分,评价性提问记为 6 分。

定义等待时间赋值：随着教师提问后等待时间的增加,给学生思考和参与机会的增多,依次将教师提问的等待时间赋值,停顿不足 3 秒记为 1 分,停顿 3～5 秒记为 2 分,停顿 6 秒以上记为 3 分。

（2）学生回答方式的统计

根据教师所提的不同类型问题而引发学生的不同应答方式,将应答方式分为:指定某个学生回答、指定某个小组回答、全班或部分学生回答、指定多位学生回答、学生自发回答等 5 种类型。

① 指定某个学生回答：教师在提问前或者提出问题后,指定某一位学生作答。

② 指定某个小组回答：教师在提问前或者提出问题后,指定某个小组的学生作答。

---

① 叶立军,斯海霞.基于录像分析背景下的代数课堂教学提问研究[J].教育理论与实践,2010(8)：41-43.

③ 全班或部分学生回答：教师向全班学生提问，回答时由学生自行决定是否作答。

④ 指定多位学生回答：教师在提出某个问题后，先后指定多位同学对这一问题进行回答。

⑤ 学生自发回答：教师在提出问题后，未指定任何学生作答，学生自发的进行作答。

4.3.1.4　研究结论及启示

（1）优秀教师在不同的教学环节所采用的提问数量和提问类型各不相同，其中以讲解新知和练习讲解环节提问的数量最多

研究发现，两位优秀教师的课堂教学基本包括引入新课、讲解新知、例题讲解、练习讲解、小结（含点评）等环节，并且提问始终贯穿于整个教学活动中。我们对两位优秀教师的各个课堂教学环节中的提问类型进行分类统计后发现，虽然教师 A 和教师 B（表中分别记为 TA 和 TB）使用各种提问类型的次数不同，各个环节所用的各种提问类型也不尽相同，但在各个教学环节中，两位优秀教师使用各类提问情况的总体差异性并不显著。

从表 4.5 可以看出，两位教师在讲解新知和练习讲解环节提问的数量最多，是其他教学环节的 3～4 倍，也就是说，优秀教师特别注重知识的探究和巩固。优秀教师善于根据不同的教学环节提出符合学生认知的问题，提高学生的参与度。而且两位教师在整堂课中提示性提问和理解性提问用的较多，也就是说，在整个教学环节中，优秀数学教师善于让学生结合所学知识进行一定的思考、归纳和总结，并且根据学生回答问题的情况，来进一步提出相应的问题，启发学生进一步的思考。优秀教师能根据不同的教学环节、教学内容、所期望的知识水平、学习需要和兴趣来构建不同层次的提问策略。

表 4.5　两位教师在各教学环节中各类提问的数量分布

教学环节	识记		管理		重复		揭示		理解		评价		汇总	
	TA	TB	TA	TB	TA	TB	TA	TB	TA	TB	TA	TB	TA	TB
引入新课	1	2	0	1	4	2	3	1	2	3	0	0	10	9
讲解新知	6	10	1	5	5	4	17	22	17	14	5	3	51	58
例题讲解	3	4	0	0	4	3	6	3	3	4	1	1	17	15
练习讲解	6	3	6	0	10	4	11	17	26	22	6	9	65	65
小结	1	3	0	0	0	2	5	4	1	3	1	0	8	12
汇总	17	22	7	6	23	15	42	47	49	46	13	13	300	

（2）从教师的提问方式上看，优秀教师善于采用大量追问，使问题形成高效的"问题链"以提高课堂效率

教师作为课堂教学的主导者和组织者，通常在与学生的一问一答、一问一思中把学生引向学习的内容，把学生引向问题的关键处、实质处。因此，数学课堂追问是激发学生积极思维的动力，是开启学生智慧之门的钥匙，是信息输出与反馈的桥梁，是沟通师生思想认识和产生情感共鸣的纽带。从表 4.6 可以看出，教师 A 和教师 B 都使用了大量的追问，其中追问所占总提问数量的比例分别为 35.8％和 32.2％，而且参与发言的学生也占了一定的比例。优秀教师正是利用一个个"有意义的切入点"，合理地采用追问，充分发挥课堂追问的效能提高学生的参与度，激发学生的思维来传授数学知识的。

表 4.6　追问与学生参与统计表

	教师 A	教师 B
追问数量	54	48
追问所占比例	35.8％	32.2％
参与发言的总次数	50	46
参与发言的学生人数	16	13

（3）优秀教师善于针对不同类型的问题引导学生采取不同的回答方式，激发学生高认知的思维

根据 6 种提问类型、提问难度的不同，将教师提问分为"简单性提问"、"半简单性提问"和"复杂性提问"。简单提问包括管理性提问、识记性提问；半简单性提问包括重复性提问和提示性提问；复杂性提问包括理解性提问和评价性提问。

根据教师对学生 5 类应答方式控制水平的不同程度，将学生回答的方式归为"控制"、"部分控制"和"自由"。控制包括指定某个学生回答和指定某个小组回答；部分控制包括全班或部分学生回答和指定多位学生回答；自由是指学生自发回答。[①]

我们对师生的问答情况进行统计分析，根据教师控制回答的程度和智力激发的程度两个维度来分析优秀教师的行为倾向，从而定量地描述师生间的对话教学。从表 4.7 可以看出，两位优秀教师在(d)格和(g)格的行为所占比例较高，

---

① 柳夕浪.课堂教学临床指导［M］.北京：人民教育出版社，2003：76.

分别是 23.23％和 20.88％,其次是(h)格和(e)格的行为,分别是 17.17％和 13.80％,而在(c)格、(f)格和(i)格的行为所占比例较少,说明优秀教师能够很好地驾驭课堂,倾向于严格调控课堂秩序并提出半简单性问题与复杂性问题,激发学生较高认知程度的思维。对于部分复杂性提问和半简单性提问,优秀教师也会给予学生足够的自由,鼓励并启发学生从高认知水平上回答。

表 4.7　师生问答情况归类分析

提问类型 回答方式		控制		部分控制		自由
		指定某个 学生回答	指定某个 学生回答	指定某个 学生回答	指定某个 学生回答	指定某个 学生回答
简单性 提问	管理	(a) 7.41％		(b) 9.43％		(c) 0.00％
	识记					
半简单 性提问	重复	(d) 23.23％		(e) 13.80％		(f) 3.03％
	提示					
复杂性 提问	理解	(g) 20.88％		(h) 17.17％		(i) 5.05％
	评价					

(4) 从教师提问的策略来看,优秀教师善于针对不同的提问类型采用不同的等候策略,调动学生的思维活动,提高学生的参与度

通过对两节课中教师提问类型和提问后的等候时间进行统计和分析,我们发现优秀教师对不同的提问类型采用不同的等候策略,然后利用 SPSS 软件根据其赋值情况分别对教师 A 和教师 B 的提问类型和等候策略进行 Pearson 相关性分析,最后再将两节课所有提问类型和等候策略统一在一起作两个变量的 Pearson 相关分析,得到如表 4.8 所示结果。

表 4.8　相关性分析

	教师 A	教师 B	两位教师
Pearson Correlation	0.176*	0.190*	0.183*
Sig. (2-tailed)	0.029	0.018	0.021
N	0.176*	0.190*	300

* Correlation is significant at the 0.05 level (2-tailed).

从表 4.8 中可以看出 Sig.(2-tailed)双尾 t 检验值<0.05,说明两者存在显著相关关系,即两位优秀教师的提问类型与提问后等待时间的长短之间存在明显的线性关系。也就是说,教师对不同类型的问题采用不同的等候策略,

对低认知水平的问题,等候的时间较短,不足 3 秒;对一些高认知水平的问题,等候的时间相对较长,超过 6 秒甚至 10 秒以上,这给予了学生充分的思考时间,提高学生对问题的理解层次。总而言之,优秀教师在提出问题后,善于根据不同难度的问题所引发学生的认知程度的不同,留给学生不同的思考时间,从而充分调动学生的思维活动,提高学生的思维水平和学生的参与度。

同时,我们发现,优秀数学教师的有效提问有如下特征:① 提问目的性明确;② 提问简洁、清楚;③ 问题适合学生认知水平、年龄特征;④ 提问有序;⑤ 问题发人深省。

教师根据不同的教学目的、不同的教学内容、不同的学生,选择不同类型的提问,以激发学生不同认知层次的应答行为。为激发学生高认知应答行为,教师在进行高认知提问时需要注意提问的方式,对一些复杂的问题可以作适当铺垫。同时,提问要有针对性、目的性,提问语言精确、简单、明了。提出的问题难易程度适当,处于学生的"最近发展区"范围之内,使学生的心理特征处于"愤"、"启"的状态,学生的思维才能最大限度地活跃起来。

4.3.2 新手教师课堂提问行为个案研究

4.3.2.1 研究背景

课堂教学中的最重要活动之一是提问题,提问有助于实现多种教学目的。实际上,教学中的多数活动与教学评价的许多程序,都是以提问为中心的。实践证明,教学是否维持某种对话式的、互动式的状态,取决于教师能否有效地"提问"。[①] 好的课堂提问是教学信息有效传递的关键,它能激发学生的动机,集中学生的注意力,能帮助学生更好地学习和思考。同时它能为学生提供操练和演示的机会,让教师更好地知道学生对课堂所学内容掌握的情况。[②] 更重要的是,好的提问能激发学生高认知水平的思考,培养学生的问题意识。

然而,目前中小学课堂教学有效提问仅占 56%,近一半的提问是低效或无效的。[③] 综观当前的数学课堂教学,提问没有很好发挥作用,存在着低效提问、无效提问甚至不良提问和失误提问的现象。有些教师尤其是新手教师的提问让学生答非所问,应者寥寥,造成课堂教学的冷场。有些教师提问数量过多,学生忙于应付,无暇深思。有些教师课堂教学重结论轻过程,提问流于形

① 高慎英,刘良华.有效教学论[M].广州:广东教育出版社,2004.

② Dillon J T. Questioning and Teaching: Amanual of Practice. New York: Teachers College Press,1988.

③ 武永江,马复.基于心理咨询思想的教师提问[J].中小学心理健康教育,2005(7): 4-7.

式,用优生的思维代替全班学生的思维。约 75％的教师提问时间都用于记忆和背诵水平的问题,只能激起少数学生回答,甚至无法收到任何反馈。[①] 导致这些课堂"启而难发"局面的原因有很多,如不重视问题情境的创设、缺少置疑和认知冲突的激发、以简单的集体应答取代学生深入的思维活动、提问的技巧欠缺等等。

因此,研究数学课堂教学提问策略,归纳总结新手教师课堂提问的特征,以提高课堂教学提问的有效性,提高数学教学质量显得很有必要。

4.3.2.2　研究目的

本研究通过利用录像分析的方法,对 2 堂数学课进行剖析,对数学新手教师课堂提问行为及提问方式进行了分类、统计,并对其进行编码分析,从而探究了新手教师课堂提问行为特点以及新手教师数学课堂有效的提问策略。

4.3.2.3　研究方法

本课题在借鉴 TIMSS Video Study 的录像编码基础上,采用了录像分析的研究方法。通过现场观察和视频拍摄结合的方式记录下 2 堂数学课堂教学录像进行文字实录,通过反复观看录像,对新手教师课堂提问行为、课堂提问方式进行了编码分析,由此得出一些结论和有效提问的策略。

4.3.2.4　研究过程

(1)研究对象的选择

在实验基地——杭州 W 中学进行了长达 3 年的听课、拍摄课堂录像、评课等活动,笔者采用同课异构的形式,选择了 2 位教师分别上相同的课——《不等式的基本性质》(浙教版数学八年级上册第五章第二节),并将教学活动进行录像、分析。

教师 A 和教师 B 都是 3 年前从某大学数学与应用数学(师范类)本科毕业,有新的教学理念,工作努力。同时,由于在该校进行长达 3 年的听课、课堂摄像,教师、学生都适应了有摄像机拍摄的课堂环境,从而确保我们所研究的课堂录像尽可能地呈现常态教学。

(2)研究数据搜集

在课堂拍摄过程中,我们用两台摄像机分别从教师和学生两个角度对整堂课进行拍摄,为了尽可能多地捕捉教师提问时的肢体语言变化和学生表情等特点,我们用音频工具记录文本无法记录的细节,然后将拍摄的内容反复观看,进行三次整理。第一次整理:是将整个教学过程用文本的形式记录下来,除了记录下教师和学生的语言外,对课堂环境和教学环节进行辅助描述;第二

---

① ［美]Marylou Dantonio, Paul C. Beiśenherz. 课堂提问的艺术［M］. 宋玲译. 北京:中国轻工业出版社,2006:31.

次整理：记录下教师讲授和学生反馈的起止时间、停顿时间；第三次整理：添加一些教学细节，如教师走动的路线、面部表情、一些特别的语音语调等等。

4.3.2.5　数据编码和分析

我们在对两堂课进行文字实录、统计之后，对其进行了量化分析。

（1）教师提问方式及其类型编码

根据提问作用以及认知水平的不同层次，我们在 Bloom 认知领域分类的 6 个层次（识记、理解、应用、分析、综合和评价）的基础上，结合课堂实录中数学教师提问的作用和目的，将 Bloom 的 6 个层次拓展为识记、管理、提示、重复、理解、评价等 6 种类型。[①] 考虑到新手教师在提问过程中补充性提问比较多，因此在本研究中，将提问行为类型分为管理、识记、提示、重复、补充、理解、评价等 7 种类型。

根据提问方式的作用以及认知水平的不同层次，结合课堂实录中数学教师提问作用和目的，将提问方式分为向学生群体提问、先叫学生名字后提问的个别提问、先提问后叫学生名字的个别提问、留有等候时间的提问等 4 种类型。

① 向学生群体提问：向全班学生提问，回答时由学生自行决定是否作答。

② 先叫学生名字后提问的个别提问：教师先点名，然后让学生回答问题。

③ 先提问后叫学生名字的个别提问：教师先提问再叫学生的名字。

④ 留有等候时间的提问：提出问题后，教师等待一段时间后再让学生回答。

为了探究教师提问方式与提问类型是否存在相关性，我们将教师提问方式和提问类型看作两个变量，根据教师提问水平和提问认知程度不同，将 4 种提问方式和 6 种提问类型分别赋值。

定义提问类型赋值：随着教师提问认知程度的增加，依次将教师提问类型赋值，管理性提问记为 1 分，识记性提问记为 2 分，重复性提问记为 3 分，补充性提问记为 4，提示性提问记为 5 分，理解性提问记为 6 分，评价性提问记为 7 分。

定义提问方式赋值：随着教师提问水平的增加，依次将教师提问方式赋值，向学生群体提问记为 1 分，先叫学生名字后提问的个别提问记为 2 分，先提问后叫学生名字的个别提问记为 3 分，留有等候时间的提问记为 4 分。

---

① 叶立军，斯海霞. 基于录像分析背景下的代数课堂教学提问研究[J]. 教育理论与实践，2010(8)：41-43.

（2）学生回答类型的统计

根据教师提问所涉及的回答内容,我们将学生的回答情况相应地归为 5 类:"无答"、"机械性回答"、"识记性回答"、"理解性回答"和"创造性回答"。

为了进一步探究教师提问方式与学生应答是否存在相关性,我们也将 5 种学生回答赋值。

定义学生回答赋值:随着学生回答认知程度的增加,依次将学生回答进行赋值,无答记为 1 分,机械性回答记为 2 分,识记性回答记为 3 分,理解性回答记为 4 分,创造性回答记为 5 分。

4.3.2.6　研究结论

（1）从教学过程来看,新手教师采用的提问方式各有所不同

综观这两堂课,教师在数学课堂教学提问过程中都采用了各种提问方式,且不同教师采用的提问方式也各有所异。从统计结果(表 4.9)来看,两位教师在教学过程中对各类提问方式运用的比例各不相同,从分析两位教师使用的情况来看,教师最多运用的方式是"向学生群体提问"方式,说明教师认为问题的难度不高,可以通过向全班学生提问,让学生一起作答来解决,提高了学生的参与程度。其次是"先提问后叫学生名字的个别提问"方式,在两位教师的课堂教学提问方式中都占了一定的比例。而两位教师对"先叫学生名字后提问的个别提问"与"留有等候时间的提问"方式运用得相对较少,说明教师提问的覆盖面较广,教学节奏较快,但等待学生思考的时间较少,不能保证学生的全力参与,也很难激发学生高认知水平的回答,特别是教师 A 对"留有等候时间的提问"方式只占了 6.86%。

表 4.9　2 位教师的提问方式统计表

	教师 A	教师 B
向学生群体提问	48.04%	57.52%
先叫学生名字后提问	16.67%	6.54%
先提问后叫学生名字	28.43%	18.95%
留有等候时间的提问	6.86%	16.99%

（2）从提问策略来看,新手教师对不同的提问类型也采用不同的提问方式

我们将两节课所有的提问类型和提问方式统计在一起分析,可知七类提问下的四类提问方式差异都非常显著,但是每类提问下各类提问方式的显著性并不同(图 4.5)。教师对管理性提问,采用向学生群体提问的方式最为显著,先提问后叫学生名字的个别提问方式也较为明显,其余两种提问方式所占

比例较少。对于识记性提问,教师采用向学生群体提问的方式最为显著,没有出现留有等候时间的提问方式,其余两种提问方式也占一定的比例。对于补充性提问,教师采用先叫学生名字后提问的个别提问方式较为显著,其他几类提问方式出现比例较适中。对于重复性提问,出现向学生群体提问的方式最为显著,其次是留有等候时间的提问方式,其他两种提问方式出现较少。对于提示性提问,教师采用向学生群体提问的方式最明显,其他三类提问方式出现比例较适中。对于理解性提问,先叫学生名字后提问的个别提问方式出现较少,出现其他几类提问方式的比例都较为显著。对于评价性提问,四类提问方式都出现了一定的比例,且所占的比例相差不大。

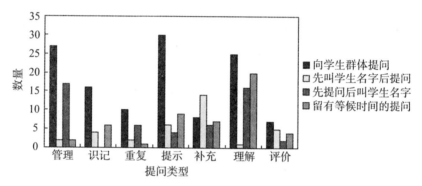

图 4.5   各种提问类型学生应答数量统计图

总体上说,在数学课堂教学中,教师主要采用向学生群体提问的方式,其次是先提问后叫学生名字的个别提问和留有等候时间的提问方式,而先叫学生名字后提问的个别提问方式最少。同时,向学生群体提问的方式在每类提问下都出现的较为显著。另外,在两位教师的所有提问类型下对提问方式进行的卡方检验中,得到卡方值为 69.769,自由度为 18,$p = 0.000 < 0.01$,说明所有提问下的四类提问方式差异非常显著。

(3)学生应答认知程度与教师提问的复杂程度无明显的相关性,而与提问的方式有很大的关系

通过对两节课中教师提问方式和学生应答类型进行统计和分析,我们发现教师不同的提问方式引发学生不同的反应,然后利用 SPSS 软件根据其赋值情况分别对教师 A 和教师 B 的提问方式和学生应答类型进行 Pearson 相关性分析,最后再将两节课所有提问方式和学生应答类型统一在一起作两个变量的 Pearson 相关分析,得到如表 4.10 所示结果。

表 4.10　教师的提问方式和学生应答类型的相关性分析

	教师 A	教师 B	两位教师
Pearson Correlation	.203*	.219**	.209**
Sig. (2-tailed)	.012	.002	.001
N	153	108	261

* Correlation is significant at the 0.05 level (2-tailed).

** Correlation is significant at the 0.01 level (2-tailed).

从表 4.10 中可以看出 Sig.(2-tailed)双尾 t 检验值<0.05,甚至有 Sig 值<0.01,说明两者存在显著相关关系,即两位教师的提问方式与学生的应答之间存在明显的相关性。也就是说,教师通过改变提问的方式可导致学生不同的反应,随着提问水平的提高学生应答的认知程度也提高了,从而教师可根据其提问的目的和功能采用能引发学生产生高认知水平反应的提问方式。

根据 5 种回答类型的认知要求不同,学生回答分为"低认知回答"和"高认知回答"。低认知回答包括无答、机械性回答和识记性回答;高认知回答包括理解性回答和创造性回答。[1] 结合图 4.6 可知,后两类提问方式较前两类提问方式更能引发学生高认知的回答,即教师高水平的提问方式能引发学生高认知程度的应答,但无答现象也占一定的比例,特别是留有等候时间的提问,教师虽留给学生一定的思考时间,但是没得到学生回答,自己便匆匆地作答或继续追问。对于先叫学生名字后提问的个别提问方式,虽然创造性回答较少,但是没有出现无答现象。而向学生群体提问方式则会引发学生各种认知水平的应答。

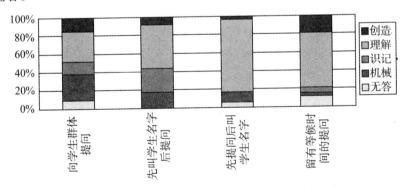

图 4.6　教师各类提问方式下学生的应答类型百分比统计图

---

① 叶立军,斯海霞.基于录像分析背景下的代数课堂教学提问研究[J].教育理论与实践,2010(8):41-43.

4.3.2.7 提高数学课堂提问有效性的策略

（1）在设计课堂问题时要注意问题的梯度和难度，不同类型的问题采用不同的提问策略

我们认为，并非教师所有的复杂性提问都能激起学生高认知的回答，问题复杂性程度的高低与提问内容难度无关。[①] 从而，在设计问题时要注意提问的难度应与学生的认知水平相一致，要根据"最近发展区"的要求设计问题，采取相应的提问策略。通过统计分析我们也发现学生应答认知程度与教师提问的方式有很大的关系，高水平的提问方式能引发学生高认知的回答。因此，教师要选择合适的教学材料，确保能激起学生高认知的回答。同时，应在学生的最近发展区内合理设计有梯度的问题，对复杂的问题进行分解，对不同的内容采取不同的策略。当教学难度较大时，可结合教学内容，由易到难地进行提问，尽可能采取开放式的提问，切忌控制学生的答案，并且对不同的学生采取不同的提问策略；而当教学难度较易时，教师可以适当增加提问难度，给予学生充分的思考时间，寻求更高认知水平的回答。

（2）合理采用追问方式，使问题形成高效的"问题链"是有效提问的重要策略

通过研究发现，无论是教师提问的类型还是学生应答的类型都与教师提问的方式有着显著的相关性。因此，教师在教学过程中，要重视提问的有效性，合理采用追问方式，使问题形成高效的"问题链"。也就是说，教师在追问的过程中，首先要面向全班学生提出问题，然后等待一段时间留给学生一定的思考时间再让学生回答，重视获取答案的过程，最后还要采用先提问后叫学生名字或先叫学生名字后提问的个别提问策略来让学生回答，这样不但能减少学生无答现象，还能增加回答问题的正确性和完整性，并且在高认知水平上也会有更好的提高。

总之，教师提问应遵循适时、适度原则。教师应当根据不同教学环节、不同的提问类型选择不同的提问策略，从而激发学生不同认知层次的应答行为，不断提高自身的提问艺术，全面提高教学质量。

4.3.3 新手教师与优秀教师课堂教学提问行为的差异

通过研究，我们发现，数学教师课堂提问数量较多，且大部分发生在讲解数学练习过程中，在讲授新课坏节较少。

新手教师和优秀教师课堂提问行为差异主要表现在：

---

① 叶立军，斯海霞.基于录像分析背景下的代数课堂教学提问研究[J].教育理论与实践，2010(8)：41-43.

（1）各种提问行为类型不同

从教师课堂教学提问行为统计结果看,新手教师的"识记性提问"、"重复性提问"以及"提示性提问"次数比优秀教师多,而优秀教师的"理解性提问"、"管理型提问"以及"评价性提问"次数比新手教师要多。这说明,新手教师更关注学生的知识掌握程度,而优秀教师不仅关注学生知识的掌握,还关注启发、引导学生思考。

（2）教师提问后学生的参与程度不同

研究发现,新手教师提问后学生参与程度要明显低于优秀教师提问后学生的参与度,学生机械回答的次数也明显比优秀教师多。这说明,优秀教师善于提出启发性的问题,能引导学生积极思考,善于调动学生的积极性。

（3）提问方式不同

优秀教师善于追问,根据教学内容和学生的实际情况设置问题串,使问题形成问题链,从而使学生在学习过程中产生学习兴趣,不断地思考,从而达到不仅"知其然",而且"知其所以然"的目的。

（4）挑选学生回答问题方式不同

新手教师在"提问后叫举手学生"次数多于优秀教师,而优秀教师"学生齐答"、"叫未举手学生回答"的次数均多于新手教师。这说明,优秀教师善于通过提问调动学生的积极性,提高学生的参与度。

（5）理答方式不同

在理答方式上,新手教师经常出现"打断学生回答或自己代答"以及"重复学生答案"或"对学生的回答不予理睬或消极批评"等现象,而优秀教师往往采用"学生回答进行鼓励或称赞"或"鼓励学生提出问题"。这说明,优秀教师关注学生的发展,而新手教师只关注自己个人的教学行为。

同时,还存在着如下的现象:新手教师点名成绩好的同学比成绩差的同学的概率更高,而对经常发言的学生,往往会错误估计自己轮到发言的频率,尽管他们比其他同学更经常发言,但往往以为自己发言机会过少。

4.4　新手教师课堂提问行为存在的问题及其对策

4.4.1　研究目的

课堂师生之间的互动交流,最主要的方式是师生间的问答,教育学称之为提问。发问是人们语言交往中的一种伴随行为,人们讲话中相当一部分是问话。在教学中,有经验的教师已经感觉到,提问是教学成功的基础之一。日本著名教育家斋藤喜博认为,教师的提问是"教学的生命"。教师课堂提问行为的主要目的有[①]：引起兴趣和注意力；发现问题及检查；回忆具体知识或信息；课堂管理；鼓励更高层次的思维活动；组织或指导学习。

数学教与学中最重要活动之一是提问题，提问有助于实现多种学习目的。然而，通过课堂观察以及大量文献研究发现，目前中小学数学教师尤其是新手教师的课堂教学提问情况并不尽如人意，存在或多或少的问题。而提高课堂提问的有效性是实施课堂有效教学、实现教学目标的重要手段。所以，研究当前新手数学教师课堂提问存在的偏差现象，提出相应的对策是非常重要的。

本研究通过利用录像分析的方法，对两堂数学课的教学进行归纳总结，并对数学课堂教学提问进行了分类、分析，试图找出新手教师在课堂教学中提问的数量、类型以及学生回答问题的数量、类型，并探讨针对新手教师课堂提问的偏差现象的解决策略。

4.4.2　研究过程与方法

4.4.2.1　研究方法

本研究在借鉴 TIMSS Video Study 的录像编码和视频案例研究后，采用了录像分析的研究方法。通过现场观察和视频拍摄相结合的方式记录下两堂课堂教学实录，通过反复观看录像和实录，并对课堂教学提问进行了编码分析，同时对课堂教学提问进行分类，由此得出一些结论和启示。

4.4.2.2　基本概念界定

等候时间Ⅰ：教师发问后留出时间让学生思考；

等候时间Ⅱ：学生回答后教师留出时间让学生反思答案。

4.4.2.3　研究对象的选择

通过对杭州 W 中学长期的听课、评课、拍摄课堂录像，我从中选择了两位教师进行课堂录像分析。教师 A 和教师 B 的授课内容都是《不等式的基本性质》(浙教版数学八年级上册第五章第二节)，这两位教师都是具有两年教学经验的新手教师，他们工作积极努力，所带班级学生成绩处于校年级一般水平。

4.4.2.4　研究数据收集

在课堂拍摄过程中，我们用两台摄像机分别从教师和学生两个角度对整堂课进行拍摄，然后对拍摄的内容反复观看，并将整个教学过程用文本的形式记录下来，除了记录教师和学生的语言外，还记录整个教学过程中教师讲授和学生反馈的起止时间、停顿时间。

---

① ［美］佳里·D.鲍里奇.有效教学方法［M］.易东平译.南京：江苏教育出版社，2002：210-211.

4.4.2.5　数据编码和分析

我们在对两堂课进行实录、统计之后,并对其进行了量化分析。我们对每一堂课的课堂教学提问进行统计比较,并计算出它们各占课堂教学时间的百分比,以及哪些提问是有效的。

（1）教师提问类型编码

我们对每一堂课、教师每个提问类型进行统计比较,其中包括对教师各类提问的次数,占总提问的百分比,以及根据提问对象的不同,从而区别不同教师提问方式的差异。根据提问作用以及认知水平的不同层次,结合课堂实录中数学教师提问的作用和目的,我们将提问分为管理、识记、提示、重复、理解、评价等 6 种类型。[①]

（2）学生回答类型的统计

在处理学生根据教师提问所涉及的回答内容,根据学生回答行为的认知复杂程度,我们将学生的回答分为五类:无答、机械性回答、识记性回答、理解性回答、创造性回答。[②]

4.4.3　研究结论及启示

4.4.3.1　新手教师的提问时间较长,提问数量过多,目标不明确,且提问类型处于低层次水平

美国教学法专家斯特林·G.卡尔汉认为,提问是教师促进学生思维、评价教学效果以及推动学生实现预期目标的基本控制手段。[②] 纵观这两堂课,两位教师都运用课堂提问的方法。但在课堂教学中存在提问的数量以及提问类型等差别。如表 4.11 所示,教师 A 的提问总数为 153 次,提问时间占总时间的 28.37%;教师 B 为 102 次,提问时间占总时间的 45.6%,两位教师的平均提问次数为 127.5 次,平均提问时间占整个课堂时间的 36.99%。从统计结果来看,课堂提问的时间较长,且提问数量较大,说明有些教师在课堂提问上会出现重数量轻质量的现象,而过频的提问会导致学生无法获得完整的知识。如图 4.7 所示,两位教师的识记性提问和理解性提问所占总提问的比例较大,分别是 49.34%、20.59%;而两位教师很少或基本没有答案开放的、鼓励学生阐述观点,进行分析、评价的问题,其中教师 A 的评价性提问为 0 次,教师 B 只有 2 次,仅占总提问的 1.96%,说明教师提问缺乏有效性,只在学生认知水平的低层次基础上过多提问,未能真正激发学生思维和学习兴趣。

①②　叶立军,斯海霞.基于录像分析背景下的代数课堂教学提问研究[J].教育理论与实践,2010(8):41-43.

②　李如密.教学艺术论[M].济南:山东教育出版社,1995:343.

表 4.11　两位教师提问类型的次数分布

	识记	管理	提示	重复	理解	评价	总次数
教师 A	18	17	48	12	58	0	153
教师 B	4	31	44	4	17	2	102

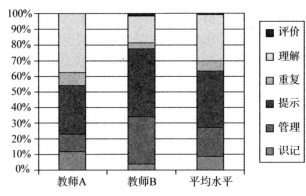

图 4.7　2 位教师提问类型分布图

4.4.3.2　新手教师提问比学生回答问题所用的时间长,学生理解性回答占了很大的比例

根据统计,两节课中学生回答的平均时间占了总时间的 21.69%,而两位教师的提问时间明显多于学生的回答时间,尤其是教师 B,他所用的提问时间是学生回答问题所用时间的 2 倍多。从图 4.8 可以看出,对于两位教师的提

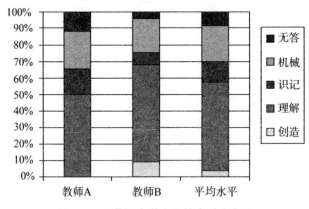

图 4.8　两节课中学生回答类型分布图

问,学生需要理解性回答的次数最多,平均约占回答总数的 59.18%,其次是机械性回答和识记性回答。这说明,在数学课堂中,提问是教学环节中重要的

一部分,教师几乎是用提问贯穿了整个教学过程,而学生的学习却处于被动的地位,这便造成了教学表面热闹而缺乏实效。

4.4.3.3　新手教师提问效果不佳,参与回答问题的学生比例不高,难以激发学生学习兴趣

从表 4.12 和表 4.13 的统计结果可以发现,平均一节课学生单独应答的次数是 45.5,约占总平均应答次数 127.5 的 1/3,而课堂中大部分学生应答属于集体应答或随机应答。在新知讲授阶段,平均一节课学生参与应答的人数为 2,而教师提问的平均次数为 42,说明教师讲解新知时,学生参与回答问题的比例不高,积极性未能很好地调动起来。同时,在课堂练习阶段,平均一节课学生参与应答的人数与教师提问的平均次数相差甚远,这表明了教学过程中,教师提问频繁,学生参与度较低,提问缺乏时效性,未能真正激发学生思维。

表 4.12　不同教学环节中的学生参与提问情况

教学环节	平均参与人数	平均参与次数	平均参与时间(秒)	平均时间百分比
引入	0	0	0	0.00%
新知讲授	2	5.5	37.5	1.50%
课堂练习	18.5	40	370	14.53%
小结	0	0	0	0.00%
汇总	20.5	45.5	407.5	16.03%

表 4.13　不同教学环节中的教师提问情况

教学环节	平均次数	平均时间(秒)	平均时间百分比
引入	4	50.5	2.00%
新知讲授	42	353.25	13.99%
课堂练习	80.5	529.35	20.83%
小结	0.5	4.5	0.18%
汇总	127	937.5	39.99%

4.4.3.4　新手教师提问类型与提问后的等候时间长短之间存在明显的相关性

根据 6 种提问类型的提问难度的不同,教师提问分为"简单性提问"和"复杂性提问"。简单性提问包括管理性提问、识记性提问、重复性提问和提示性提问;复杂性提问包括理解性提问和评价性提问。如图 4.9 所示,发现两位教

师的简单性提问与复杂性提问相差很大,特别是教师 B,简单性提问与复杂性提问的比例高达 4.32：1。

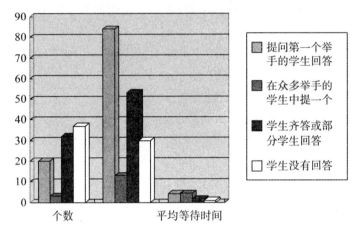

图 4.9　2 位教师提问难度比较分布

根据两位教师课堂教学提问的等候时间分布,如表 4.14 所示,我们可以看出,课堂教学中,教师提问的平均时间为 937.5 秒,而留给学生的平均等候时间为 30.75 秒,两者差距明显,说明教师课堂提问后,等候时间较短,没有给予学生充分思考的时间。

表 4.14　两位教师课堂提问的等候情况分布

	等候时间(秒)	等候次数	等候时间百分比
教师 A	31.5	4	1.21%
教师 B	30	7	1.2%
平均	30.75	5.5	1.21%

我们利用 SPSS 软件对教师的课堂提问和提问后等候时间的长短进行 Pearson 相关性检测,检测结果如图 4.10 所示。

Correlations

		Q	T
Q	Pearson Correlation Sig. (2-tailed) N	1 4	1.000** ． 2
T	Pearson Correlation Sig. (2-tailed) N	1.000** ． 2	1 2

图 4.10　Pearson 相关性检测结果

从图 4.10 可以看出,两位教师的提问类型与提问后的等候时间长短之间存在明显的相关性。也就是说,教师对不同类型的问题采取不同的等候策略,对一些简单性提问,等候时间较短,对复杂性提问,等候时间较长,这样给予学生足够的时间思考,以提高学生对问题的理解程度。

4.4.3.5　新手教师的提问方式不当,学生机械性回答较多

课堂提问是数学课堂教学中的普遍现象,是师生交流信息和相互作用的主要形式。有效的提问是整个课堂的"经脉系统",是成功课堂的重要因素。课堂提问是否有效,直接影响着课堂教学的效果。在某些形式主义的"一问一答"中忽视学生真正的学习。新手教师总是想方设法把学生的思路往预先设计好的方向引导,给学生设置一个个小台阶,提问频率很高,程式化的提问直奔主题,使学生的思维活动空间受到限制,缺失了发现、体验的机会,只能亦步亦趋地跟在教师的后面,不能形成深度思维。[①]

当前的课堂教学存在教师提问目标不明确,方式不当,提问数量偏多的现象。笔者曾对"不等式的基本性质"这节课中的学生回答方式进行过统计:教学引入和课堂小结均没有回答;新知讲授环节共回答 36 次;课堂练习环节总共回答 97 次。对应于教师的 153 个提问,学生有 20 次无答,34 次机械性回答,23 次识记性回答,76 次理解性回答,而创造性回答为 0 次;同时,在这 133 次回答中,机械性回答占了 25.56%,这说明了学生所回答的问题并不是自己经过思考而形成的,而是勉强应对教师提出的所谓高质量的问题。同时在这 133 次回答中,其中有 44 次是教师点名后学生回答的,占了提问总数的 33.08%,说明教师的提问方式处理不当,先点名后提问并没有引起学生足够的思考,不能激发学生的有效思维,学生真正的收益并不多,从而影响了整个课堂的教学效率。

4.4.4　提高新手教师课堂提问行为的策略

从两节数学课的统计分析可以发现当前数学教师课堂提问存在一定的偏差现象,结合上述的统计和分析,我认为提高课堂有效提问可以从以下几点考虑:

4.4.4.1　追求课堂提问的时效性,减少低效提问,增加高效提问

教师的提问行为与学生的应答行为构成了一个师生对话系统,该系统应以完成教学目的为宗旨。如果该系统不以完成教学任务为宗旨,而一味地追求较多的提问与应答行为来达到课堂的表面热闹形式,是没有任何价值和意义的。所以,教师应根据不同的教学目的、不同的教学内容和不同的学生,选

---

① 石颐园.关于数学课堂提问有效性的思考[J].教育理论与实践,2010(7):53-54.

择不同类型的提问,以激发学生不同认知层次的应答行为。

从统计结果中发现,学生平均 115.5 次应答中,大约四分之一的应答是机械应答,这种应答属于低效或者说是无效的应答。同时,识记应答也占了一定的比例,而机械应答和识记应答过于简单,未能真正发展学生的高思维和促进学生认知水平的提高。所以,教师应该增加有效提问,减少无效或低效提问,激发学生积极思维的动力,把学生引向学习的内容,引向问题的关键处、实质处。

4.4.4.2　针对不同类型的问题引导学生采取不同的应答方式,激发学生高认知思维,使学生的认知水平达到"最近发展区"的要求

俄罗斯著名的心理学家维果茨基认为,人的认知结构可划分为三个层次:"已知区"、"最近发展区"和"未知区"。[①] 人的认知水平就是在这三个层次之间循环往复,不断转化并螺旋上升的。教师能够很好地驾驭课堂,倾向于严格调控课堂秩序并提出半简单性问题与复杂性问题,激发学生较高认知程度的思维。因此教师的提问要符合学生的已有认知水平,处在学生的最近发展区,使学生能够思考问题并理解问题。

4.4.4.3　鼓励学生积极参与课堂教学提问

从表 4.13 和表 4.14 可以看出,教师提问次数很多,但学生参与应答的次数很少,独立参与应答的人数更少,特别是在新知讲授和课堂练习这两个重要教学环节中,学生参与度较低。所以,在合适的范围内,教师应该积极鼓励学生参与教学活动,大胆表达各自想法,发挥学生的主体性。

4.4.4.4　新手教师应针对不同的提问类型采用不同的等候策略,调动学生的思维活动,提高学生的参与度

通过图 4.12 我们发现,教师的提问类型与提问后等候时间的长短之间存在明显的线性关系。这也就是说,教师在提出问题后,应根据不同难度的问题和学生不同的认知程度,给予学生不同的思考时间,从而充分调动学生的思维活动,提高学生的思维水平和学生的参与度。只有这样,学生的思维才能最大限度地活跃起来。

4.4.4.5　新手教师在备课时应以教学目标为指导,设计课堂提问,切实提高教师提问行为的有效性

教师在备课时就应以教学目标为指导,设计课堂提问。备课时应该关注核心问题,所谓核心问题是指其目的是引导学生去思考课堂互动中的内容,核心问题主要关注和指导课堂师生对话的内容和认知操作。

---

① 于振球.维果茨基教育论著选[M].北京:人民教育出版社,2005:244.

研究表明,教师的提问顺序在课堂教学中起着十分有效的作用,教师应该在备课时认真思考合理安排提问顺序。课堂教学提问顺序应该由具体的行为目标、教学内容和学生的水平决定。我们认为,提问基本顺序应该按照组织、激发、反应这样的模式进行。最常见的提问顺序往往采用由开发性问题导向封闭性问题的形式。许多教师在组织—激发—反应过程中的开始时多采用开放性问题,然后进一步组织,再导向下一个问题,而这个问题只需要回忆或简单的推论。

就提问而言,教师好的提问应该是具有启发性的。好的提问,能够启发学生对所学知识的联系,启发他们对问题进一步思考,而不仅仅是简单的回忆。教师的提问在于"启",而不在于多。作为教师,应该有能力组织好开放性问题和封闭性问题,并根据具体类型的学习者定位好问题,以及将问题按有意义的序列进行安排。作为一个好教师,还应该有能力组织认知复杂性层次不同的问题。[①]

因此,教师在课堂提问时,应该选择合适的学生回答,并且以合适的问题形式提问,从而不仅使所选择的学生和教师之间进行了积极的互动,而且其他学生也能够就教师所提的问题进行积极的思考。所提的问题还应具有挑战性、有趣性和贴近学生的生活实际,所提的问题应在学生的"最近发展区"。

新手教师应该尽量避免没有任何效果的习惯性提问方式:

(1)简单的是非问题。这类问题是作为其他问题的准备而提出的。虽然这类问题对差生或者害羞的学生有一定的用处,但是这类问题对错机会各占50%,如果问得太多,学生很容易揣摩教师的提问并找到正确答案的提示。与此同时,由于选择性问题的分析含量低,即使学生回答正确了,也不能说明他们真正理解了所学内容。

(2)简单的追问。有的教师往往在学生回答问题出现停顿时或者回答不完全时进行简单追问,但不提供任何帮助。如:嗯,继续,还有吗。

(3)猜测问题。教师提出的问题中,有的问题本身开放性的,有的问题要求学生进行猜测或推论,有的问题超出学生的能力范围。这类问题对发挥学生的想象力和让他们参与讨论有一定的意义,但是,如果使用不当或过多使用,往往会造成学生不予思考妄加猜测。

(4)无效的反问。这类问题,如,你想知道结果,是不是? 教师应该培养学生这样的意识,即教师一旦提问,就会出现重点和有趣的东西。

总之,数学教师课堂教学提问要面向全体学生,提的问题分布要广,以便

---

① [美]佳里·D.鲍里奇.有效教学方法[M].易东平译.南京:江苏教育出版社,2002:210-211.

让学生对相应的回答作出回应,并尽可能提出反思性问题。提问基本步骤可以遵循:提出问题→停顿、学生思考→抽点学生回答问题→作出反馈。

4.5 小 结

本章从数学教师课堂教学提问行为的研究概况出发,对数学教师课堂提问行为、学生应答行为进行了分类研究;在此基础上,分别对新手教师、优秀教师的课堂教学提问行为进行了个案研究,归纳出两者的提问行为特征,在此基础上,归纳出新手教师与优秀教师课堂提问行为的差异。通过对新手教师课堂教学提问行为的分析,指出了新手教师课堂教学提问行为存在的问题,并提出了相应对策。

第5章 数学教师课堂教学言语行为比较研究

5.1 数学教师教学言语行为研究概况

语言是一个民族的灵魂,也是一种行动,而且是一种强大的、富于感染力的行动①。课堂教学离不开师生语言的交流,即教师与学生之间的语言互动。人们常说:"听一堂好课,就像欣赏一幅名画,令人心旷神怡。"这正如《学记》中所言:"善歌者,使人继其声;善教者,使人继其志。其言也,约而达,微而臧,罕譬而喻,可谓继志矣。"由此足以说明教师课堂教学语言的重要性。

教学语言是教师在教学情境中,为达到预定的教学目标而使用的专业化语言。教学语言是教师教学风格的最主要载体,是师生沟通、交流的桥梁。在教学中,教师的言语行为决定着教师教学计划实施的成败,影响着学生对教师教学内容的理解。尽管在课堂教学中,教师可以利用姿势和动作等手段来表达一定的思想,但它们只能起辅助作用。在课堂教学中,起重要作用的还是教师的教学言语行为。巴西学者弗莱雷曾说过:"没有了对话,就没有了交流;没有了交流,也就没有真正的教育。"②课堂教学言语行为是教师开展课堂教学活动的主要教学行为,课堂教学语言是教师课堂教学表达的主要方式。课堂教学要顺利地展开活动,有效地进行师生间信息的传递、情感的交流和沟通,完成教学任务,实现教学目的,很大程度上取决于教师的课堂教学表达艺术。③ 同时,由于数学学科的特点,数学课堂教学语言包含数学化语言和数学

---

① 唐松林.教师行为研究[M].长沙:湖南师范大学出版社,2002:236.

② [巴西]保罗·弗莱雷.被压迫者教育学[M].顾建新,赵友华,何曙荣译.上海:华东师范大学出版社,2001:41.

③ 李如密.中学课堂教学艺术[M].北京:高等教育出版社,2009:135.

教学组织语言。[①] 在数学课堂教学中,教师只有科学地、灵活地运用语言,才能实现教学目的和任务。1971 年,J. H. Hiller(席勒)经研究指出,教师讲解得含糊不清与学生的学习成绩呈负相关。[②]

教师的言语行为是课堂教学中的主要教学行为,教师的课堂教学语言是开展有效教学的重要手段,只有师生之间的语言互动行为顺利进行,才能帮助学生很好地学习,沟通师生之间的情感,激发学生的学习兴趣,培养学生解决问题的能力。一般说来,教师言语行为是教师个体运用教师语言的实践。而教师语言可以分为三类:① 课堂教学语言;② 教育性语言;③ 交际性工作语言。[③] 在这三类语言中,教师的课堂教学语言对课堂教学质量的影响是最大的。

国外许多学者如 Sinclair、Couthard(1975),Couthard(1973),Shapiro(1979),Widdowson(1983),Yee、Wagner(1984),Pica、Long(1986),Chaudron(1988),Ellis(1990),Allwright、Bailey(1991)等对课堂话语进行了大量的实证研究后认为,课堂教学主要以教师讲解为主,教师与学生之间、学生与学生之间交流较少。有关话语研究始于 Havey Sackes,Emmanuel Schegloff & Gail Jefferson 的会话分析,他们在大量的会话语料中,通过会话常规、话语转换等分析,揭示了会话的结构规律。[④] Sinclair、Coulthard 通过对课堂师生对话模式的研究,揭示了语段与话语之间的内在关系。[⑤]

美国教育家内德·弗兰德在 20 世纪 60 年代提出了"Flanders 互动分析系统",弗兰德将课堂中教师和学生的所有语言互动行为分为 10 个类别,如表 2.1 所示,其中第 1 至第 7 类为教师的言语行为表现,第 8、第 9 类为学生的言语行为表现。此外,弗兰德把安静或混乱称为静止状态,列为第 10 类。[⑥]

---

① 陈永明名师工作室. 数学教学中的语言问题[M]. 上海:上海科技教育出版社,2009:5.

② 《教育心理学》全国统编教材组编写:教育心理学参考资料选辑[M]. 济南:山东教育出版社,1982:437.

③ 宋其蕤,冯显灿. 教学言语学[M]. 广州:广东教育出版社,1999:22.

④ 刘森林. 话用策略[M]. 北京:社会科学文献出版社,2007.

⑤ Sinclair J, Coulthard M. Towards an Analysis of Discourse. Oxford:Oxford University Press,1975.

⑥ 张兆弟,杨松耀. 基于现代教育技术的课堂语言分析[J]. 浙江现代教育技术,2007(5):27-30.

表 5.1　师生课堂语言互动行为编码

教师语言	学生驱动	1. 接纳学生的情感：以一种不具威胁性的语言，接纳或澄清学生的态度或情感。
		2. 表扬或鼓励：对学生的语言、动作或行为进行表扬或鼓励。
		3. 接受或利用学生的想法：澄清适当扩大或发展学生所提出的意见或想法。
	教师主动	4. 提问：以教师的意见或想法为基础，询问学生有关内容或步骤，期待学生会回答。
		5. 讲解：就内容或步骤提供事实或见解；表达教师自己的观念，提出教师自己的解释，或者引述别人（非学生）的看法。
		6. 指示：指令或命令等期望学生服从的语言。
		7. 批评学生或维护自己的权威。
学生语言	教师驱动	8. 学生语言-教师驱动：教师指定学生回答或是引发学生说话，或是建构对话情境。
	学生主动	9. 学生语言-学生主动：学生主动开启对话，表达自己的想法，引起新的话题；自由地阐述自己的见解或思路。
静止		10. 安静或混乱：暂时停顿、短时间的安静或混乱。

　　课堂教学言语行为体现了数学教师的基本功和必要素养，是教学艺术的一个基础的和重要的组成部分。由于数学具有严密性、精确性、启发性及抽象性的特殊性质，使得数学教师的教学语言行为必须是数学语言与教学语言的完美有机结合。

　　斯金纳(1957)在《言语行为》(*Verbal Behavior*)一书中说过，言语行为是条件性的，由形成条件反射及塑造非言语行为一样的刺激和强化物来塑造①。数学教学语言是数学教师的教学基本功之一，它的一般要求有：① 严密的科学性、逻辑性。② 鲜明的教育性。③ 启发性与鼓励性。④ 生动、形象、具体和富有感染力。⑤ 表达具有简洁性、直观性。⑥ 节奏、停顿处理适当。②

　　斯托利亚尔在《数学教育学》一书中指出："数学教学也就是数学语言的教学，所以教师在课堂教学中语言表达能力的水平直接制约着教学质量的高低"。总之，数学教师的教学语言应科学、规范，用词准确，叙述精炼、前后连

---

　　① ［美］戴尔・H. 申克著. 学习理论：教育的视角[M]. 韦小满等译. 南京：江苏教育出版社，2003：3.

　　② 新课程背景下义务教育阶段教师课堂教学行为规范化研究［EB/OL］. http：//wenku. baidu. com/view/f147da00a6c30c2259019e59. html，2011-4-11.

贯、具有逻辑性。

虽然,我国对于课堂教学语言的研究历史悠久,但作为一个独立研究领域的发展始于 20 世纪 70 年代,教师课堂教学语言的研究是教师语言研究的重点。直至当前,人们对课堂教学语言研究的类型划分依旧缺乏明确的标准。大多数研究是根据教学环节来划分类型的,如孙荻芬、郭启明、赵森林将教学语言分为导语、提问语、阐释语、应变语和结语;也有按照表述方式来划分的,如宋其蕤、冯显灿将教师口语分为讲课语和提问语;有的从教学环节的角度把课堂教学语言分为导入语、讲授语、过渡语、提问语、小结语;也有的从表述方式的角度分为叙述语、描述语、解说语、评述语。蒋同林、崔达送将教学语言划分为单项表述语和双向交流语两大类,单项表述语分为朗读语言和教学讲析语,根据讲析方式将讲析语又分为若干小类;双向交流语又叫调控语言,包括教学指示语、教学回答语、幽默语言。①

曾庆宝(2006)认为,目前初中数学课堂教学语言主要发生了以下转变:① 由指令式的语言向商讨式的语言转变;② 由灌输式的语言向引导式的语言转变;③ 由评判式的语言向建议式的语言转变;④ 由统一式的语言向开放性的语言转变。②

马士学(2007)在总结课堂教学语言的重要性后,认为在数学课堂教学过程中,数学知识的传递、学生接受知识情况的反馈、师生间的情感交流等,都离不开语言,数学教师的课堂语言艺术在课堂教学中也显得尤为重要。③ 姜德民、袁冬梅(2007)提出了课堂教学语言的作用,认为教学语言是数学课堂上师生间交流的主要工具。④

王乐(2009)在《数学教师课堂语言的基本要求》谈到数学课堂教学语言的作用,认为课堂教学语言是数学教师在课堂教学中向学生传递信息最主要的手段。从某种意义上说,教育教学就是通过语言造就人才;陆忠新(2009)总结了课堂教学语言的作用,认为语言是教学思想的直接体现,是教师使用最广泛、最基本的信息载体。数学课堂教学过程就是数学知识的传递过程。在课堂教学中,数学知识的传递、学生接受知识情况的反馈、师生间的情感交流等,都必须依靠数学语言。⑤

① 曹沂华.课堂教学语言研究文献综述[J].中国科教创新导刊,2009(1):95.

② 曾庆宝.关于数学课堂语言的一些思考[J].数学通报,2006(10):4-6.

③ 马士学.也谈数学课堂语言艺术的重要性[J].艺术教育,2007(6):26.

④ 姜德民,袁冬梅.数学教师课堂语言艺术探究[J].科技信息(科学教研),2007(35):403.

⑤ 陆忠新.感人心者,莫切乎言——试论数学教师的课堂语言艺术.考试周刊,2009(18):37-38.

5.2　教学言语行为类型研究与观察量表的制订

5.2.1　数学教师教学言语行为类型研究

5.2.1.1　研究背景

课堂教学语言是教师在课堂教学中向学生传递信息的最主要手段。著名教育家苏霍姆林斯基在《给教师的建议》里说："教师的语言修养在极大程度上决定着学生在课堂上的脑力劳动的效率。"[①]孔子也云："言之无文,行而不远。"这足以说明课堂教学语言的重要性。课堂教学语言的根本任务在于较好地运用自然语言向学生传道授业解惑,同时向学生表达自己的情意,并且透过学生的言语活动确切领会学生的情和意,从而实现教学中的双向互动交流[②],完成教学任务,达到教学目的。教师的教学语言对学生学习有着潜移默化的影响,教学语言的多寡、优劣直接影响着课堂教学的质量,制约着教学效率的高低。因此,教师课堂教学言语行为是非常值得研究的教学行为之一。

5.2.1.2　研究目的

本研究通过对课堂录像的分析,归纳出课堂教学中教师数学语言的基本类型,以及各种语言在课堂教学中的比例,力图总结出教师数学教学语言对学生学习是否有效,从而提高课堂教学质量。

5.2.1.3　研究方法

本研究在借鉴 TIMSS Video Study 的录像编码和视频案例研究后,采用了录像分析的研究方法。利用同课异构的方式,通过现场观察和录像拍摄结合的方式记录下《分式的乘除》两堂课的教学实录,反复观看录像,并对教师教学语言进行了编码分析,对教师教学语言进行了分类,由此得出一些结论和启示。

具体流程如下:

第一步,听课,并制作课堂录像,与教师交流,收集相关资料;

第二步,对整节课进行文字实录,文字实录内容包括教师和学生在课堂中的所有教学活动行为,并记录每个活动相应的时间;

---

① 湖南教育编辑部编.苏霍姆林斯基教育思想概述[M].长沙:湖南教育出版社,1983.

② National Council of Teachers of Mathematics. Principles and standards for school mathematics. Reston，VA：National Council of Teachers of Mathematics，2000.

第三步，对教师教学语言进行分类。统计出每节课中教师各种教学语言发生的次数和相应的时间。

5.2.1.4 研究过程

（1）研究对象的选择

选择杭州甲学校，通过长达 1 年的听课、评课、拍摄课堂录像，采用同课异构的方式选取了该校的两名教师 A 和 B，授课内容为《分式的乘除》（浙教版数学七年级下册第 7 章第二节第一课时）。这两位教师都是数学与应用数学专业（师范类）毕业，有三年教学经验的年轻教师。

（2）数据编码和分析

我们对 2 堂录像课进行了文字实录，对教师的语言以及学生参与等行为进行了数据编码，并进行了分类统计和量化分析。

（3）教师课堂教学语言类型

课堂教学语言，即课堂教学活动中所使用的语言。根据课堂教学语言的作用与目的，早在 20 世纪 60 年代，美国教育家内德·弗兰德提出的"Flanders 互动分析系统"，将师生教学语言互动分为 10 种类型。[①] 结合课堂观察和录像分析，我们将教师的数学课堂语言分为反馈性语言、激励性语言、赞成启发性语言、提问性语言、陈述性语言、命令性语言和师生共同重复语言等 7 种类型。其中反馈、鼓励、赞成启发、共同重复属于学生驱动教师而使教师讲出的语言，而提问、陈述、命令则属于教师主动进行的数学课堂教学语言，具体定义如下：

① 反馈性语言：接纳学生的情感，以一种不具威胁性的语言，接纳或澄清学生的态度或情感。

② 激励性语言：表扬或鼓励，对学生的语言、动作或行为进行表扬或鼓励。

③ 启发性语言：接受或利用学生的想法，适当扩大或发展学生所提出的意见或想法。

④ 共同重复：当学生回答正确时，老师和全班学生一起重复正确的答案以加深学生的记忆。

⑤ 提问性语言：以教师的意见或想法为基础，询问学生有关内容或步骤，期待学生会回答。

⑥ 陈述性语言：就内容或步骤提供事实或见解；表达教师自己的观念，提出教师自己的解释，或者引述别人（非学生）的看法。

⑦ 命令性语言：指令或命令等期望学生服从的语言。

同时，我们规定：教师每讲一句话，就记作一次教学语言。

---

① Ned A. Flanders. Analyzing Teaching Behavior. MA：Addison-Wesley Publish Co.，1970：34.

5.2.1.5 结论和启示

（1）师生交流、对话时间比例超过整堂课的 55％，教师教学语言时间超过整堂课时间的 40％，各种类型教学语言的时间比例不同，以提问性语言为主

如表 5.2 所示，教师教学语言是课堂教学中的主要方式，尽管两位教师所用的教学语言次数不同，教师 A 为 111 次，教师 B 为 261 次，但两者在整堂课中的时间比例均超过 40％；学生在课堂教学中所用语言分别为 13.88％ 和 14.08％。因此，在代数课堂教学之中，师生交流、对话是课堂教学活动的主要方式，两堂课均超过 55％。根据课堂实录，两位教师在教学过程中各类教学语言的分布比例不同，但从总体看教师运用"提问性语言"和"陈述性语言"较多，其中"提问性语言"最多，是其他所有教学语言的 1.5 倍（图 5.1）。

表 5.2 2 节课中教师课堂教学语言与学生回答的次数与时间分布表

数学课堂教学语言	教师的数学课堂教学语言			学生回答		
	次数	时间（秒）	时间百分比	次数	时间（秒）	时间百分比
教师 A	111	988.5	41.60％	59	351.5	13.88％
教师 B	261	1181	46.64％	160	356.5	14.08％

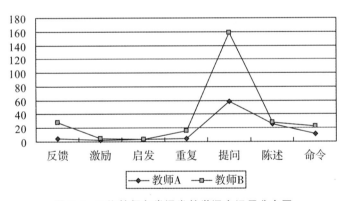

图 5.1 2 位教师各类课堂教学语言运用分布图

因此，数学教师要注意教学语言的表达方式，在运用教学语言时要遵循准确性、简洁性、逻辑性、启发性、通俗性、表达的艺术性等原则，恰当合理地运用教学语言，使课堂教学收到事半功倍的效果，大大提高教学效率。

（2）两位教师在各个教学环节中教学语言所占时间比例不同，例题讲解、练习讲解环节教师语言所占的比例最大

我们发现，两位教师的课堂教学基本包括组织教学、引入新课、讲解新知、例题讲解、练习讲解、小结（含点评）和总结等环节。虽然，在整堂课中，教师 A

105

和B使用教学语言次数不同,各个环节所占的教学语言时间比例也不尽相同,但在各个环节中,例题讲解和练习讲解环节教师语言所占的比例最大(表5.3)。这也表明当前我国数学课堂教学以解题教学为主。

表5.3　2位教师在各个教学环节中的数学课堂教学语言次数及百分比

教学环节	数学课堂教学语言次数			
	教师 A		教师 B	
	次数	百分比(%)	次数	百分比(%)
组织教学	0	0	2	0.77
引入新课	6	5.41	34	13.03
讲解新知	0	0	4	1.53
例题讲解	32	28.83	93	35.63
练习讲解	65	58.56	76	29.12
小结(含点评)	6	5.4	51	19.54
总结	2	1.8	1	0.38

(3) 课堂教学各个环节中,教师大多采用提问性为主的教学语言

综观这两堂课,我们发现,提问性语言在教师课堂教学语言中所占的比例最大,其中教师 A 提问性语言有 59 次,占教学语言总次数的 53.15%,所占时间为 373 秒,占整堂课的 15.7%;教师 B 提问性语言有 158 次,占教学语言总次数的 60.54%,所占时间为 578 秒,占整堂课的 22.83%。

课堂小结环节,教师仍以提问性语言,让学生尝试总结分式乘除解题时运用的方法和应注意的问题(图 5.2)。其中,教师 A 共使用了 7 次数学课堂教学言语,而教师 B 用了 23 次数学课堂教学语言。教师 A 通过使用"反馈性语言"、"启发性语言"和"提问性语言"这 3 类语言让学生总结所学知识,教师 B 则使用了多种课堂教学语言总结所学知识。由此可见,师生对话仍然是课堂教学的主要形式。因此,在教学中,教师要精心策划问题,以提高学生参与教学的积极性。

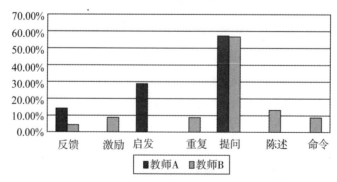

图5.2　课堂小结环节 2 位教师提问类型和学生回答情况比较图

（4）教师应适当减少命令性语言和提问性语言，增加启发性语言、反馈性语言和激励性语言

通过对比，我们发现，在整堂课中，命令性语言所占的比例比较高，启发性语言、反馈性语言和激励性语言所占的比例偏低（表 5.4）。例如教师的命令性语言，其中教师 A 有 11 次，占教学语言的 9.91％，耗时 71.5 秒，占整堂课的时间比例为 3.01％，教师 B 有 22 次，占教学语言的 8.43％，耗时 143 秒，占整堂课的时间比例为 5.65％。而教师 A 和 B 都只有 3 次启发性语言，分别占语言次数的 2.7％和 1.15％，其中教师 A 启发性语言所花时间为 21.5 秒，占整堂课时间的 0.9％，教师 B 启发性语言所花时间为 6 秒，占整堂课时间的 0.24％。激励性语言在教学语言中比例也很低。这也说明，代数课堂教学以教师讲授为主，教师以师生互答的形式完成课堂教学。

表 5.4　2 位教师各类课堂教学语言次数及百分比

语言种类	语言次数汇总		占教学语言总次数的百分比		时间汇总		时间百分比	
	A	B	A	B	A	B	A	B
命令性语言	11	22	9.91	8.43	71.5	143	3.01	5.65
陈述语言	25	25	22.52	9.58	461	263.5	19.40	10.41
师生共同复述	5	16	4.50	6.13	10	58	0.12	2.29
反馈性语言	5	28	4.50	10.73	32.5	99	1.37	3.91
启发性语言	3	3	2.70	1.15	21.5	6	0.90	0.24
提问性语言	59	158	53.15	60.54	373	578	15.70	22.83
激励性语言	2	5	1.80	1.92	15	24.5	0.76	0.97

实践证明，教学中适当减少提问性语言，适当增加启发性语言，启发、引导学生进行独立思考，可以提高教学效果。同时，要注意启发的时机，孔子曰："不愤不启，不悱不发"，也就是说，在教学过程中，教师应适时给予启发。问题给出后，学生经过自己独立思考，而且发现用以前学过的知识无法解决，形成了认知冲突，迫切想知道如何解决此类问题，因而激发了学习的兴趣，提高了教学效果。

同时，适当增加反馈性语言，对学生的学习行为要给予及时反馈，让学生及时获得反馈信息，调整学习行为。在课堂教学中，教师的激励性语言对学生的学习也是十分重要的，因此，在课堂教学中要适时地激励学生，激发学生的学习兴趣。

总之，数学课堂教学语言应该遵循科学性、准确性、简约性、有效性、通俗性、启发性、丰富性、生动性等原则，以提高学生数学学习的积极性，切实提高

数学课堂教学质量。

5.2.2　教学言语行为观察量表的制订与实际应用

5.2.2.1　数学教师教学言语行为观察量表的制订

为了了解教师对课堂教学言语行为重要性的认识,对教师进行了访谈。

Q：您认为课堂教学语言对课堂教学质量有什么影响?

18 位访谈对象中,有 16 位教师认为,教学语言对课堂教学质量有影响,以下是部分教师访谈文字实录。

BT4：要有修养,要规范使用数学语言。

ST1：有影响。可以调节课堂气氛,活跃气氛。数学是比较沉闷的课,如果语言用得好,就能活跃气氛。幽默型的,激发型的。

ST2：教学语言很重要。如果一个老师语言的组织能力很强的话,有利于学生听讲和理清思绪;相反,很多学生会听不懂或者对某些概念产生误解。结合我们学校学生的水平,我感觉尽量不要用太专业的语言去讲,尽量口语化,便于学生理解。肢体语言,如果一个老师面带微笑地去上课的话,我觉得学生都愿意去听。

ST3：好的语言可以引起学生的共鸣。比较积极的语言,能够刺激学生。

WT1：一般的,数学教师的这种语言应该是经验。如果教师的语言是比较拖泥的话,一般来说对学生的掌握是有影响的。

WT2：我觉得如果语言很死板,那就不能提高学生的学习兴趣、学习积极性啊;如果语言能生动一点,如果能让学生觉得亲切一点,可能对学生会更好一点。

WT3：简洁的语言,对学生的思维是有有效的影响的。但是如果语言比较混乱的话,学生的思维也是比较混乱的。数学课堂中,日常用语与符号语言应该是交叉使用的,这样才能使知识有效传递。

WT4：对于数学这门功课,课堂教学语言是比较重要的,因为数学这门功课本来就是比较严密的,所以严密性、培养学生思维能力都是很重要的。

WT5：主要就是语言组织的好,学生思路也清晰一点。

DT1：……课堂教学语言,当然像数学的话,讲究一个规范性和科学性,老师的教学语言对学生以后的,或者说在数学学习过程中培养规范性、科学性肯定是有影响的,老师上课随便讲话,学生作业肯定也是随便答的。

DT3：教学语言贯穿比较好的话,对课堂教学肯定是有很大的帮助的,包括对课堂的进行、学生的掌握都会有好的帮助。

DT4：如果语言简练或者是语言精练,用词准确,那么对学生有很好的导向性,对培养学生的习惯也是非常重要的。

DT5：课堂语言要精练,对学生要多激励,因为大人如此,小孩更加如此,可能表扬比批评更容易接受点。

Q：什么样的语言是最有效的?

BT1：我觉得数学课堂中,语言不是很重要,关键是方法吧。

BT2：应该是数学语言、专业术语,这样比较好。

BT3：讲解过程中还是要能影响学生思维的,比如你的讲法通俗易懂,让学生掌握数学的本质,这是很重要的。

BT4：规范的语言最重要,你规范了学生才能规范。

WT3：当用生活中的语言很难说清楚的时候,推理中的符号语言是比较有效的。但如果学生对这个知识很难理解的话,生活中的用语可能更能发挥作用。

WT4：第一个,我觉得要科学、严谨;第二个,要生动、活泼一些,能够启发孩子乐于动脑筋。

WT5：还真讲不出来。

WT6：对数学老师来说,应该是干练、简练、言简意赅。

DT1：简洁、到位。

DT2：精练到位,比较干净,比较利索,啰唆的话可能学生也听不进去的。

DT3：专业、精练。

DT4：最有效的语言我想首先应该是有启发性,然后呢,问题的设置比较合理,或者说是对知识的理解比较深刻的语言。

DT5：精练。

Q：您觉得教学语言有哪些类型?

DT1：应该是口头的呀,肢体的呀,像一些动画之类的。

DT2：文字语言、符号语言、图形语言。文字语言,比方说有些是陈述性的,比如陈述这个应该怎么做啊。有些提问性的,有些是激励性的。

DT3：教学语言那么就是一个口头上的语言、肢体语言。

DT4：这个我好像没有做太深入的思考。

DT5：教学语言,刚才我讲到是对知识这一块的,还有对课堂氛围的调动。

为了更好地了解教师课堂教学言语行为在教学中的意义,我们从学生角度进行了访谈。

Q：数学老师的讲课语言是否生动有趣?

在 18 个被访谈的学生中,8 个学生认为自己的数学教师课堂教学语言生动有趣,7 个学生觉得他们的数学教师教学语言比较生动,3 个学生认为他们的数学教师上课教学语言缺乏生动性。

Q: 老师经常会将数学问题与生活中的实际例子联系起来吗？

在 18 个被访谈的学生中，17 个学生认为自己的数学教师课堂教学中能将数学问题与生活实际例子相联系，仅有 1 个学生认为不会。这也说明，数学教师经常将数学问题生活化，以加深学生对数学问题的理解。

同时，课堂教学语言，即课堂教学活动中所使用的语言。在 20 世纪 60 年代，美国教育家内德·弗兰德提出"Flanders 互动分析系统"①，将师生教学语言互动分为 10 种类型，其中第 10 种类型为停顿，其余 9 种类型具体界定如下：

① 反馈性语言：接纳学生的情感，以一种不具威胁性的语言，接纳或澄清学生的态度或情感。

② 鼓励性语言：表扬或鼓励，对学生的语言、动作或行为进行表扬或鼓励。

③ 引导性语言：利用现有的材料或自己的想法，澄清或发展当前的意见或想法。

④ 提问性语言：以教师的意见或想法为基础，询问学生有关内容或步骤，期待学生会回答。

⑤ 陈述性语言：就内容或步骤提供事实或见解，表达教师自己的观念，提出教师自己的解释，或者引述别人的看法。

⑥ 命令性语言：指令或命令等期望学生服从的语言。②

⑦ 重复性语言：当学生回答正确时，老师重复正确的答案以加深学生的记忆。

⑧ 过渡性语言：是指联结课堂各个环节的纽带的教学语言。

⑨ 追问性语言：是指教师在学生回答的基础上进一步对学生进行提问的语言。

根据对师生的访谈以及预研究的结果，我们可以得到数学教师课堂教学言语行为观察量表，如表 5.5 所示。

---

① National Council of Teachers of Mathematics. Principles and standards for school mathematics. Reston，VA：National Council of Teachers of Mathematics，2000.

② 叶立军，斯海霞.基于录像分析背景下的代数课堂教学语言研究——以两堂《分式的乘除》课堂实录为例[J].数学教育学报，2011，20(1)：42-43.

表 5.5　教师课堂教学言语行为观察量表

言语行为	编码					
	A	B	C	D	备注	
A. 教师言语类型 ①反馈性语言； ②鼓励性语言； ③引导性语言； ④提问性语言； ⑤陈述性语言； ⑥命令性语言； ⑦重复性语言； ⑧过渡性语言； ⑨追问性语言。 **B. 隐喻语言** ①结构实体隐喻； ②方位隐喻。	1					
	2					
	3					
	4					
	5					
	6					
	7					
	8					
	9					
	10					
	11					
	12					
	13					
	14					
	15					
	16					
	17					
	18					
	19					

5.2.2.2　数学教师课堂言语行为观察量表的实际应用

在 L 中学组织的一次数学教研活动中，我们将数学教师课堂教学言语行为观察量表与参加培训的老师分享，并尝试将观察量表运用于数学教师课堂教学中。我们让部分教师使用该量表对课堂教学进行现场量化统计分析，并将其统计结果在评课中进行交流。这不仅给教师带来有关课堂观察的新启示，同时将"质"与"量"的课堂评价进行有效结合，使评价有理有据。课后，教师们对课堂教学进行了评价，其中课堂教学语言行为组的评价如下：

课堂语言主要分为 7 类：反馈、鼓励性语言、赞同和启发性语言、师生共同重复、提问、命令、重复。统计分为两组，提问性语言最多（24 次），这里已经把一些无效性语言省略了一部分。还有师生共同语言也占得比较多，总共 14次，陈述性语言 8 次，也比较多，占得比较少的是鼓励性语言（5 次）。学生回答问题时教师给出的鼓励性语言比较单一，如"很好"。命令性语言也是 5 次左右，这是很好的现象。鼓励性语言是课堂中比较缺乏的，如果鼓励性语言再多一些，或表达方式多一些，可以激发学生兴趣，激发学生自信。命令性语言比较少,体现以学生为主体,一种和谐的课题氛围。按课堂层次来分,分成了情境引入、例题探究、基础练习、难题探究、课堂小结这样几块。统计下来,例题探究语言出现最多,37次,这是比较保守的估计。基础练习语言也是比较多,21次。次数比较少的出现在难题探究和课堂小结,难题探究3次,难题探究因为前面基础练习比较巩固,难题探究已经比较少,学生掌握情况挺好。在课堂小结环节由于铃声已响,所以3句话就这样过去了,比较少。

事后,我们对"二元一次不等式(组)与平面区域"进行了课堂教学实录分析,并对教师课堂教学言语行为进行了分析,结果如表5.6所示。

表5.6 教师语言次数统计表

	鼓励性	师生共同	提问	命令
次数	5	14	19	5

在教师的课堂语言中,提问性语言出现最多,其中提示性提问出现次数最多,主要起到了提示点拨的作用。教师的课堂语言中虽有鼓励性语言,但比较单一,若鼓励性语言的表达方式多一些,可以更好地激发学生兴趣,激发学生自信。同时,也表明,利用课堂观察量表进行观察有一定的效果。

5.3 数学教师课堂教学言语行为个案比较

5.3.1 优秀教师教学言语行为个案研究

5.3.1.1 研究背景

语言是人类最重要的交际工具。人们借助语言保存和传递信息。在教学中,语言是纽带,语言是课堂上师生间交流的主要工具,教师主要是通过语言向学生授业解惑,而学生则主要通过教师的语言理解和接受知识,所以教师的教学语言在教学中占有很重要的地位。苏霍姆林斯基说:"教师高度的语言修养,在很大程度上决定着学生在课堂上脑力劳动的效率。"教学语言素养是教师在教学过程中善于运用口头语言准确、流畅、生动地表达自己思想感情的一种才能。

实践证明,在课堂教学中,教师驾驭语言能力的高低,对教学效果有着直接的影响。优秀教师有着较高的课堂驾驭能力,其中,他们的课堂教学言语行为起着十分重要的作用。因此,对优秀教师的教学言语行为进行分析、比较,有利于归纳总结出优秀教师教学言语行为的特点及其差异,为数学教师提高教学言语行为提供努力的方向。因此,本研究具有重要的现实意义。

5.3.1.2　研究方法

（1）研究目的

通过比较两位优秀教师在数学课堂教学中的教学语言行为,研究优秀数学教师课堂教学言语行为的特点及其差别。

（2）被试

分别选取两名数学教师 A、B 作为研究对象,教师 A 的教龄为 26 年,职称为中学高级,荣誉是浙江省特级教师,在浙江省有一定的影响。教师 B 教龄为 25 年,职称是中学高级,学校的骨干教师。根据界定,教师 A、B 都为优秀教师。两位教师所授课班级学生的成绩水平相当,没有较大差异。

（3）研究材料

采用同课异构的方法,选取浙教版七年级上册《4.5 合并同类项》作为研究内容。在此之前,学生已经学习了整式的概念,对代数式的有关知识有所了解,本节课通过引导学生识别同类项及合并同类项的实践活动,使学生体验用数学知识解决实际问题的过程,再一次让学生感受字母表示数的优越性,进一步体会代数式的表示作用,并为下面学习整式的加减等知识内容奠定了基础,起到了承上启下的作用。

本节课的教学重点是同类项的概念和合并同类项的法则,教学难点是学会合并同类项。

（4）研究工具

结合教学言语行为类型,我们对教学录像进行了编码、量化统计,并对数据进行了比较和分析。结合课堂观察和文字实录,我们将教师的课堂教学言语行为分为反馈性语言、激励性语言、引导性语言、提问性语言、陈述性语言、命令性语言、重复性语言、过渡性语言和追问性语言等 9 种类型。其中反馈性语言、激励性语言、重复性语言、过渡性语言和追问性语言是教师在学生的反应后做出的反应性语言。

同时规定,一句完整连续的话作为一句语言。

5.3.1.3　研究过程

本研究过程包括了六个步骤:拍摄课堂教学录像→进行课堂文字实录→结合文字实录与录像进行教师和学生的行为分析→根据语言类型的分类对每一语言进行分类并统计数据→对统计数据进行分析→得出结论。

（1）课堂教学录像的拍摄

由于教师 A 和教师 B 都选自实验学校,教师及其学生已经适应了长期有摄像机拍摄课堂录像的教学环境。本研究的两堂课是这两位教师的常态课,这两堂课能够比较真实、客观地反映两位教师日常的课堂教学状况。

（2）课堂文字实录和行为分析

根据课堂教学录像进行了课堂文字实录,即把教师和学生在课堂上的语言和课堂行为情况进行了文字记录。实录中教师和学生的语言与课堂上的话语一致,没有做任何改变。根据文字实录,结合录像分析,对教师和学生的行为进行了时间编码和行为的分析编码。

5.3.1.4 研究结论

(1)优秀教师都比较注重课堂教学语言的运用,且以提问语言为主,教师教学语言的时间超过了整堂课的60%

课堂教学言语行为是教师课堂教学的主要教学行为(如表5.7所示)。两位教师使用教学语言的次数有所不同,教师A是237次,教师B是331次,但是两位教师在课堂教学语言的使用时间上却很相近,都超过了整节课的60%以上,教师A所占比例是69.45%,教师B所占比例是64.6%。

表5.7 2节课中教师课堂教学语言的次数和时间分布

教师	教师的教学语言		
	次数	时间(秒)	时间百分比
A	237	1982	69.45%
B	331	1616	64.60%

在使用不同种类语言的分配上两位教师也很相似,从总体上看,"引导性语言"、"提问性语言"和"追问性语言"出现较多,教师A是追问性语言时间比最多,教师B是引导性语言时间比最多;两位教师使用过渡性语言和鼓励性语言的比例最少(图5.3)。

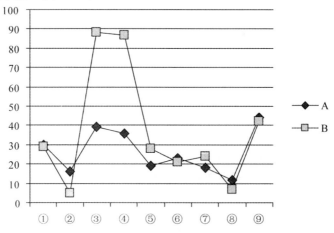

图5.3 2位教师9类课堂教学语言的次数分布图

注:① 反馈性语言,②鼓励性语言,③引导性语言,④提问性语言,⑤陈述性语言,⑥命令性语言,⑦重复性语言,⑧过渡性语言,⑨追问性语言。下同。

（2）优秀教师在组织教学和小结两个环节使用的教学语言较少,其他几个教学环节教学语言相对较多

综观两堂课,可以发现:教师 A、B 的课堂教学大体上包括了组织教学、引入新课、讲解新知、例题讲解、练习和小结等 6 个环节。表 5.8 列出了两位教师在不同教学中教师语言的使用次数及时间比。在这 6 个环节中,两位教师在不同的环节使用课堂教学语言的次数明显不同,但是可明显地看出两位教师在组织教学和小结两个环节使用教学语言的次数最少,所占比例最小,教师 A 在此两个环节占了 11.39%,教师 B 仅占 3.33%。从表 5.8 中还可知,两位教师的教学语言主要集中在了讲解新知、例题讲解和练习三个环节,平均所占比例为 73.56%,接近整堂课语言总数的四分之三。

表 5.8　教师 A、B 在各个教学环节中课堂教学语言次数及百分比分布

教学环节	课堂教学语言次数			
	教师 A		教师 B	
	次数	百分比	次数	百分比
组织教学	4	1.69%	3	0.91%
引入新课	21	8.86%	107	32.33%
讲解新知	78	32.91%	67	20.24%
例题讲解	33	13.92%	74	22.36%
练习	78	32.91%	82	24.77%
小结	23	9.7%	8	2.42%

（3）教师 A、B 在各种语言的使用分配上存在一定的差异

如表 5.9 所示,两位教师在自己的课堂教学中都使用了 9 种课堂教学语言,但是从宏观上看,教师 A 在各种语言的使用上分配比较均匀,表现在折线图上即波动较小(图 5.3),而教师 B 不同语言次数的分配差距较大,较多地使用了引导性语言和提问性语言,其对应的折线图波动较大(图 5.4)。教师 A 的追问性语言使用的次数最多,教师 B 引导性语言使用最频繁。由表 5.9 可知,教师 A 使用追问性语言 44 次,教师 B 使用引导性语言 88 次,追问性语言 42 次。虽然两位教师使用追问性语言的次数是相近的,但是从图 5.4 中可以看出,教师 A 追问性语言的时间比是 18.57%,接近整堂课的五分之一;教师 B 使用追问性语言的时间占整堂课的 12.70%,即整堂课的八分之一,而其引导性语言占了 26.6%,接近整堂课的三分之一。

表 5.9　2 位教师 9 种课堂教学语言的次数分布

	①	②	③	④	⑤	⑥	⑦	⑧	⑨	总数
教师 A	30	16	39	36	19	23	15	12	44	237
教师 B	29	5	88	87	28	21	24	7	42	331

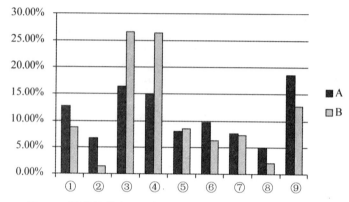

图 5.4　课堂教学中 2 位教师不同语言次数所占百分比比较

（4）优秀教师教学语言主要集中在了引入新课、讲解新知、例题讲解和练习四个环节，但在相同环节中两位教师语言的时间比存在一定的差异

如表 5.10 所示，教师 A 在引入新课的环节中使用教学语言占了 8.86％，在讲解新知、练习两个环节中使用教学语言都是 32.91％，占了总课时的二分之一以上，所占比例较大；而教师 B 在引入新课、讲解新知、例题讲解和练习四个环节上都使用了大量的教学语言，尤其教师 B 在引入新课中使用课堂教学语言达到了全部语言的三分之一，与教师 A 的差距很大。教师 B 在讲解新知、例题讲解和练习三个环节中使用教学语言都在 20％以上，三个环节中使用的教学语言占了整堂课的三分之二。这些数字充分说明教师 B 较注重新知识的引入，把引入新课放在了首位。教师 A 把 32.91％的语言用在了练习上，可见在 A 教师的课堂上，解题教学是重点。

表 5.10　2 位教师在几个教学环节中教师语言所占时间比

教学环节	教师语言时间比	
	教师 A	教师 B
引入新课	8.86％	32.33％
讲解新知	32.91％	20.24％
例题讲解	13.92％	22.36％
练习	32.91％	24.77％

（5）优秀教师使用过渡性语言和反馈性语言的比例存在差异

如表 5.11 所示，教师 A、B 使用过渡性语言的比例分别为 5.06% 和 2.10%，教师 A 使用过渡性语言是教师 B 的两倍多。同时由表 5.11 可知，教师 A 使用反馈性语言占了 12.66%，教师 B 占了 8.8%，即两位教师反馈性语言的使用比例都接近全部语言的 10%。但教师 A 提问性语言占了 15.19%，教师 B 提问性语言占了 26.3%，即教师 A 的反馈性语言与其提问性语言几乎一致，而优秀教师 B 的反馈性语言不足提问性语言的三分之一。相比较而言，教师 A 在课堂中更注重过渡性语言和反馈性语言的使用。

表 5.11　2 位教师不同语言次数所占百分比比较

	①	②	③	④	⑤	⑥	⑦	⑧	⑨
教师 A	12.66%	6.75%	16.46%	15.19%	8.02%	9.70%	7.59%	5.06%	18.57%
教师 B	8.80%	1.50%	26.60%	26.30%	8.50%	6.30%	7.30%	2.10%	12.70%

5.3.1.5　启示

（1）教师应适当增加反馈性语言，对学生的学习行为及时作出反馈以提高学生的学习积极性

数学课程标准指出：对数学学习的评价要关注学生学习的结果、过程，同时也要关注学生在数学活动中表现出来的情感与态度。[①] 在教学中，教师对学生回答的反馈极其重要。教师及时的反馈行为，能够对学生的参与行为进行评价，使学生明确自己的行为是否正确，以调动学生的学习积极性，提高学生的学习兴趣。在这两节课中，教师 A 使用反馈性语言较多，而教师 B 的反馈性语言较少。同时，教师应注意对学生情感、态度等的反馈，适时使用反馈性语言，以提高学生的参与度。

（2）教师应合理地使用过渡性语言，使学生明确教学目的，更好地参与课堂教学活动

过渡性语言使得教学流程自然地从课堂的一个环节转到其他的环节，课堂主线分明，学生学习目的性更加明确。教师合理地使用过渡性语言，可以使学生了解教师的教学目的，学习目的性更加明确。

实践证明，适当地增加过渡性语言有利于学生思维的衔接和减少学生思维上的跨度。而在本节课中，教师 A 使用过渡性语言占教学语言的 5.06%，教师 B 仅占 2.1%。这说明，教师 B 应该适当地增加一些过渡性语言以让学

---

① 中华人民共和国教育部制订. 数学课程标准[M]. 北京：北京师范大学出版社，2001：2.

生更好地明确教师的教学目的。

（3）教师应在各个教学环节合理掌控教学语言的时间，灵活地应用不同类型的课堂教学语言

课堂教学中，学生是主体，教师是主导，所以教师在各个教学环节中合理使用不同类型的课堂教学语言是至关重要的。不同的环节需要有不同类型的教学语言以及教师掌控教学语言的时间。如果教学语言类型运用不恰当，教师教学语言时间掌控不合理，往往会出现适得其反的现象，影响课堂教学质量的效果。

总之，课堂教学语言的使用没有固定的模式，但其表达方式会直接地影响学生的兴趣、思考和理解问题。因此教师在运用语言时要恰当、适时，遵循准确性、简约性、有效性、通俗性等原则，充分调动学生参与的积极性，快速激发学生学习的欲望，创造一个和谐的课堂。

5.3.2　新手教师教学言语行为个案研究

5.3.2.1　问题提出

随着教育改革的不断深入，课堂教学改革已经成为人们日益关注的话题之一。教学过程是师生交往、共同发展的互动过程[①]等观念已经逐渐被人们接受。近年来，围绕课堂教学如何有效开展师生交流活动已经成为教学理论和实践研究领域的热点话题之一。在师生交流过程，教师的语言起着十分重要的作用。

然而，在当前的数学课堂教学中，我们发现有些数学课堂整体失调，课堂气氛沉闷，学生对教师的教学反应冷淡，学生的参与度低；教师组织协调能力欠佳，致使教师的教学活动与学生的学习活动不合拍；甚至教师的态度和感情引起学生的反感，学生学习热情锐减，课堂教学质量下降等。导致出现这些现象的主要原因在于新教师缺乏必要的课堂教学语言能力，造成课堂教学缺乏趣味性。因此，对新手教师课堂教学言语行为进行研究是很有必要的。

5.4.2.2　研究过程

（1）研究方法

本研究采用了课堂教学录像分析的研究方法，通过现场课堂观察和拍摄教学录像，对课堂教学录像进行课堂文字实录，对师生课堂教学行为进行编码分析，试图分析数学新手教师在课堂教学中的言语教学行为特点及其存在的问题。

---

① 李兴梅，曹学林.谈中学数学课堂教学中的师生互动[J].数学通报，2009(4)：29-31.

（2）研究对象

选择杭州某中学教师 T，授课内容均为《不等式的基本性质》（浙教版数学八年级上册第五章第二节）。这位教师是工作三年的新教师，有新的教学理念，工作努力，所带班级学生成绩处于该校中等水平。根据界定，该教师属于新手教师。同时，这位教师已经参与了长达一年的听评课，适应了有摄像机拍摄的课堂环境，所以这堂课是常态课。因此，选择教师 T 的这堂课作为个案研究对象。

（3）研究步骤

第一步，听课，拍摄课堂录像，与教师交流，收集相关资料；第二步，对整节课进行实录，实录内容包括教师和学生在课堂中的所有教学活动行为，并记录每个活动相应的时间；第三步，对学生参与时间、等待时间进行统计，对教师的语言和提问的有效性进行分析；第四步，根据统计结果得出结论。

5.3.2.3　研究结果

（1）新手教师提问频繁且低效，甚至无效

如表 5.12 所示，在整堂课中，教师 T 提问的总次数是 102，但却占据了总时间的 45.6%，几乎达到一半，而学生回答仅占了总时间的 22%。由此可见，教师的提问频率相当大。并且在这 102 个提问中，管理性提问有 31 个，接近三分之一。同时我们将学生应答分为 5 类：无答、机械性回答、识记性回答、理解性回答、创造性回答。由表 5.13 可知，学生的 98 个回答中，仅有 9 个是创新性回答，并且有 4 个是无答的情况。综上可得，教师提问频繁、有效性较低甚至有些问题是无效的。

表 5.12　教师提问和学生回答情况

教师 T	提问	学生回答	总数
次数	102	98	200
时间比	45.6%	22%	67.6%

表 5.13　学生回答的详细情况

种类	无答	机械性	识记性	理解性	创造性	总数（无答除外）
次数	4	21	8	60	9	98

（2）新手教师控制课堂教学话语权，学生参与度低

由表 5.14 可知，教师提问行为占了整堂课时间的 45.6%，接近半节课的时间。学生回答的时间占了 22%，说明在这节课中，教师的提问时间占据了大半的课堂时间，控制着整堂课。而学生回答时间仅仅是教师提问时间的一半。

从表 5.14 可以看出,在讲解新知环节只有 3 位同学参与,参与时间是 19 秒,例题讲解中学生参与时间是 56 秒。这表明新教师的课堂教学语言较多,学生的参与度低。

表 5.14　学生在各个教学环节中的参与情况

教学环节	学生参与		
	学生参与次数	学生参与时间(秒)	时间百分比
组织教学	0	0	0
引入	0	0	0
讲解新知	3	19	0.76%
例题讲解	8	56	2.24%
学生练习并回答	35	352	14.08%
课末总结	0	0	0
汇总	46	427	17.08%

（3）新手教师教学语言贫乏单一,课堂教学缺乏趣味性

表 5.15 对教师语言在各教学环节中的分布进行了统计,在此处将教师语言分成了 10 类。由表 5.15 可知,在整节课中,没有启发性语言和个别讲解,教师使用最多的是提问性语言,占了 77.27%；其次是陈述性语言,占了 8.33%,语言较贫乏。在一堂课中,教师的语言是课堂的灵魂,教师引导的好,学生的积极性就会高,思维才会活跃。本堂课是《不等式的基本性质》,是一堂更加需要学生自己去探索、去发现的课,此时教师的引导就会显得格外重要。同时,学生的积极性需要教师去激发,学生的探索性需要教师去发掘,而整堂课却没有一句激励性语言。

表 5.15　教师语言在各教学环节中的分布

教学环节	组织教学	引入	讲解新知识	例题讲解	学生练习并回答	课末总结	次数汇总	次数百分比汇总
命令性语言	1	0	2	0	1	0	4	3.03
陈述性语言	0	2	4	1	3	1	11	8.33
师生共同复述	0	0	1	7	1	1	10	7.58
反馈性言语	0	0	1	0	3	0	4	3.03
启发性语言	0	0	0	0	0	0	0	0.00
个别讲解	0	0	0	0	0	0	0	0.00

续　表

教学 环节	组织 教学	引入	讲解新 知识	例题 讲解	学生练习 并回答	课末 总结	次数 汇总	次数百分 比汇总
提问性言语	0	3	18	25	52	1	102	7.27
激励性言语	0	0	0	0	0	0	0	0.00
问候性语言	1	0	0	0	0	0	1	0.76
次数汇总	2	8	26	33	60	3	132	100.00
次数百分比	1.52	6.06	19.70	25.00	45.45	2.27	100.00	

（4）课堂教学中无效等待时间相对较多

"等待时间"这一概念是美国心理学家罗威在 1974 年提出的,她在研究课堂提问中发现,教师在提出问题后到学生回答问题之前,应有适当的等待时间,她称之为"第一等待时间";学生回答问题后,教师向学生提供答案让学生进行重新考虑、扩展或修正的时间,她称之为"第二等待时间"。[1]

本节课中等待时间的统计结果如表 5.16 所示,在整堂课中,等待的次数是 40 次,用于学生思考、做题的等待是 24 次,无效等待和操作课件的等待是 16 次。等待的总时间是 211 秒,操作课件 6 秒,无效等待 32 秒。从次数上看,无效等待的次数占总等待次数的 40%,从时间上看大约占了 15%。

表 5.16　等待情况

停顿类型	次数	时间(秒)	备注	总计	
				停顿次数	停顿时间(秒)
操作课件	1	6	教师在此过程中没有语言的表述		
学生思考	10	69			
学生做题	7	174	包括教师在该段时间内的行为(巡视或者个别指导)	40	211
等待学生回答	7	30			
无效等待	15	32	包括教师走向讲台,发试卷,准备下课等		

---

[1]　Rowe M B. Wait-time slowing down may be away of speeding up. American Educator, 1987, 11(1): 38-47.

（5）对学生的参与行为缺乏及时的反馈

由表 5.15 可以看出,教师的反馈性语言占总次数的 3.03%。研究表明,新手教师较少地对学生进行评价,教师只关注对学生知识、技能等掌握情况的评价,较少关注对学生情感、态度等行为的评价。从鼓励性语言的缺乏上也可知,教师表扬性评价较为保守,几乎观察不到。这样的现象是非常不好的,会打击学生的积极性,甚至直接造成学生不善参与。

除此以外,新手教师还不善于个别讲解,指导行为水平有待提升;在课堂教学中存在过分依赖多媒体的现象;部分教师课堂教学行为存在形式主义倾向。

5.3.3 新手教师与优秀教师教学言语行为的差异

通过研究我们发现,课堂教学言语行为都是数学教师的主要教学行为,教师课堂教学语言占整堂课的绝大部分时间,师生交流是课堂教学的主要方式。

优秀教师在言语行为方面的把握,对学生的间接影响以及积极强化等方面明显高于新手教师,而新手教师在对学生的直接影响、消极强化比优秀教师强,教师课堂掌控话语权时间相对比较多。主要不同点在于以下几方面:

（1）优秀教师善于运用隐喻的教学方式,将数学知识与生活实际相联系,以提高学生的学习兴趣,调动学生的学习积极性,提高学生的参与度。

（2）优秀教师追问性语言、引导性语言的次数比新手教师多,新手教师提问性语言的次数明显比优秀教师多。这说明优秀教师在课堂教学中善于启发诱导学生,积极参与课堂活动。

（3）优秀教师言语行为主要发生在课题引入、讲解新知、例题讲解等环节,而新手教师的言语行为主要发生在例题讲解和课堂练习环节。这说明,优秀教师重视新知的讲解,而新手教师则更关注学生练习。

（4）优秀教师应用过渡性语言的次数比新手教师多,这说明,在讲解新问题时,优秀教师善于让学生了解下一步的主要教学目的。

（5）课堂教学中,课堂教学话语掌控时间新手教师比优秀教师多,优秀教师比较关注学生参与师生对话。

5.4 新手教师教学言语行为存在的问题及对策

5.4.1 新手教师教学言语行为存在的问题

数学教师的教学语言对学生学习有着潜移默化的影响,教学语言的多寡、优劣直接影响着数学课堂教学的质量,制约着课堂教学效率的高低。通过大

量的课堂观察和录像分析研究发现,数学新手教师课堂教学语言存在着一些问题,主要表现在:

(1) 数学语言表达能力欠缺

我们发现,新手教师有时会出现数学语言表达不当的现象,有时在讲课时还会出现科学性的错误。例如,有的新教师经常将公式说成式子,而将定理、命题、公理等混淆的教师也不少见。

(2) 教师掌控着课堂教学的话语权,学生参与度低

在观察中发现,不少新手教师不顾学生的认知特点、年龄特征,整堂课完全由老师讲解,造成了满堂灌——老师讲学生听的现象;也有的教师问题很多,以满堂问替代了满堂灌,实际上,学生缺乏必要的思考时间,参与度低,尤其是思维的参与度很低。

(3) 课堂教学语言单一、贫乏,缺乏生动性

通过研究,我们发现,由于新教师缺乏必要的数学课堂教学能力,新手教师的语言大多属于提问性语言,其他启发性、反馈型语言缺乏,基本没有追问等有效的教学语言。

(4) 新手教师课堂教学语言语调单一,课堂教学缺乏生动性

由于新手教师在课堂教学中往往比较关注自身的教学行为,忽视学生的行为和感受,同时,也容易忽视在课堂教学中教学的语调变化,由此经常造成课堂教学语言语调单一,学生容易造成听觉疲劳,影响课堂教学的有效性。

有的新手教师还会出现一些模糊不清的或含混不清的语言,如指称模糊,经常出现一些否定词,有时甚至还会出现词不达意的现象。

5.4.2　对策

(1)加强数学语言训练

教学语言素养是教师在教学过程中善于运用口头语言准确、流畅、生动地表达自己思想感情的一种才能。数学语言是数学交流的基础和工具。新手教师应该加强数学语言规范训练,注重数学语言的表达和应用,在课堂教学中,要注意数学语言运用的科学性和规范性。

(2) 教师应适时应用隐喻方式进行教学,体现数学与生活实际相联系

数学因为抽象、严谨等特点,学生往往觉得数学课堂教学是枯燥、乏味的。因此,数学教师应该注意适时地将教学内容与生活实际有机结合起来,让学生感到数学就在身边,数学就在我们的生活中。

(3) 合理地采用有效的追问,提高教师提问语言的有效性

我们从数据分析不难看出,并非所有的复杂性提问都能激起学生高认知的回答,问题的复杂性程度的高低与提问内容难度无关。因此,在设计问题时

要注意问题的难度应与学生的认知水平相一致,要根据"最近发展区"的要求设计问题。同时,教师选择合适材料,确保能激起学生的高认知回答。与此同时,提问应建立在学生的最近发展区内合理设计有梯度的问题。当教学难度较大时,可结合教学内容,由易到难地进行提问,尽可能采取开放式的提问,切忌控制学生的答案;而当教学难度较易时,教师可以适当增加提问难度,给予学生充分的思考时间,寻求更高认知水平的回答。在教学过程中,教师合理地采用追问方式,使问题形成高效的"问题链"是有效提问的重要策略。

总之,教师提问应遵循适时、适度原则。教师应当根据不同教学环节采用不同的提问策略,不断提高自身的提问艺术,全面提高教学质量。在设计课堂问题时要注意问题的梯度和难度,不同类型的问题采用不同的提问策略。

(4) 设计有效的教学活动,激发学生数学学习的兴趣

俗话说,兴趣是最好的老师。如果能够激起学生的兴趣,那么学生就会感觉学习有意义、轻松、快乐,就会不由自主的参与到学习中来。所以,我们的教师在设计教学活动时需要深入的斟酌,分析学生的学情,依照学生的实际情况设计教学活动,以激发学生参与教学的兴趣。教师设计的教学活动,要能够引导学生思考、敢于求异、敢于探索。我们认为,在数学课堂教学中创设一个民主教学的氛围、进行有效提问、精选讲解的例题、合理设置教学环节,是教学中激发学生学习兴趣、充分发挥其主体性的有效途径。[①]

(5) 语言力求丰富、生动、有趣,提高学生的学习积极性

在教学中,语言是纽带。语言是课堂上师生间交流的主要工具,教师主要是通过语言向学生授业解惑,而学生则主要通过教师的语言理解和接受知识,所以教师的教学语言在教学中占有很重要的地位。

因此,教师要精心设计教学语言,语言力求做到生动、有感染力,提高学生听课、学习的积极性;教师教学语言力求丰富,新手教师应该在备课时充分考虑到课堂教学语言的应用情况,合理设置课堂教学语言,教师掌控课堂教学时间和教学言语行为类型,努力实现课堂教学语言丰富多彩,减少学生的听觉疲劳,提高课堂教学质量。

备课中,努力做到:在课堂引入环节,应用隐喻教学方式,努力寻找与学生生活实际相联系的例子,以激发他们对数学的学习兴趣;例题讲解环节,应该主要采用提问、陈述和师生共同重复等教学语言进行讲解,帮助学生建构自己的知识网络;练习讲解环节,应该注重应用反馈性语言,及时评价学生,以鼓励、引导学生积极思考;课堂小结环节,利用启发诱导性语言,引导学生积极发

---

① 叶立军,斯海霞.当前初中数学课堂教学存在的问题及其对策[J].天津师范大学学报(基础教育版),2010,11(2):52-55.

言。总之,教师丰富、有效的课堂教学语言可以激发学生学习的积极性,提高学生参与度。

数学教师课堂教学语言应力求做到:① 简洁易懂;② 具有启发性;③ 逻辑性强;④ 表达准确无误;⑤ 具有趣味性,使人喜闻乐听;⑥ 表达流畅,声音响亮,语调抑扬顿挫。

5.5　小　结

本章从数学课堂教学言语行为研究现状出发,对数学教师课堂教学言语行为进行了分类研究,在此基础上,选择了两位优秀数学教师的2堂录像课进行了个案研究,得到了数学优秀教师课堂教学言语行为的特点;选择1位新手教师的课堂教学录像进行个案研究,得到了新手教师数学课堂教学言语行为的特征。在此基础上,指出了新手教师与优秀教师在课堂教学言语行为上的差异以及存在的问题,并提出了改进策略。

第6章 数学教师课堂教学反馈行为比较研究

6.1 教师教学反馈行为研究概况

数学课堂教学应该以学生发展为最终旨归。这就是说,在教学设计阶段,教师首先要分析学生的学习需求;在教学过程中,教师能够有针对性地为学生提供有效而及时的信息;在教学结束后,教师要帮助学生进行回顾和反思。整个过程都需要教师极强的反馈能力。

反馈是控制论中的一个重要概念。所谓反馈,就是把系统输出量的全部或一部分,经过一定的转换,再送回输入端,从而对系统的输入和再输出施加影响的过程。课堂教学反馈行为,是指课堂教学过程中师生之间、生生之间或师生自己对教学活动的反应;教学反馈行为是一种互动性行为,既包括教师的行为,又包括学生的行为,本研究主要关注教师的教学反馈行为。

现代控制论认为,系统的优化是通过"反馈"来实现的。课堂教学是一个整体、一个系统,反馈是目标教学"定标"、"展标"、"施标"、"反馈"等四个教学环节中的重要环节之一。反馈在课堂教学中起着举足轻重的作用。课堂反馈行为是指教师对课堂上的各种信息迅速及时地进行分析对比、综合判断、反映的教学行为。如果教师对来自课堂环境、学生的信息不能及时作出反馈,教师就不能很好地掌控课堂教学,也就很难完成教学任务。课堂反馈能力主要包括课堂信息的分析、判断能力和重组课堂信息能力。整体的课堂教学结构是指系统的空间结构和过程的时间结构的统一。

教师反馈行为是指教师在课堂上,针对学生在学习中的表现,如回答问题、完成作业、遵守纪律、学习习惯等方面做出的语言上的评判。这里的语言包括口头语言及体态语言。口头语言反馈通常是指教师以声音、词语和语法结构形式传达反馈;体态语言反馈通常是指教师常以声调、手势或面部表情来表示自己情绪反应的反馈。教师对学生学习行为进行反馈是教师经常用以调控教学过程的手段。教学反馈行为对课堂教学起到控制和调节作用。在教学过程中,教师依赖反馈行为控制教学过程,达到教与学的和谐发展。与此同时,在数学教学中,往往是在教师主导下引导学生自我反馈,如教师引导学生找出正确答案,针对数学解题相关知识引导学生相互讨论,使学生获得矫正性信息。

6.1.1　国外研究概况

反馈被西方学者列为教师实施有效教学的关键性策略。[①] 西方关于反馈的研究往往是以实证研究为主。[②]

反馈,从管理学角度看是指关于实际水平和参考水平之间差距的信息,这一信息被用来改变行为。[③] 从教育学角度看,教学反馈主要是指教师针对学生的学习表现同教学目标之间的差距给出有效信息,学生利用这些信息转变甚至重构自己的知识。[④] 从心理学角度看,反馈对学习的影响机制主要表现在：① 反馈可以帮助学生明确现有学习表现与学习目标之间的差距。[⑤] 研究表明,对学生学习成效的不确定性反馈容易导致学生的负面情绪,从而分散学生完成任务的专注力[⑥],也就是说,为学生提供反馈可以间接推动学生付出更多的努力。[⑦] ② 教师的反馈行为可以有效缓解学生的认知负担。[⑧] ③ 从认

① Eggen P, Kauhak D. Educational Psychology：Window on Classrooms(7th ed). Upper Saddle River, NJ：Pearson Education,Inc,2007.

② Kluger A N, DeNisi A. The Effects of Feedback Interventions on Perfprmance：A Historical Review,a Meta-Analysis,and a Preliminary Feedback Intervention Theory. Psychological Bulletin,1996,119(2)：254-284.

③ Ramaprasad A. On the Definition of Feedback. Behavioral Science,1983(28)：4-13.

④ Winne P H, Butler D L. Student Cognition in Learning from Teaching. Husen T & Postlewait T. International Encyclopedia of Education. Oxford,UK：Pergamon,1994, 5738-5745.

⑤ Ashfonal S J, Blat R, Van der Walle D. Reflections on the Looking Glass：A Review of Research on Feedback-Seeking Behavior on Organizations. Journal of Management,2003(29)：353-374.

⑥ Kanfer R, Ackerman P L. Motivation and Cognitive Abilities：An Integrative/Aptitude-Treatment Interaction Approach to Skill Acquisition. Journal of Applied Psychology,1989(74)：389-412.

⑦ Song S H, Keller J M. Effectiveness of Motivationally Adaptive Computer-Assisted Instruction on the Dynamic Aspects of Motivation. Educational Technology Research and Development,2001,49(2)：5-22.

⑧ Paas F, Renkl A, Sweller J. Cogntive Load Theory and Instructional Design：Recent Developments. Educational Psychologist,2003(38)：105-134.

知心理学角度看,反馈可以引起对问题或错误的注意[①],从而具有纠正功能,在课堂教学中帮助教师和学生最终达到预期的教学目标。随着对反馈行为与学生学习关系的研究,发现反馈行为也可能对学习产生负面影响[②],例如,反馈行为具有批判性与控制性,这种特性往往会阻碍学生的付出。[③]

哈蒂和蒂姆波利(Hattie,Timperley)在总结以往近二百篇关于反馈的实证研究后以反馈的内容作为出发点,将反馈类型分为任务层次、过程层次、自我管理层次以及个体层次等 4 类。任务层次是指教师反馈行为主要针对学生的任务完成情况,对学生的答案或行为表现教学结果性的评价。一般说来,在课堂教学中教师的 90% 的课堂提问都指向这种结果性反馈。[④] 过程层次更关注学生在完成任务时所使用的方法以及个人与知识、个人与教育环境的关系,更强调学生是否对学习内容具有更深层次理解、学生能否在学习过程中构建自己的知识体系。[⑤] 第三层次的反馈关注学生的自我管理,这种反馈先预设学生在学习上拥有主动权,能够在学习过程中形成个性化观点或感受,并有计划地逐步达成目标。[⑥] 教师反馈的目标是激发学生主动参与的意愿,帮助学生进行自我反馈。第四种反馈类型在一线的课堂教学中十分常见,基本不包含如何完成任务的相关信息,它关注学生个体的反馈。[⑦]

克鲁格和德尼斯(Kluger,DeNisi)基于对以往反馈研究的元分析——他们将不同的反馈特征和任务类型作为分析变量,探讨了不同类型的反馈干预与反馈效应(feedback effect)之间的关系,并根据反馈行为能够对学生产生显

---

① Elawar M C, Corno L. A Factorial Experiment in Teachers Written Feedback on Pupil Homework: Changing Teacher Behavior a Little Rather Than a Lot. Journal of Educational Psychology,1985(77):162-173.

② Bangert-Drowns R L, Kulik C C, Kulik J A, Morgan M T. The Instructional Effect of Feedback in Test-Like Events. Review of Educational Research,1996(61):213-238.

③ Fedor D B, Davis W D, Maslyn J M, Mathieson K. Performance Improvement Effects in Response to Negative Feedback: The Roles of Source Power and Recipient Self-Esteem. Journal of Management,2001,27(1):79-97.

④ Airasian P W. Classroom Assessment(3rd ed). New York:McGraw-Hill,1997.

⑤ Watkins D, Regmi M. How Universal Are Student Conceptions of Learning? A Nepalese Investigation. Psychological Bulletin,1992(35):101-110.

⑥ Zimmerman B J. Attaining Self-Regulation: A Social Cognitive Perspective. Boekaerts M, Pintrich P R. Handbook of Self-Regulartion. San Diego,CA:Academic Press,2000:13-39.

⑦ Hattie J, Timperley H. The Power of Feedback. Review of Educational Research,2007,77(1):81-112.

著影响提出了在教学中采取反馈干预(feedback intervention)方式,也就是通过教师的反馈辅助教学过程。[①]

　　John A. Zahorik (1968)对教师的反馈语言进行了研究,认为课堂教学中教师的反馈语言通常是比较僵化的。[②] Bloom 和 Bourdon (1980)对教师的书面反馈方式进行研究后指出,这种反馈应该简短和粗略。[③] 为进一步促进教师有效反馈的发生,Brophy (1981)提出对于不同性格和不同经济地位背景的学生应该采用不同的反馈方式[④],Brophy 和 Good(1986)在此基础上又总结出有效反馈的四个基本特征[⑤],而 Stiped (2000)补充了他们的研究,指出对不同年龄的学生在特定情况下也应该采用不同的反馈方式。[⑥]

　　通过研究,我们可以发现,教师反馈行为对教学有着显著的影响,但不是解决一切教学问题的灵丹妙药,而是一把双刃剑。西方课程改革专家富兰(Fulan)等人指出,当今的课堂教学中,多数教师的课堂教学反馈行为流于表面化,妨碍了有效课堂教学的实施[⑦]。丹斯顿与吉普斯(Tunstall,Gipps)指出要想让教师反馈行为为教学改善服务,教师应该使用描述性反馈行为。只有这种反馈行为才能为学生搭一个学习的脚手架,推动学生向前构建。[⑧] 罗森希那与梅斯特(Rosenshine,Meister)认为,这种"脚手架"式的反馈行为主要有提供范例、提供线索、进行提示、进行暗示以及直接教学等五种形式[⑨]。

---

①　Kluger A N, DeNisi A. The Effects of Feedback Interventions on Perfermance: A Historical Review, a Meta-Analysis, and a Preliminary Feedback Intervention Theory. Psychological Bulletin,1996,19(2): 254-284.

②　Zahorik J A. Classroom Feedback Behavior of Teachers. The Journal of Educational Research,1968,62: 147-150.

③　Bloom B, Bourdon L. Types and frequencies of teachers'written instructional feedback. Journal of Educational Research,1980,74: 13-15.

④　Brophy J. On praising effectively. Elementary School Journal, 1981,81: 269-278.

⑤　Brophy J, Good T. Teacher behavior and student achievement. In M. Wittrock (Ed.),Handbook of research on teaching(3rd ed., pp. 328-375). New York: Macmillan, 1986.

⑥　Stiped D. Motivation and instruction. In: D. Berliner & R. Calfee (Eds.), Handbook of educational psychology(pp. 85-113). New York: Macmillan,1996.

⑦　Fullan M, Hill P, Crévola C. Breakthrough. Thousand Oaks,California: Corwin Press,2006.

⑧　Tunstall P, Gipps C. Teacher Feedback To Young Children in Formative Assessment: A Typology. British Educational Research Journal,1996(22): 389-404.

⑨　Rosenshine B, Meister C. The use of scaffolds for teaching higher-level cognitive strategies. Educational Leadership,1992,49(7): 26-33.

相对于国外,国内对于课堂反馈的研究较不充分。从目前大量的课堂教学现状来看,许多教师并不重视反馈的功能,他们给学生的反馈往往处于缺失、盲目和随意的状态,而且反馈形式单一、机械、呆板,较难产生积极的唤起效应。究其原因是,日常教学中往往重视教学内容、轻视教学行为,课程设计重视提问行为、轻视反馈行为。

6.1.2　教学反馈行为在数学课堂教学中的意义

数学课堂教学中,教师往往需要对学生的学习行为做出相应的反应,这种反应可以给学生提供反馈信息,从而对学生的学习与行为具有重要的作用。反馈行为是教师评价学生、促进学生发展的重要手段。教师教学反馈行为是教师为了判断学生的学习情况、了解自己的教学效果、促进学生的有效学习而开展的对学生学习信息的采集、分析和利用活动。积极的反馈行为对教学活动起着重要的导向和激励作用。它会使教学过程更趋完善,能更高效地促进学生的发展,能改善师生关系以形成良好的教学环境,使学生对数学有更深刻的理解和更深厚的兴趣,这正是学好数学的有利条件,正所谓"知之者不如好之者,好之者不如乐之者"。

课堂是动态的,在课堂教学中总会出现各种各样的状况,当出现各种状况时,教师必须及时做出反馈,才能真正掌控课堂。可以说,课堂反馈无时不在,无处不在,教师的教学反馈行为是诱发课堂互动生成的一个重要因素。

在教学过程中,教师对学生学习行为进行反馈是课堂教学不可缺少的组成部分。学生从教师的反馈行为中可以了解自己的知识和能力的发展情况并改正不足之处和强化正确的行为。

针对学生执行目标的情况,教师需要做出具体的、细致的优点和缺点方面的反馈,以激励学生的学习热情。学习受反馈推动的原则已为心理学界所公认[1]。在课堂教学中,教师在需要的时候给学生恰当的反馈是很有必要的。通过教师给学生恰当的反馈行为,学生学习上的进步获得教师承认,心理获得满足,从而强化学生的学习积极性。肯定的反馈行为一般会对学生的学习起鼓励作用,否定的反馈行为往往会使学生产生焦虑,而适度的焦虑则可成为学生努力学习的动力。"当紧张和焦虑的程度处于中等水平时,学习进展最好。而有关学习进步的反馈数据应当有助于保持这种适当的紧张。"[2]

教师的反馈行为应该提供暗示、探询、简化问题或加以刺激,从而让学生

---

①　李秉德. 教学论[M]. 北京:人民教育出版社,1991:311.

②　[美]林格伦. 课堂教育心理学[M]. 章志光译. 昆明:云南人民出版社,1983.

去寻找正确答案。[①] 课堂教学反馈必须准确、及时,多做积极性强化。对于学生的学习行为,教师必须给出合适的反馈,不给学生反馈意见会降低他们的学习热情。反馈行为必须达到:让回答问题的学生了解所提供的答案是否正确,让全班学生获得每个问题最完整、正确和适当的答案。超越反馈行为:要求学生进行进一步思考或者阐述,例如,你是怎样决定的? 你是怎样形成这样的结论的? 向课堂上的其他学生详细解释你的想法,这样他们可以检视他们自己的想法。[②]

反馈对激励学生和让他们认识到自己的行为是否正确非常重要。教师的反馈行为为学生参加教学活动,掌握知识提供了动力。实践表明,学生喜欢参加能立即获得反馈信息的活动,他们利用教师的反馈行为指导随后的活动。反馈不一定很长,但必须具体。同时,教师不一定总是亲自做出反馈,可以让学生自己或者学生相互提供反馈。

然而,虽然在课堂教学中教师对学生的反馈行为是贯穿始终的,伴随着教学的每个环节、每个步骤,但在当前的许多课堂教学中,反馈行为常常被教师忽视,很多教师对反馈的意义认识不足、对反馈的策略掌握不力,不太重视课堂中对学生学习行为做出合理的反馈,对学生的反馈行为处于盲目、随意的状态,致使反馈行为的功能没有发挥应有的价值。因此,研究课堂教学教师反馈行为,使教师重视课堂教学反馈,给予学生有效的反馈,对提高教学效率,优化课堂教学有很重要的意义。

6.2　教学反馈行为类型研究与观察量表的制订

6.2.1　数学教师教学反馈行为类型研究

6.2.1.1　研究背景

课堂反馈行为是教师为了判断学生的学习情况、了解自己的教学效果、促进学生的有效学习而开展的对学生学习信息的采集、分析和利用活动。积极的反馈行为对教学活动起着重要的导向和激励作用,它会使教学过程更趋完善,能更高效地促进学生的发展。Bloom,Hastings,Madaus(1981)提出评估

---

① [美]加里·D. 鲍里奇. 有效教学方法[M]. 易东平译. 南京:江苏教育出版社,2002:161-163.

② Jackie Acree Walsh,Beth Dankert Sattes. 优质提问教学法[M]. 刘彦译. 北京:中国轻工业出版社,2009:88-89.

是为了促成形成性、总结性和诊断性评价。[①] 在教学过程中,教师对学生学习行为进行反馈是课堂教学不可缺少的组成部分。教师反馈行为发生在教学过程中,它是指教师在课堂上,针对学生在学习中的表现,如回答问题、完成作业、遵守纪律、学习习惯等方面做出的语言上的评判。这里的语言包括口头语言及体态语言。

反馈行为有不同的分类,如将反馈分为肯定性、否定性反馈。教师课堂教学反馈行为有多种多样,最简单的教师反馈行为可分为直接反馈、间接反馈两类。许多研究者根据自己研究的需要对教师反馈行为进行分类,例如,布罗菲和古德将教师反馈行为分为8类,弗兰德斯将教师反馈行为分为3类等。

美国斯腾伯格把教师回应儿童提问的水平划分为7级,对指导教师回答学生提问有很大的借鉴价值。第一级:回绝问题;第二级:重复问题;第三级:承认自己也不知道答案;第四级:鼓励寻找解决问题的相关资料,进而解决问题(教师鼓励寻找解决问题的相关资料可以分两种情形:一是教师自己去寻找,二是鼓励学生去寻找);第五级:提供问题的可能的解;第六级:鼓励学生对可能的答案进行评估;第七级:鼓励学生验证可能的答案。[②]

对教师的反馈行为调查后发现,教师的反馈反应往往是肯定的,而不是否定的,是简单的,而不是复杂的。[③] 另据对教师的教学反馈行为数量统计,表扬占课堂教学时间的6%,接受学生意见所占的时间最大值为8%,而批评占的时间最大值为6%。[④] 上海静安区调查报告表明:目前对待学生回答的反应,停留在重复、重述、更正层次,缺乏追问、延伸以及层次的扩展,启发性提问太少。相对于问题数量,教师对于学生的回答,不论是语言上,还是表情上给予学生的评价反应显得太少。仅有的一些反应主要是鼓励和判断,如"很好"、"对"、"错",语言相当简单。在学生不会回答问题的情况下,不同的教师对学生的鼓励程度有着很大的差异,对其失望的程度也不尽相同。[⑤]

然而,从目前大量的教学现状来看,许多数学教师不太重视对学生学习行为所做的反馈,对学生的反馈处于盲目、随意的状态。虽然在数学教学中,教

① [美]奥斯特霍夫.开发和运用课堂评估[M].谭文明,罗兴娟译.北京:中国轻工业出版社,2006.

② [美]Robert J. Sternberg, Louise Spear-Swerling 著.思维教学——培养聪明的学习者[M].赵海燕译.北京:中国轻工业出版社,2001.

③ 陈羚.国内外有关教师课堂提问的研究综述[J].基础教育研究,2006(9):17.

④ [瑞]胡森主编.国际教育百科全书.第七卷、第八卷.贵阳:贵州教育出版社,1990.

⑤ 陈羚.国内外有关教师课堂提问的研究综述[J].基础教育研究,2006(9):17.

师对学生的反馈是贯穿始终的,它伴随着教学的每个环节、每个步骤,但很少有教师在备课时思考过选择怎样的反馈行为,运用什么样的反馈策略,使反馈行为能对学生产生积极的效应。他们往往会在备课时千方百计地考虑教学目标如何实现,教学内容如何落实,采用什么样的教学方法去实现教学目标。有的教师虽然注重对学生学习行为的反馈,但反馈形式单一,时常会出现打断学生或消极批评等课堂教学反馈行为的现象。

因此,对数学教师教学反馈行为进行分类以及研究各种类型的教师反馈行为在数学教学中的意义和作用,是很有必要的。

6.2.1.2　研究目的

本研究通过对 4 堂代数课堂录像的分析,归纳出中学代数课堂教学中教师对学生学习的反馈行为的基本类型,以及各种反馈行为在课堂教学中的比例,力图总结出教师反馈行为对学生学习是否有效。

6.2.1.3　研究方法

本课题采用了录像分析的研究方法。通过现场观察和录像拍摄相结合的方式记录下 4 堂课堂教学实录,通过反复观看录像,并对教师反馈学生学习行为进行了编码分析,对教师反馈行为进行了分类,由此得出一些结论和启示。

具体流程如下:

第一步,听课,并制作课堂录像,与教师交流,收集相关资料;

第二步,对整节课进行文字实录,文字实录内容包括教师和学生在课堂中的所有教学活动行为,并记录每个活动相应的时间;

第三步,对教师反馈行为进行分类,统计出每节课中教师各种反馈行为发生的次数和相应的时间。

6.2.1.4　研究过程

（1）研究对象的选择

我们在杭州两所实验中学选择了 4 位教师和 2 节不同的课进行录像分析。这 4 位教师中有两名来自 S 中学:教师 A 和教师 B,她们的授课内容都是《不等式的基本性质》(浙教版数学八年级上册第五章第二节);另两名来自 T 中学:教师 C 和教师 D,她们的授课内容都是《分式的乘除》(浙教版数学七年级下册第 7 章第二节第一课时)。

这 4 位教师都是有三到四年教学经验的年轻教师,他们有新的教学理念,工作努力,所带班级学生成绩处于校年级一般水平。由于 4 位年轻老师长期参与这项活动,因此不论是教师还是学生,都适应了有摄像机拍摄的课堂环境,从而使我们所研究的课堂尽可能地呈现常态教学,有一定的研究意义。

（2）数据编码和分析

我们在对 4 堂课进行实录、统计之后进行了量化分析。我们对每一堂课、教师对每次学生学习反馈行为进行统计比较,其中包括对学生参与的次数,占总课堂教学时间的百分比。

(3) 反馈的分类

教师对学生学习行为进行反馈是教师经常用以调控教学过程的手段。反馈行为有不同的分类,例如,反馈可以分为肯定性、否定性反馈。

本文中,我们将教师反馈行为分为两大类:显性反馈和隐性反馈。显性反馈是指通过观察直接可以发现的行为;而隐性反馈是指教师保留他的反馈,转入接下来的一个学习任务,而且这个任务与先前的任务可能会极其相似。有时教师会用学生的答案去重新形成他接下来要提出的问题。这是一种很显而易见的策略,它使得教师可以继续控制课堂结构。

根据反馈行为的表现,我们又将显性反馈分为:

书面反馈:这是教师在课堂教学中经常采用的重要反馈方式,当学生回答正确时,教师将答案写在黑板上。

表扬性反馈:教师运用表扬的语言或动作进行反馈。

重复学生答案的反馈方式:教师把学生的答案教学重复,反馈肯定还是否定,取决于教师的语调。解释学生的回答,反馈肯定与否,取决于内容。

若教师在作出表扬性反馈后,仍对学生的回答进行解释,这类归为表扬性反馈,因为教师已经对学生的回答作出了正面的反馈。教师在重复学生回答后,立即作出表扬性反馈,将这类反馈归为表扬性反馈这一类。对于师生一起回答的问题,这里不考虑教师对其的反馈,因为教师自身也参与其中。

6.2.1.5 结论及启示

(1) 从整体上看,教师平均课堂反馈时间接近课堂总时间的 1/5,教学反馈行为存在于教学始终,且在课堂练习环节出现次数最多,所用时间也最长

教师在课堂教学中对学生行为进行反馈是对学生回答的一个及时反馈,适宜的教师课堂反馈不仅能使学生及时了解自己对知识的掌握程度,同时更能促进学生积极主动地参与到课堂教学活动之中。虽然教师并不重视课堂反馈行为,但从表 6.1 的统计数据可以看出,从教学引入到小结,教师的课堂反馈行为贯穿教学始终。在课堂练习环节,教师课堂反馈行为出现次数最多,所用的时间也最长,平均每堂课的教师反馈行为为 89.25 次,其占课堂总时间的百分比为 18.88%,接近整堂课的五分之一时间。从图 6.1 亦可看出,每堂课教师反馈行为所用的时间,在 15% 到 25% 之间不等。

表 6.1　4 堂课各教学环节教师反馈行为平均次数和时间统计表

教学环节	反馈类型		教师反馈					
			隐性	显性			时间	时间百分比
	肯定性	否定性		书面反馈	表扬性反馈	重复学生答案		
引入	3.25	0.25	2	0	0.75	0.75	20.5	0.83%
讲解新知识	16.5	1.25	9	1	4.25	3.5	99	3.95%
例题讲解	21.25	1.25	7.25	5.25	5.5	4.5	94.5	3.85%
课堂练习	35.25	5.75	19.25	2	11.75	8	241.25	9.72%
小结	3.25	1.25	2	0	1	1.5	13.25	0.54%
汇总	79.5	9.75	39.5	8.25	23.25	18.25	468.5	18.88%

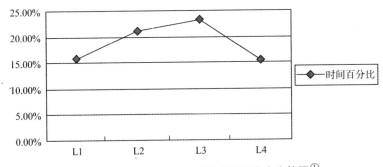

图 6.1　4 堂课教师所用反馈时间百分比比较图①

从表 6.1 还可看出,教师课堂反馈行为类型以肯定性反馈为主,兼顾隐性反馈和各类显性反馈。教师课堂反馈行为已然成为课堂教学不可或缺和忽视的一部分。教师若能利用好课堂教学反馈这种资源,优化课堂教学反馈行为,便能让学生积极主动地参与到课堂教学活动中,使其更好地为教学服务。

(2) 教师课堂反馈行为较中肯,有肯定也有否定,但肯定性反馈居多,反馈形式多样

在研究过程中,我们将课堂反馈行为分为肯定性反馈和否定性反馈,很多反馈行为教师没有直接指出是正确的还是错误的,但通过教师行为、语气及前后教学内容可以判断其为肯定还是否定。从图 6.2 可以看出,肯定性反馈行

———————————

① 　L1～L4 分别表示第 1 至第 4 堂课,下同。

为远多于否定性反馈。

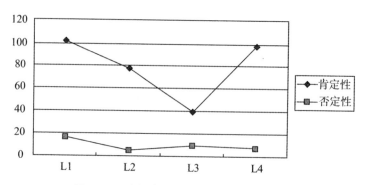

图 6.2　4 堂课肯定性和否定性反馈比较图

肯定性反馈的形式有隐性也有显性。如图 6.3 所示,在课堂教学中,教师兼用隐性反馈和显性反馈,两种反馈形式使用数量相当。

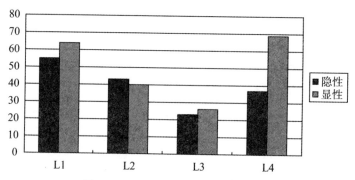

图 6.3　4 堂课隐性、显性反馈比较图

对于学生的回答,教师经常不做正面的反馈,而是通过隐性反馈的方式,如在学生回答的基础上,紧接着进行提问,或者通过反问的方式等,积极挖掘延伸,给学生以启迪和新的联想,激发学生的学习兴趣。在这样的师生互动中,学生不断深入理解知识。德国教育家第斯多惠曾说:"我们认为教学的艺术不是传授本领,而在于激励、唤醒、鼓舞。"而这种隐性的反馈方式正是教师激发学生从知识本身进行探究的重要教学方式。

在显性反馈中,表扬性反馈最多,但并不主导,如图 6.4 所示。此外,教师也常通过对学生的回答进行板书和重复学生回答表示对学生行为的肯定,尤其以重复学生回答的方式,既表示对学生回答的肯定,同时也起到了强调的作用。

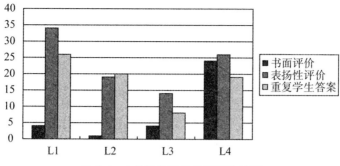

图 6.4 4 堂课各类显性反馈比较图

否定性反馈主要以隐性反馈和显性反馈中重复学生回答的方式出现,当学生回答错误时,教师通常不会直接指出错误,而是通过隐性反馈的方式引导学生自己发现错误,它能帮助学生在课堂教学活动中及时进行查漏补缺。教师也利用语调的变化,重复学生回答,给学生重新思考的机会。

(3)教师表扬性反馈较为保守,形式单一,却不失公正

古语说:利人之言,暖如布帛。教师个性化的表扬性反馈,能激发学生内在学习动机,有效激发学生思维。但在统计中发现,教师在进行表扬性反馈时形式往往比较单一,如图 6.5 所示,每节课中只出现少数几次。教师大多用"好"、"很好"来对学生的行为进行表扬性反馈,且所用时间也极短,紧接着教师便进入下一个教学问题,这样的教学方式使课堂教学过程显得很紧凑,学生紧跟着教师的节奏。教师若能在反馈时清楚指出学生的可取之处,留一定的时间给学生进行思考,或许更能发挥表扬性反馈激励学生积极主动学习的作用。

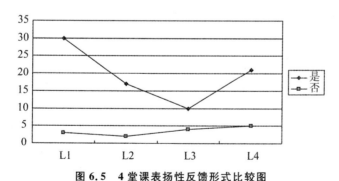

图 6.5 4 堂课表扬性反馈形式比较图

(4)数学教师比较关注对学生知识、技能等掌握情况的反馈,较少涉及对学生情感、态度等行为的反馈

数学课程标准指出,对数学学习的反馈要关注学生学习的结果、过程,同

时也要关注学生在数学活动中表现出来的情感与态度。① 受传统教学和考试制度的影响,教师在课堂教学中的反馈行为主要是针对知识和技能,如图 6.6 所示,教师在课堂中主要针对学生课堂回答的问题和完成的课堂作业情况进行反馈。极少部分反馈是针对学生上课精神状态和学习习惯,如教师对于学生回答问题时声音是否响亮进行反馈。

教师以提问的方式掌控着整个课堂教学的节奏,同时通过对学生问题和完成作业进行反馈及时分析学生的课堂行为,帮助学生在课堂中查漏补缺和巩固新知。教师的课堂行为较为具体,注重知识本身,但也在一定程度上忽视了对学生情感态度和价值观的培养。

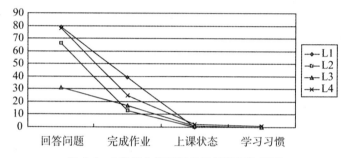

图 6.6　4 堂课中教师课堂反馈原因比较图

（5）数学课堂教学中教师正确的反馈行为能激励学生产生内在的动力

数学课堂教学中,大约五分之一的时间教师在进行教学反馈,我们发现,正确的反馈行为有较强的指导性,它能够促使学生产生心理上的自动力,帮助他们开启思维的闸门,提高其学习的兴趣和信心,鼓舞他们积极向上的勇气。正确的反馈,能够满足学生自尊的需要,引起学生积极的情绪体验,促进学生将内在的需求外化为积极的行动。教师正确的反馈将会优化教学过程,创设更加生动的课堂教学。

同时,教师的反馈行为要以尊重、理解学生为前提,要保护学生的自尊心。自尊是个人对自己的一种态度,是人格的一个主要特征,它同样对学生的行为有着重要的影响。不正确的反馈,会导致学生自尊感受损,出现自卑、冷漠等行为反应,甚至会出现自暴自弃或逆反的行为反应。

（6）数学课堂教学中正确的反馈行为能够激发学生的潜能

正确的反馈应能比较准确地表达老师对学生的期待。期待就是教师对学生寄予厚望,相信学生能够成功。教师恰到好处地夸赞学生,能营造课堂教学

---

① 中华人民共和国教育部制订.数学课程标准[M].北京:北京师范大学出版社,2001:2.

的激励氛围,激励他们不断产生新的追求。在研究中,我们发现教师肯定性反馈主要以隐性反馈和多种显性反馈组成,即便是表扬性反馈,形式也比较单一,除了能从知识内部探究中激发学生积极主动学习,在情感、信念上的激励却相对较少。如果教师能够准确地把握每位学生的认知特征和人格特征,形成恰如其分的期望,这样的期望便有可能产生良好的自我应验效应。实验证明,高期待与取得优秀成绩成正相关,低期待与成绩不良成正相关。教师通过反馈表现出的高期待,就是在给学生充电、加油,使他们能充分发挥自己的潜力从而获得成功。

教师不仅用嘴表达,还用眼、用手、用心去说话。"美国心理学家艾帕·梅拉列斯总结了人接受信息的效果公式:信息的总效果＝7％文字＋38％音调＋55％面部表情"。从公式中我们可以充分看出教师的非语言教学行为对于学生接受信息具有重要的强化作用。教师的手势、表情、动作等都能传递信息,不同的信息传递通道能辅助增强语言的作用。

教师在课堂反馈时的语气,也是蕴含了大量的感情信息的。教师对学生的反馈语言不但要恰当,而且语气也应适当、鲜明,使学生得到最直接、最真切的感受,最终受到鼓舞和激励。

总之,教师课堂教学反馈是一种最经常、最普遍的反馈方式,教师正确的反馈能引起学生心灵的震撼,更能激起学生思维的活力。同时,教师反馈不仅要关注学生学习的结果,而且还要关注学习的过程。实践表明,如果教师能从培养学生学习兴趣和增强学生自我认识的角度出发给予积极而又客观的反馈,可以增进师生之间的理解与情感,并促使学生把鼓励化作行动,使教师反馈达到完美的境界。

6.2.2　数学教师教学反馈行为类型验证及观察量表的制订

6.2.2.1　师生对数学教师课堂言语行为重要性的认识

为了了解教师对课堂教学反馈行为重要性的认识,对教师进行了访谈。

Q:您认为课堂教学反馈重要吗?

18 个被访谈的教师一致认为,教师课堂教学反馈行为是非常重要或重要的。

Q:您觉得教学反馈的目的是什么?

BT1:数学课里就相当于归纳总结吧。

BT2:让学生增强对数学的信息。

BT3:目的是检测一下学生对这节课掌握的情况。把知识前后紧密地联系起来,使得全面、严谨。

BT4:目的是使教学质量提高。

ST1：目的是让学生知道自己的学习成果，做到心中有数，让学生可以调节自己的学习。语言型的，全体评价，单独评价。

ST2：目的是老师可以知道学生学习的情况，同时通过给出评价，使得学生也知道自己掌握了多少。回答问题结束后会给出评价，对于回答正确的学生，会给予表扬，对于回答不正确的学生，从另一方面去鼓励。

ST3：对学生回答问题和接收知识的一种反馈。一种是口头，一种是当场的批改。一般是要及时准确的。

WT1：主要目的是了解学生掌握的情况。另外就是反馈之后，老师采取一定的措施，让学生去提高。

WT2：反馈的最主要目的，就是了解学生的学习情况。然后根据学生的反馈情况再进行下一步的教学。

WT3：主要是了解教学效果，通过这个反馈及时更正自己的教学行为。

WT4：让我们教师能了解学生掌握的情况，多少学生掌握了，然后再适当调整我们以后的教学方式方法、教学的内容等。

WT5：就是看这节课落实得怎样。

WT6：看学生对这个问题认识的情况，目标达成度的情况，有没有达到一个理想的效果。

DT1：一方面是对学生回答的一个肯定，或者说对他的一个提议，另外一个作用其实也是对其他学生的一个反馈，因为一个学生在答，其他学生也在听，那可能代表很多学生共同的方法或不同的方法，你的反馈也是解决所有学生的问题。

DT2：激励一下，可能就会让学生自己有自信，如果学生回答的差，那么鼓励一下他，或者说稍微婉转地说一下，那么让他理解这个知识点，使自尊心不受伤害。

DT3：目的，一个是了解学生的接受程度，另一个呢，通过反馈让学生能够更好地掌握知识，因为有些时候学生没有掌握好，通过反馈来提高。

DT4：：教学反馈最主要的目的是要老师了解学生的问题在哪里，或者是说学生的理解程度到哪里。

DT5：目的是检验一下课堂上学生掌握这节课的情况，对这堂课的知识、需要掌握的能力的掌握情况；第二个就是，学生在做的过程中，不足的地方暴露出来，便于后面有针对性地进行纠正。评价刚刚讲过，好的地方要给予充分的肯定，不好的地方呢，有的时候，是老师没讲到，提醒我要进行深入解释的。

Q：您认为什么样的反馈能促进课堂有效教学？

WT1：我感觉就是当堂要做一个小的检测。有关知识点或者知识技能的一种检测，这个方面可能比较好实施一点。

WT2：首先要及时，根据学生的需要，给他一下合理的反馈。但你可能在他真的不知道的情况下，运用教学机智。比如说，可能学生真的不知道，但学生告诉了你哪一块知道，然后可能从他知道的那个地方入手。反馈的目的主要是掌握情况，反馈得到的是一种信息，接下来我根据这个信息再怎么样改进教学。我觉得反馈的重要作用是收集学生的信息，再根据信息进行一些有针对性的操作。

WT3：每一种教学方法都很重要；但教师给予学生充足的准备时间，这种反馈是比较真实的。但如果时间比较仓促的话，这种反馈往往是流于形式的。

WT4：及时。

WT5：这要看课型的了，要是复习课的话，我看还是练习为主，要是新课的话，还是学生归纳、总结这种好。

WT6：这些都相结合的。

DT1：用最简便的方式达到最高的效率吧，有一些如果说学生能解决掉的问题，那就通过师生反馈噢，有一些像几何啊，或者讲究规范性比较强的，可能像投影反馈，对于一些比较简单的，就是普通反馈就好了。

DT2：好像我说的三类都可以促进。

DT3：我觉得反馈形式是多样的，针对不同的知识和学习，可能通过不同的反馈会达到比较好的效果。

DT4：我觉得这些反馈都是促进课堂有效教学的，其中涉及一部分策略吧。

DT5：我认为还是用文字进行反馈，这样对学生节约时间比较有效一点。如果直接通过你问学生回答，有些学生不一定善于表达，有的学生呢，他不敢表达，其实他会答的。

为了更好地了解教师课堂教学反馈行为在教学中的意义，我们从学生角度进行了访谈。

Q：老师会怎样对待学生的回答？

BSA1：好的话继续表扬，差的话也不说什么。

BSA2：如果回答对的话会给予激励，错的话有时候会给予提示，改正过来。

BSA3：答对答错都一样。

BSB1：好的话会表扬，不会太离谱的话会继续引导得出正确答案。

BSB2：如果回答错了，会先让他坐下，然后讲解一下。

BSB3：有的时候回答不是很清楚，他会给出一些提示让我们更清楚。有的时候我们不会的话会让我们站着，让别的同学回答。

BSC1：对的话会激励我们，不对的话会让我们坐下再想想。

BSC2：如果回答错了，他会告诉你怎么样是对的。如果错了，会引导我们怎么做。

BSC3：回答正确的话给予表扬，回答错误的话有时候批评，有时候鼓励你。

WSA1：如果是好的话，他就会给你一定的鼓励，如果不好的话，他会让你先坐下，或者是站着听别人是怎么答的，然后再让你重申一下别人回答的观点。

WSB1：答对的话，会先表扬一下，答错了的话就会点评一下，也不会怎样。

WSB2：如果错就纠正，对的话就坐下。

WSC1：比较认同学生的回答。

WSC2：有时会表扬，回答错了，就让他坐下再好好思考一下。

Q：课堂教学中，老师对你们的课堂表现会有怎样的反应？

BSA1：比较严肃吧。如果表现好的话会告诉全班。

BSA2：一般来说回答好的会进行鼓励，不好的话也会对我们进行交流的。

BSA3：假如课堂吵的话，就会停下来，等我们安静了再讲。

BSB1：安静的话进度会比较快，要是比较乱的话或者很多人回答不出来他会很生气。

BSB2：假如课堂吵的话，他就会很不高兴。

BSB3：假如课堂吵的话，她会进行总结，或许告诉班主任让我们小组讨论。

BSC1：一般是上课好，效率高，我们收获也会多，如果比较吵，效率差，他心情也会差一些。

BSC2：假如课堂吵的话，他就会骂我们，如果表现好的话他会表扬我们。

BSC3：好的时候表扬，不好的时候批评，太吵的时候会发火。

WSA1：如果好的话，会给予鼓励，差的话他也不会计较，继续上他的课。

WSA2：一般的话，我们比较投入的，老师会满意的，如果有些同学没有投入到课堂中来的话，他可能会生气。

WSA3：答错的话就会纠正，答对的话就会问有没有更好的办法。

WSB1：表现好的话，这节课就会上得好，如果那堂课有开小差或怎么样，或者老师那天心情不好，那节课也不会好到哪里去。

WSB2：表现好的话，就表扬我们，表现差的话，他也不说什么。

WSB3：答错了也不会说，会让我们自己思考一下看能不能说出答案。

WSC1：有时候会直接叫起来提问，当开小差的时候会直接叫你回答问题。

WSC2：如果我们回答的很好的话，会鼓励我们，会夸我们，如果不好的话，也会鼓励我们，然后让我们坐下再好好思考一下。比如说我，有时候站起来回答问题的话，有的同学会说错，老师会说，没关系，坐下来好好思考一下。

WSC3：回答对的话就让你坐下，没对的话就让另一个人回答。

6.2.2.2　数学教师教学言语行为观察量表的制订

本研究借鉴国内外相关文献及已有研究成果，我们定义如下：

（1）反馈：信息学习者接收到关于他们的口头报告或工作的精确性和适当性方面的评价。[①]

（2）显性反馈和隐性反馈：显性反馈是指通过观察直接可以发现的行为；而隐性反馈是指教师保留他的评价，转入接下来的一个学习任务，而且这个任务与先前的任务可能会极其相似。[②]

（3）肯定性反馈和否定性反馈：教师为表示对学生行为的肯定（或否定）所提供的信息。

根据显性反馈的外在表现，我们给予相应的编码：

编码1：弱口头反馈：这种反馈往往不超过一个字，如：对、错、好等。

编码2：强口头反馈：这种反馈常伴有更强的感情色彩，如：你回答得非常好。

编码3：重复学生答案：教师把学生的答案进行教学重复。

编码4：重复问题：这是教师在认为学生对答案并不确定或没有理解题意时常采用的方式，他们往往会重复提问一次。

编码5：要求学生解释答案：教师要求学生对自己的答案给予合理解释，以便于教师和其他学生理解他给出这种答案的原因。

编码6：教师解释：教师对学生的答案进行解释。

编码7：书面反馈：这是教师在课堂教学中经常采用的重要反馈方式，当学生回答正确时，教师将答案写在黑板上。

编码8：要求其他学生进行语言反馈：当某学生回答问题后，教师会问其他学生，他回答的是否正确。

编码9：要求其他学生进行行为反馈：当某学生回答问题后，教师会要求其他学生对其进行行为反馈，如鼓掌或做出某种手势等。

---

① ［美］保罗·埃根，唐·考查克.教育心理学：课堂之窗［M］.第6版.郑日昌主译.北京：北京大学出版社，2009：552.

② 叶立军，斯海霞.代数课堂教学中教师评价行为研究［J］.教育理论与实践，2011（8）：41-43.

编码 10：等待：学生回答问题后，教师采用沉默方式，等待学生确信、解释、完善或改变他的回答。

编码 11：提供信息后让学生再答：在学生完成对某一问题的回答时，由于其答案不正确或不完善，教师往往会提供参考信息，让学生再次回答。

编码 12：转问他人：在学生完成对某一问题的回答时，教师不给予反馈，但要求其他同学再次回答同一问题。

编码 13：反问：教师以反问方式重复学生答案。如，学生认为答案是对的，教师反问："对吗?"

根据对师生的访谈以及对课堂教学反馈行为的分类研究，我们制订了数学教师课堂教学反馈行为观察量表(表 6.2)。

表 6.2　数学教师课堂教学反馈行为观察量表

反馈行为	编码				
A. 学生回答类型 ①正确、迅速而肯定； ②正确但犹豫； ③由于粗心而出错； ④由于不知道而出错。 **B. 按照反馈结果分类的教师反馈类型** ①肯定性反馈； ②否定性反馈。 **C. 按照表现形式分类的教师反馈类型** ①显性反馈； ②隐性反馈。	A	B	C	D	备注
	1				
	2				
	3				
	4				
	5				
	6				
	7				
	8				
	9				
	10				
	11				
	12				
	13				
	14				
	15				
	16				

续　表

D. 显性反馈类型	编码				
	A	B	C	D	备注
① 弱口头反馈；	17				
② 强口头反馈；	18				
③ 重复学生答案；	19				
④ 重复问题；	20				
⑤ 要求学生解释答案；	21				
⑥ 教师解释；	22				
⑦ 书面反馈；	23				
⑧ 要求其他学生进行语言反馈；	24				
⑨ 要求其他学生进行行为反馈；	25				
⑩ 等待；	26				
⑪ 提供信息后让学生再答；	27				
⑫ 转问他人；	28				
⑬ 反问。	29				
记录与反馈有关的其他行为：	30				
①教师让学生自己评价自己的答案的次数____。	31				
②教师让学生自己评价其他同学的答案的次数____。	32				
	33				
	34				
	35				

6.3　数学教师课堂教学反馈行为个案比较

6.3.1　优秀教师教学反馈行为个案研究

6.3.1.1　研究背景

反馈是课堂教学中最重要的组成部分之一,其对学生的促进作用是毋庸置疑的。[①] 教师恰当的反馈,可以帮助学习者评估他们背景知识的精确度,有

---

① Weinert F Helmkey A. Interclassroom differences in instructional quality and interindividual differences in cognitive development. Educational Psychologist,1995,30：15-20.

助于学习者详细阐明他们现有的理解,能为学生提供关于他们能力增长的信息,并有利于满足学生了解自己的进展情况的内在需要。

通过大量的课堂观察发现,优秀教师比较善于应用课堂教学反馈行为,为此,对优秀数学教师的课堂教学反馈行为进行研究,总结、归纳优秀数学教师的课堂教学反馈行为特征是很有价值的。

6.3.1.2　研究目的

通过对两位优秀教师的两节录像课进行比较分析,力图发现归纳出优秀教师课堂反馈行为的特点,用以帮助一线数学教师提高自身的反馈能力,促进专业发展,进而提高课堂教学质量。

6.3.1.3　研究方法

本研究采用了录像分析的研究方法。采用同课异构的方法,选择了两位优秀数学教师的两节《合并同类项》的课堂录像,对课堂教学录像进行文字实录,结合课堂教学录像观察,对师生的教学活动进行了数据分析,得出数学优秀教师课堂教学反馈行为的特点,并得出了相应的启示。

6.3.1.4　研究对象

本研究选取了两位教师,教师 A 已工作 19 年,为中学高级教师,教师 B 已工作 26 年,中学特级教师、名师。"特级教师"是国家为了表彰特别优秀的中小学教师而特设的专业性称号,他们已经具备了中学高级教师职称,因此本研究中两位教师可定义为优秀教师。

授课内容为《合并同类项》(浙教版数学七年级上册第 4 章第五节)。

6.3.1.5　结论与启示

(1)优秀教师反馈能激励学生产生内在的学习动力,激发学生的潜能,产生积极的情感体验

反馈对学习的推动作用已被心理学界所广泛认可。研究发现,肯定的反馈会对学生的学习起到鼓励作用,而否定的反馈往往可以转化为学生努力学习的动因。所以教师的反馈行为对学生有着较强的指导性。优秀教师反馈行为能够促使学生产生心理上的自动力,帮助他们开启思维的闸门,提高其学习的兴趣和信心。

此外,优秀教师的反馈行为能比较准确地表达教师对学生的期待。期待就是教师对学生寄予厚望,相信学生能够成功。优秀教师能够比较准确地把握每位学生的认知特征和人格特征,形成恰如其分的期望,这样的期望便有可能产生良好的效果。实验证明,高期待与取得优秀成绩成正相关,低期待与成绩不良成正相关。

优秀教师的反馈行为能够满足学生自尊的需要,引起学生积极的情绪体验,促进学生将内在的需求外化为积极的行动。

(2)优秀教师教学反馈行为往往与语言相结合,且反馈形式多样化

根据研究发现,在课堂教学中,大约五分之一的时间教师在进行教学反馈。我们发现,优秀教师的反馈方式通常是多种多样、富于变化的。优秀教师不仅善于语言表达,还善于用眼、用手、用心对学生的学习进行反馈。"美国心理学家艾帕·梅拉列斯总结了人接受信息的效果公式:信息的总效果=7%文字+38%音调+55%面部表情"。从公式中我们可以充分看出教师的非语言教学行为对于学生接受信息具有重要的强化作用。教师的手势、表情、动作等都能传递信息,改变不同的信息传递通道能辅助增强语言的作用。

此外,优秀教师在课堂反馈时的语气,也是蕴含了大量的感情信息的。优秀教师对学生的反馈语言不但恰当,而且语言简洁、明了。

(3)从整体上看,优秀教师教学反馈行为贯穿于教学的始终,在例题讲解环节出现次数最多,教师 A 习惯于采用隐性反馈方式,而教师 B 则倾向于显性反馈

反馈是联系教与学的纽带,是维持师生间相互交际的手段,是师生间相互理解的信号。[①] 因此,无论教师是否注重对反馈的准备,反馈仍然以明显或不明显的方式,贯穿于课堂教学的始终。从表 6.3 可知,两位教师的反馈数量、方式及类型均有所差异,但他们的反馈行为却都遍布了课堂的每一个环节。

表 6.3　优秀教师各教学环节反馈次数统计

教学环节	隐性反馈				显性反馈				汇总	
	肯定		否定		肯定		否定			
	教师 A	教师 B	教师 A	教师 B	教师 A	教师 B	教师 A	教师 B	教师 A	教师 B
复习引入	1	6	0	0	37	28	6	17	44	51
讲解新知	0	2	0	0	21	8	5	5	26	15
例题讲解	4	12	0	0	29	31	3	7	36	50
练习讲解	3	20	0	0	20	22	6	6	29	48
小结	0	0	0	0	1	0	0	0	1	0
汇总	8	40	0	0	108	89	20	35	136	164

此外,我们还发现,两位教师在例题讲解环节都为学生提供了大量的反馈信息。优秀教师在此环节为学生提供反馈 79 次,占总反馈次数的 33.8%,显性反馈 39 次,占全部显性反馈的 33.6%。而专家教师在此环节为学生提供反馈信息 48 次,占总反馈次数的 35.8%,显性反馈 46 次,占全部显性反馈的 35.7%。《合并同类项》是一节概念课,运用大量实例将概念讲深、讲透是十分

---

① 贾爱武.试论教学中反馈的功能及其分类[J].洛阳师专学报,1998(6):114-116.

重要的。两位教师都能准确地把握本节课的重点所在,在本环节运用师生对话的方式,引导学生一步步得出"什么是同类项"及"怎样合并同类项",充分体现了教师的主导性和学生的主体性。

从表6.3以及结合课堂录像观察,我们发现,在教师A的课堂教学中,学生参与行为(如回答问题、思考或完成书面练习等)234次,而教师A仅给予显性反馈116次(约占总体的50%);而教师B的课堂教学中,学生参与行为仅134次,但教师B却给予了显性反馈129次(约占总体的96%)。

(4)优秀教师教学反馈行为类型分布相似,教师B较多采用重复学生答案、要求学生解释答案和提供信息后让学生再答的方式,而教师A较多采用弱口头反馈和反问的方式

由图6.7可知,两位教师的课堂反馈类型分布极其相似,均较多采用重复学生答案的反馈方式。而且教师B更倾向于采用这种反馈方式,占其全部显性反馈的45.64%,教师A虽然也善于利用这种反馈方式,但仅占其全部显性反馈的32.58%。重复学生答案,看似没有任何感情色彩,但随着课堂教学的推进,这种反馈方式已悄然演变为肯定反馈的一种。教师通过重复学生的答案,完成师生间的一个交流,让学生知道教师已经接受了他们所提供的信息,使全班同学都能更清晰地明确答案。

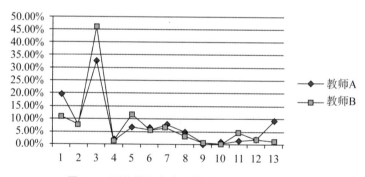

图6.7 两位教师各类反馈方式所占比例比较

两位教师均较少采用重复提问的方式。重复提问往往是在教师认为学生没有理解问题时采用的反馈方式。这说明两位教师都能较好利用清晰的、明确的、学生可以理解的方式提出问题。一旦发现学生无法理解问题时,他们也会采用其他反馈行为,而不愿采用毫无变化的重复提问。此外,两位教师还均较少采用等待和要求其他同学行为评价的方式,这使得课堂结构比较紧凑,学生思维较长时间处于紧张和活跃的状态。

通过对两位教师各类反馈方式所占比例的差异分析可知,教师B比教师A较多采用要求学生对答案进行解释和提供信息后让学生再答的反馈方式。

与此同时,还可以发现,两位教师较少采用弱口头表扬和反问的方式,这使得其课堂教学反馈更具激励和修正意义。

（5）优秀教师显性肯定反馈多以重复学生答案为主要方式,教师 A 较多采用弱口头反馈和重复提问的反馈方式,而教师 B 则较多采用强口头反馈、重复学生答案和要求学生解释答案的反馈方式

通过对图 6.2 的观察可知,两位教师显性肯定反馈均以重复学生答案为主要方式,教师 A 较多采用弱口头反馈和重复提问的反馈方式,而教师 B 则较多采用强口头反馈、重复学生答案和要求学生解释答案的反馈方式。

教师 A 更倾向于采用弱口头反馈的方式,来肯定学生的答案。这种肯定方式往往只有一个字:"好"、"对"等,所用时间也极短,听起来就像教师的口头语。而教师 B 则倾向于采用强口头反馈,指明学生答案的可取之处,并附带一句感情色彩较浓的表扬性反馈,如:"你答得非常好"等。

另外,从图 6.8 中可以发现,教师 A 对学生进行肯定反馈较倾向于要求其他学生进行语言反馈。例如,教师问:"他回答的对吗?"其他同学会根据他们的判断,回答教师:"对"。而教师 B 却更倾向于要求其他同学进行行为反馈,如要求其他同学对回答问题正确的同学给予掌声鼓励。

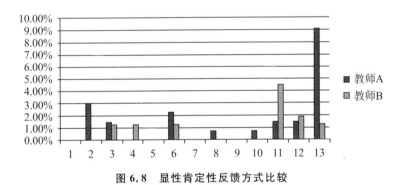

图 6.8　显性肯定性反馈方式比较

（6）优秀教师显性否定反馈方式存在较大差异,教师 B 较多采用提供信息后让学生再答的方式,而教师 A 则更多采用反问的方式

由图 6.9 可知,对于显性否定反馈,两位教师均采用了相似比例的重复学生答案和转问他人的方式。此时对学生答案的重复,有利于学生重新审视自己的回答,以便于他们对自己的答案进行修正;而转问他人,其实是通过其他同学的回答,来帮助回答者意识到自身的问题所在,是"生—生"交流的一种方式。

但由图 6.9 也可以看到,两位教师的显性否定反馈方式也存在着较大的差异,教师 A 更多采用强口头否定、教师解释、要求其他同学语言反馈、

等待和反问的方式;而教师 B 则较多采用重复提问、提供信息后供学生再答的方式。

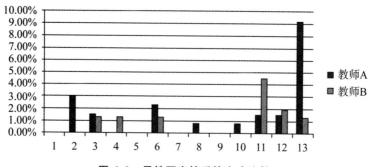

图 6.9　显性否定性反馈方式比较

　　总之,课堂教学反馈是优秀教师最常见的教学行为之一,两位教师的反馈方式既相似又有不同。作为拥有丰富教学经验的优秀教师,其课堂教学反馈已基本上能做到既关注学生学习的结果又关注学生的学习过程,但如果能从培养学生学习兴趣和增强学生自我认识的角度出发,给学生以更积极、客观的反馈,则既可以增进师生之间的理解与情感,又可以促使学生把鼓励化作行动,从而全面提高课堂教学质量。

6.3.2　新手教师教学反馈行为个案研究

6.3.2.1　研究背景

　　课堂教学反馈行为在数学教学中有着重要的作用和价值,然而,通过大量的课堂观察发现,新手教师往往不善于利用课堂教学反馈行为来调节课堂教学秩序。为此,对新手数学教师的课堂教学反馈行为进行研究是十分必要的。

6.3.2.2　研究目的

　　通过对两位新手型数学教师的两节录像课进行比较分析,力图归纳出新教师课堂反馈行为的特点,用以帮助新教师反思自身反馈行为的不足,以提高自身的反馈能力,促进教师专业发展,进而全面提高数学课堂教学质量。

6.3.2.3　研究方法

　　本课题采用了录像分析的研究方法。我们对两节录像课进行了文字实录、结合录像分析和编码的研究,分别对这两节课进行了比较研究,得出一些新手教师的课堂教学反馈行为特征及其启示。

6.3.2.4　研究对象

　　本研究选择了杭州市 S 中学的两位新手教师 W 和 R,两位教师都是师范院校刚毕业,工作未满一年,在校期间成绩优秀,工作积极努力。经学校领导推荐,我们选取了这两位教师作为研究对象。

根据听课、录像的实际情况,我们选择了初中数学课《分式》第二课时教学内容,这是浙教版七年级下的教学内容,本课是在学生已经学习了分式的基础上,要求学生进一步掌握分式的基本性质及其应用。

6.3.2.5　结论及启示

(1) 在课堂教学各个环节中,新手教师教学反馈行为数量较多,反馈方式分布基本相似

通过研究发现,两位教师在课堂教学各个环节中,教学反馈类型分布基本相似:首先在反馈数量上,在 45 分钟的课堂上,W 教师给予学生显性反馈 128 次,占全部反馈的 94.1%,R 教师给予学生显性反馈 124 次,占全部反馈的 75.6%;其次,在反馈次数分布上,两位教师在复习引入、例题及练习讲解环节与学生进行较多反馈互动,在小结时则较少采用反馈互动方式;第三,在反馈方式上,两位教师均较多采用显性反馈方式,仅对少部分学生发出的正确信息采用隐性反馈方式,对学生发出的错误信息比较多地采用显性反馈方式予以明确地纠正;另外,两位教师的反馈较多基于学生发出的正确信息,W 教师给予学生肯定性显性反馈 108 次,占全部显性反馈的 84.3%,R 教师给予学生肯定性显性反馈 89 次,占全部显性反馈的 71.7%,这些反馈都是对学生发出的正确信息的肯定或意义延伸(表 6.4)。

表 6.4　2 位教师各教学环节反馈次数统计

教学环节	隐性反馈				显性反馈				汇总	
	肯定		否定		肯定		否定			
	教师 W	教师 R	教师 W	教师 R	教师 W	教师 R	教师 W	教师 R	教师 W	教师 R
复习引入	1	6	0	0	37	28	6	17	44	51
讲解新知	0	2	0	0	21	8	5	5	26	15
例题讲解	4	12	0	0	29	31	3	7	36	50
练习讲解	3	20	0	0	20	22	6	6	29	48
小结	0	0	0	0	1	0	0	0	1	0
汇总	8	40	0	0	108	89	20	35	136	164

(2) 新手教师的反馈行为策略形式较为单一,难以激发学生的积极性

如图 6.10 所示,W 与 R 老师主要以重复学生答案(编码 3)为主要反馈方式,分别占全部显性反馈的 56% 和 29%,这是一种较为低效的反馈方式;当学生回答错误时,两位新手教师较多采用教师解释和转问他人的反馈方式,其中

教师解释分别占两位教师对错误信息反馈总数的 26.3% 和 21.6%,转问他人则分别占两位教师对错误信息反馈总数的 15.7% 和 27.3%;对于学生的错误回答,两位教师均没有采用过等待学生更正答案和提供信息后让本人继续回答的方式;另外,两位教师均没有采用过显性反馈行为中的第 9 个行为(要求其他学生进行行为反馈),这也说明,新教师反馈形式较为单一,缺乏发挥学生积极性的意识。

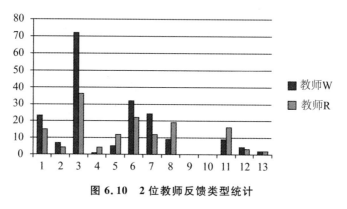

图 6.10 2 位教师反馈类型统计

(3)新手教师能够在关注知识讲解的同时,注意对学生的行为进行反馈,但针对性不强

初中是数学学习习惯形成的关键时期,学生在课堂上容易产生不良学习行为,如:在学习态度上不积极主动,不良的听课和解题习惯等。两位新手教师均能意识到这种现象的存在,并给予纠正性反馈。在 W 教师的 128 次显性反馈中,有 7 次反馈针对学生的不良行为,在 R 教师的 124 次显性反馈中,有 6 次针对学生的不良行为。但新手教师的这种行为反馈的针对性往往不强,如她们仅是泛泛地要求学生抬起头来或注意书写过程,从未明确这种行为反馈纠正的真正对象;她们会要求全对的学生举手,但往往是学生刚刚举手就让学生放下,并没有仔细区别举手与没有举手同学的差别。

(4)新手教师教学反馈行为中教师缺乏耐心与等待

教师的反馈并不仅仅是语言的反馈,教师的行为、表情、态度均可以看作是教师的反馈方式。两位新手教师第 10 种教学反馈方式(等待)都为 0,在课堂教学中缺少提供给学生思考的时间;当学生的答案与教师需要答案不完全一致时,新手教师往往会采用转问其他同学的方式,不给学生自我更正的机会;当学生对教师的讲解方式提出质疑时,新手教师较难提供其他的解释方式,仅是重复自己前面的讲解过程,偶尔会出现不耐烦神情;当个别学生出现较难解释的错误答案时,新手教师会采用忽视的方式,不予反馈。

6.3.3　新手教师与优秀教师教学反馈行为的差异

通过研究,我们发现,数学教师课堂教学反馈行为的差异主要在以下几方面:

（1）优秀教师教学反馈行为在讲解新知、例题讲解上出现的次数比新手教师多,而新手教师反馈行为在引入环节出现的次数比优秀教师多。

（2）优秀教师采用师生共同反馈的形式次数比新手教师多,优秀教师经常会引导学生相互讨论,使学生获得自我矫正的机会。

（3）优秀教师往往反馈及时,起到了强化的作用,新手教师往往无反馈地重复练习之类的问题。

（4）优秀教师反馈形式呈现多样化,而新手教师往往反馈形式比较单一。

（5）优秀教师善于利用期望、肯定、鼓励等方式对学生进行反馈,而新手教师往往以否定、消极批评等形式进行反馈。这说明,优秀教师比较关注学生的情感、态度,更注意鼓励学生参与教学过程。

（6）新手教师比优秀教师更容易对成绩较差的学生缺乏耐心,新教师往往在学生回答问题时频频催促,打断较差学生的应答。

（7）教师在处理学生错误应答时,对待成绩差的学生和好的学生的方式不尽相同,对差生往往较少辅助、提示,也很少重复问题。新教师这类行为尤为明显。

（8）调查发现,同样在问题回答正确的情况下,成绩差的学生受到的表扬更少,而同样是错误的应答,成绩差的学生受到的批评更多。

（9）课堂教学中,部分成绩好的学生经常正确地回答问题妨碍了成绩差的学生和安静思考的学生,成为课堂教学中突出的问题。优秀教师往往会注意到这种情况,并做出正确处理,但新教师往往往会对每一个正确的答案都非常期待,因而很难作出正确处理。

6.4　新手教师教学反馈行为存在的问题及其对策

6.4.1　问题的提出

反馈行为是教师评价学生、促进学生发展的重要手段,教师课堂反馈行为是教师为了判断学生的学习情况、了解自己的教学效果、促进学生的有效学习而开展的对学生学习信息的采集、分析和利用活动。在教学过程中,教师对学生学习行为进行评价是课堂教学不可缺少的组成部分。学生从教师的反馈信息中可以了解自己的知识和能力的发展情况并改正不足之处和强化正确的行为。教师反馈行为在教学过程中的作用毋庸置疑。

但从目前大量的课堂教学现状看,反馈行为常常被教师忽视,很多教师对反馈的意义认识不足、对反馈的策略掌握不力,不太重视课堂中对学生学习行为做出合理的反馈,对学生的反馈行为处于盲目、随意的状态,致使反馈行为的功能没有发挥应有的价值。因此,研究课堂教学教师反馈行为,使教师重视课堂教学反馈,给予学生有效地反馈,对提高教学效率,优化课堂教学有很重要的意义。

6.4.2 新手教师课堂教学反馈行为存在的问题

教师课堂教学反馈是教学反馈中的一个重要方面,在教学中扮演者非常重要的角色,综观当前的课堂教学反馈行为,主要存在以下五个方面的问题:

6.4.2.1 反馈行为模糊,指令不明

教育心理学认为,反馈就是让学习者知道自己的学习结果。从一些研究者对教师反馈的态度的研究中得到,大多数学生都希望他们的错误被教师纠正,否则他们会感到迷茫(Leki, 1991; Radeck, Swales, 1988)。为了探究教师反馈的有效性和实效性,大量的实证研究围绕着教师反馈的语言特征和学习者对教师反馈的态度这两方面展开。Sommer(1982)的研究发现,不少教师的评语是"武断和含糊的";Zamel(1985)的研究结果也是对教师反馈持批评态度。他指出教师反馈随意,评语自相矛盾,指令含糊,提出的规则和标准抽象,很少针对问题内容给予具体修改意见或修改策略。也有研究者也得出了这样的结论:由于教师反馈"不清楚"、"不准确"、"不平衡",有的学生往往会忽视教师的反馈,有的甚至敌视教师反馈,有的仅对错误进行小改动。

在课堂教学中,学生们之所以特别喜欢准确具体的反馈是因为它能真正解决他们在学习中的困惑。因此,教师的反馈应满足每位学生最紧迫的需要。所以,教师对学生的反馈不可千篇一律,要尽量避免公式化的空话、套话,必须有针对性地解决每位学习者在课堂中存在的问题。

6.4.2.2 反馈行为命令化替代了学生的思维

教师的课堂反馈对学生的学习是非常重要的,但仅仅是表扬或者批评并不能促进学生的学习,促进学生逐渐改正缺点,获得发展。这主要是因为教师在反馈中并未给予学生有关表现的重要信息。除此之外,还有些教师将反馈过程当作是指导学生规划下一步学习的进程。如果教师将反馈当作是一种对学生的指导,告诉学生该怎么做,下一步应该怎样做等等,这不是一种学生主动式的学习,而是教师替代了学生的思维,这不仅剥夺了学生在评价中的主体地位,而且也会使学生养成不爱思考的习惯,缺乏主动思考的意识,最终不利于学生的学习,也使反馈失去了应有的效果与作用。

6.4.2.3　反馈行为形式简单化

以学生分数、解题答案以及回答的正确程度为教学反馈的依据,虽然有一定的合理性,但是,随着教育的不断发展,作为反馈形式的分数在当前已经遭遇到诸多指责。仅仅以分数为教学反馈的形式,无疑难以使学生、家长、学校管理者明了学生在各方面的实际水平。

美国教育学者艾贝尔(R. L. Ebel)于 1974 年在《教育测量》发表题为《我们是否应该摆脱分数?》的文章,从 4 个方面列出了分数的 22 条"罪状"。美国评价学者尼特克(A. J. Nitko)也指出,在教育实际中,分数逐渐演化成一种武器,一种既伤害学生,又伤害教师的武器。[①] 其实,分数只是反馈的一种形式,分数是无罪的。只是教师反馈给学生、家长、学校管理者的分数,都浓缩沉淀了太多的教育信息,教师在反馈时,只是将教育信息简化成为数字。单纯的分数反馈势必会丢失原有信息,当分数占据了反馈形式的统治地位时,人们对现状的不满又都转移到分数身上,仿佛这一切过错都出在分数上,这是有失偏颇的。

6.4.2.4　过分注重对学生学习任务完成情况的反馈,忽视了对过程与方法、情感态度价值观的反馈

数学课程标准指出对数学学习的评价要关注学生学习的结果、过程,同时也要关注学生在数学活动中表现出来的情感与态度。[②] 我们发现,由于受传统教学和考试制度的影响,教师在课堂教学中的反馈行为主要是针对知识和技能,教师在课堂中主要针对学生课堂回答的问题和完成的课堂作业情况进行评价。极少有反馈行为是针对学生上课精神状态和学习习惯,如教师对于学生回答问题时声音是否响亮进行反馈。同时,我们发现,教师以提问的方式掌控着整个课堂教学的节奏,通过对学生问题的解决和作业完成情况进行反馈学生的课堂行为,帮助学生在课堂中查漏补缺和巩固新知。教师的课堂教学反馈行为较为具体,注重对学生知识掌握情况的反馈,但也在一定程度上忽视了对学生情感态度和价值观的培养。

在教师看来,应该予以反馈的是学生已经完成的样本,如一份完成的试卷,一次完成的课后作业,一次课堂回答,而学生在完成任务过程中尝试的策略与方法则往往被排除在反馈对象之外。毋庸置疑,反馈完成的任务,比起反馈完成任务所应用的策略与方法来要简单得多,也容易得多。

---

① 贾爱武. 试论教学中反馈的功能及其分类[J]. 洛阳师专学报,1998,17(3):114-116.

② 中华人民共和国教育部制订. 数学课程标准[M]. 北京:北京师范大学出版社,2001:2.

然而,策略与方法的反馈更能促进学生进行自我反思,自我检测,回顾自己解决问题的过程,思索走过的弯路,以寻求更佳解决办法的途径。另一方面,学生所采用的方法与策略往往决定了完成任务的质量高低。如果反馈忽略过程,仅关注完成的任务,那么,学生从反馈中汲取到的益处将大大减少,当学生再次遇到类似问题时,就有可能难以快速地应用有效的方法与策略。

国外学者对教师反馈的态度做了大量研究表明,了解学生的看法和要求以及情感和态度是解决有效教学的关键因素之一。与国外在教师反馈机制这一领域进行的大量研究相比,国内的研究就显得相对不足。现有的与教师反馈相关的研究也大都以教师为研究重心(戚焱,2004;杨敬清,1996;杨苗,2006;王颖,2007,等)。至于学生的态度和意见,没有受到足够的重视,没有把教师的反馈与学生的意见结合在一起进行探讨,这必然导致教师反馈与学生之间的偏差。

6.4.2.5　教师反馈行为缺乏原动力

不少教师进行反馈的原动力不是真正为了学生的后续发展,教师将反馈行为作为一种责任。在"尽责"这种动力驱使下,教师反馈行为常常演化成一种信息单向流动的活动。教师都有这样的体会:费时、费力的评改似乎是徒劳的,事实往往是:一段时间的教学后,学生的学习并未有多大的进步,有些学生在学习中竟不断地犯相同的错误,有的竟是教师曾不断强调过的。究其原因教师反馈的原动力是"尽责",而不是学生的后续发展。

6.4.3　对策

6.4.3.1　正确认识反馈行为在课堂教学中的价值和作用

美国心理学家加涅认为:"学习的每一个动作,如果要完成,就需要反馈。反馈是学生学习的重要条件。"可见,教学反馈与教学效益有着明显的正效应关系。对学生而言,反馈可以有效地帮助学习者强化正确、改正错误、找出问题所在、改进学习方法等。

教师课堂教学反馈是一种最经常、最普遍的评价方式,教师的反馈行为应该促进学生的发展。教师正确的评价不仅能引起学生心灵的震撼,更能激起学生思维的活力。由于合理的反馈行为有较强的指导性,它能够促使学生产生心理上的自动力,帮助他们开启思维的闸门,提高其学习的兴趣和信心,鼓舞他们积极向上的勇气。正确的课堂教学反馈行为,能够满足学生自尊的需要,引起学生积极的情绪体验,促进学生将内在的需求外化为积极的行动。

教师正确的反馈行为将会优化教学过程,创设更加生动的课堂教学。教师课堂反馈是控制教与学和谐的主要途径之一,课堂反馈有效性的实施是教师的一种行动追求,为学生提供反馈有助于促进学生的学习并改进其学习效果。在数学教学过程中,教师和学生都不断输出信息、吸收信息,其间不停地进行反馈。学生从反馈信息中可以了解自己的知识和能力的发展情况并改正不足之处和强化正确的行为。在这个过程中,学生若能及时抓住有利时机敏捷地接受来自教师,包括自己的同学指导学习的反馈信息,增强学习的自信心,克服思维的局限性,进一步培养解决问题的能力,那么对学生自己积累学习经验更具有积极意义。

6.4.3.2 根据反馈行为的对象的年龄特征、个别差异,正确使用反馈行为

不同年龄的学生对教师的反馈行为反应和需求是不同的。学生年龄不一样,个性不一样,不同的反馈方式对他们所起的作用也不一样。教师在反馈时应考虑到这两方面的差异。如对于年龄较小的学生,教师个人对学生的反馈评价作用大些;对于年龄较大的学生,则通过集体舆论来进行表扬或批评效果更好。有些学生信心较差,教师就要多发现他们学习中的积极因素,多鼓励、表扬;有些学生过分自负,教师在反馈时,则应尽可能帮助其看到不足。

教师课堂教学反馈行为要以尊重、理解学生为前提,要保护学生的自尊心。自尊是个人对自己的一种态度,是人格的一个主要特征,它同样对学生的行为有着重要的影响。不正确的反馈行为,会导致学生自尊感受损,出现自卑、冷漠等行为的反应,甚至会出现自暴自弃或逆反的行为反应。注意选择适当的反馈方式方法是保证反馈效果的重要条件。

同时,教师还要根据学生的实际情况来进行评价,不可有偏见,也不应凭偶然的印象。否则,就会使教师教学决策失去方向,失去反馈意义,甚至起到相反的作用。

6.4.3.3 教师应该灵活运用多种课堂教学反馈行为

针对不同类型的学生以及根据具体情境采用不同的反馈行为。反馈不是如同镜面反射,由于学生的认知水平不一,思维品质不一,他们在摄入信息方面存在个体性差异,因此反馈亦会呈现多样性。教师在提供反馈的时候,要保证公平与开放,乐意倾听不同学生的不同观点,并灵活地进行反馈。对基础相对弱的学生、自信心不强的学生多鼓励,多提供参与机会,对他们的进步要及时给予表扬;过于自信的学生除了表扬之外,还要指出不足之处。

灵活地设计反馈,包括正确地使用反馈的策略,反馈的策略包括确认策略与阐述型反馈策略。确认策略为学生提供确认性反馈,从而帮助学生提高学习效果。阐述型反馈策略提供矫正的、包括丰富信息的、反思性的反馈。老师要根据学习目标及学生原有认知水平的特点去选择反馈策略。如对于知识经验丰富的学生来说,在认知水平较低的学习过程中,只需提供正确与否的反馈。而另一方面,如果学生的原有经验不足,或者正在进行的学习内容需要高

级思维能力的时候,就应该提供阐述型反馈。

6.4.3.4 提高教师课堂教学反馈能力,在课堂教学中及时、准确地做出反馈

教师课堂教学反馈行为是一种最经常、最普遍的教师教学行为,教师正确的反馈行为不仅能引起学生心灵的震撼,更能激起学生思维的活力。可以说,没有反馈,就没有教学的依据,教师就免不了盲目行事。

反馈作用的发挥,最终取决于反馈者——教师的素质。它包括多元化的知识结构、良好的反馈技能、过硬的心理素质、很好的沟通协调能力、优良的人格等。这是充分发挥反馈作用的关键。因此,教师应该具有善于观察学生的各种反应、参与教学行为的能力,能够及时、准确地了解学生的信息,确保反馈及时、适度。同时,在课堂教学中发扬民主的作风,创建和谐的课堂氛围,做到教学相长。

同时,教师课堂教学反馈行为要及时。实验表明,反馈越及时,印象越深刻。美国心理学家罗斯通过实验发现,在教学中教师及时提供反馈,可增强学生的学习动机,使学生自觉或不自觉地追求成功带来的愉快体验,避免失败带来的不愉快体验,同时还会使学生确认和扩展自己认识中的正确部分,纠正错误部分,因而教师的反馈在教学中既具有激励功能,又具有校正功能。美国学者林格伦亦认为,在教学中,为了学习者产生成就感和决定他下一步采取的步骤,教师有必要对学生的表现作出反馈。

实践表明,如果教师能从培养学生学习兴趣和增强学生自我认识的角度出发给予学生积极而又客观的反馈,可以增进师生之间的理解与情感,并促使学生把鼓励化作行动。因此,教师要在课堂教学中及时反馈、及时调控和矫正,以达到提高课堂教学效果的目的。

6.5 小　结

本章对数学教师教学反馈行为进行了分类研究,在此基础上,分别选择了两位优秀数学教师、两位新教师的四堂数学录像结合课堂观察进行个案研究,分别得到了优秀数学教师、新手数学教师的课堂教学反馈行为特征,并得出了两类数学教师在课堂教学反馈行为中的差异。在此基础上,针对新数学教师的反馈行为存在的问题进行了分析研究并提出了相应的改进策略。教师在备课时要精心设计课堂教学中的反馈行为,既要注重反馈行为的数量,更要注重反馈行为的质量。

第7章 数学教师课堂等待行为比较研究

7.1 数学教师课堂等待行为研究概况

随着教育改革的不断深入，人们日益关注课堂教学的有效性，都在寻求如何充分利用课堂教学时间，以实现课堂教学效益的最大化。

然而，在当前的数学课堂教学中，不少教师为了应付考试，往往迫不及待地将教学内容灌输给学生，以增加课堂教学容量，而导致学生没有思考时间；许多数学教师一味地追求问题的正确答案，提出问题之后，马上让学生回答，一旦学生回答的答案不正确或不符合要求，教师或者自己提供答案，或者抽另外的学生重复问题或者给出答案。学生因为缺少思考时间，问题回答的质量也随之降低。究其原因是教师没有理解数学教学的含义。学生的学习是在教师的引导下自我建构的结果，是需要时间思考和内化教学内容的。我们认为，数学知识是经验的结果，也是思考的结果，因此，要想学生真正理解数学，教师必须给学生留有思考的时间。

根据课堂教师提问行为的观察和分析，课堂教学质量与教师等待时间的使用与等待时间使用技能相关。Atwood(1991)得出这样的结论：等待时间的增加可以刺激反思性的思考和学生的参与。

Rowe 和 Tobin 曾对教学过程中的等待时间进行了大量而深入的研究。他们的研究表明，课堂教学中，教师们的等待时间一般都不超过 1 秒，由于等待时间太短，学生往往难以完成相应的认知加工，在课堂教学中往往处于被动的地位。

好的提问能够训练学生的思维，激发学生的学习动机和热情，从 Rowe 的研究结果不难发现：合理地把握"等待时间"，可以增加提问的效率，优化课堂，提高课堂效率。①

尽管不少教师已经认识到等待行为在课堂教学中的重要意义，但他们认

---

① Rowe M B. Wait-time slowing down may be away of speeding up. American Educator. 1987,11(1)：38-47.

为,较长的等待时间给人以"冷场"、"浪费时间"、"课堂信息量太少"的感觉,因而在数学课堂教学中,并没有增加等待时间。因此,对数学课堂教学中教师的等待行为进行研究,让教师充分认识并能合理地应用"等待时间"是很有必要的。

在《现代汉语词典》中,等待是指不采取行动,直到所期望的人、事物或情况出现。① 课堂教学中的等待是有目的性的,是为了期待预设的教学情境、教学效果出现。课堂教学中的等待是教师的一种教学行为,教师具有主导性,其作用的对象是学生。在课堂教学中,等待是教师经常使用的一种教学策略,尤其是数学课堂教学中对培养学生的数学思维显得尤为重要。等待就是让教师延迟对学生的行为作出评价,让学生通过自己的思考来判断。适当的等待时间可以给学生一个表达的机会,一个思考的空间。在等待的过程中,教师可以关注学生的思维深度,关注学生的价值观。

"等待时间"这一概念是美国心理学家罗威(Rowe)在 1974 年提出的,她在研究课堂提问中发现,教师在提出问题后到学生回答问题之前应有适当的等待时间,她称之为"第一等待时间";学生回答问题后,教师给学生对答案进行重新考虑、扩展或修正的时间,她称之为"第二等待时间"。② 与此相对应的,我们将出现第一等待时间的教师行为称为第一等待行为,出现第二等待时间的教师行为称为第二等待行为。

等待行为在课堂教学中有着十分重要的价值,实践表明,给予学生适当等待时间具有如下的优点:① 对问题作出反应的学生数量增加;② 学生有时间寻找相应的证据来证明自己对问题的看法,并作出逻辑论证;③ 学生提出问题的数量增加;④ 学生之间的讨论、交流机会增加,而以教师为中心的课堂教学行为减少;⑤ 学生没有应答的次数减少;⑥ 延长等待时间之后,教师训斥学生的时间减少了,课堂教学会发生一些可喜的变化③,如,学生回答的平均时间延长,学生回答的主动性和正确程度提高,学生不能回答问题的可能性减少。

简而言之,教师适当延长等待时间使积极参与课堂学习的学生比例大增,同时学生参与的质量也得到了提高。

---

① 中国社会科学院语言研究所词典编辑室. 现代汉语词典[M]. 第 5 版. 北京:商务印书馆,2005:287.

② Rowe M B. Reflections on Wait-time:Some Methodological Questions. Journal of Research in Science Teaching,1974,11(3):263-279.

③ [美]Thomas L. Good, Jere E. Brophy. 透视课堂[M]. 陶志琼译. 北京:中国轻工业出版社,2009:237-238.

7.2　课堂等待行为类型研究与观察量表的制订

7.2.1　数学教师课堂等待行为类型研究

7.2.1.1　问题的提出

认知科学研究表明,信息加工过程是需要时间的。学生在处理信息的过程中,往往需要连续的、不受干扰的时间进行思考。因此,数学课堂教学中,教师要有适当的等待行为,给学生合适的思考时间是很有必要的,是非常重要的。

众所周知,学生对教师提出的问题需要思考时间。因此,数学教师课堂教学等待行为有哪些类型,等待行为与学生的学习行为有什么关系等都是值得研究的课题。

7.2.1.2　研究目的

本研究对数学课堂教学的教师等待行为进行研究,力图归纳总结出教师课堂教学等待行为的类型;同时,试图发现影响教师采取等待行为的因素,以及教师等待行为与学生的参与行为之间的关系。

7.2.1.3　研究方法

本研究在借鉴 TIMSS Video Study 的录像编码和视频案例研究后,采用了录像分析的研究方法。通过现场观察和录像拍摄结合的方式记录下《用字母表示数》的课堂教学文字实录,结合课堂教学录像,对课堂教学中师生教学行为进行了编码分析,由此得出一些结论和启示。

7.2.1.4　结论与启示

通过对《用字母表示数》的编码、分析,可以得出以下结论:

(1) 教师的等待行为往往与教师提问行为有关

通过研究,我们发现,教师的等待行为与教师提问行为是相辅相成的,数学教师有效的课堂教学等待行为主要有以下几种情况:

① 教师提出问题之后,教师适当等待,使学生有思考的时间。这是目前数学课堂教学中出现最多的教师等待行为,同时也是非常重要的教师教学行为之一。

② 学生回答问题之后,教师适当等待,延时评价学生的答案。在学生回答完问题后,教师需要对学生回答的情况进行反馈时,教师应当根据问题的类型、难度以及学生回答的质量,适时地选择等待时间,延时评价学生的答案。

③ 学生回答问题有停顿时,教师适当地等待,培养学生独立思考能力。当学生问答问题有停顿时,教师应该适时地等待,启发学生思考并努力完成问

161

题的答案。

④ 教师想介入学生活动时。课堂教学中,当学生在进行数学活动、讨论或数学练习时,教师想参与学生的活动,为了不随意地打断学生的思维活动,教师应适当地等待,寻找适当的时机参与学生讨论的话题。

⑤ 当学生通过自己的努力得出的答案有错误时。当学生通过自己的努力得出结论,而这个结论不完全正确时,教师应该适当地留出等待时间,并适度地对学生进行启发诱导,以让学生思考并能完整地得出正确的结论。

⑥ 当学生自己提出问题之时。当学生自己提出问题时,教师应该耐心地留出等待的时间,听清学生的提问,并适当地给出解答。对于不恰当的问题,教师也应该认真倾听,以培养学生的问题意识。

除此之外,教师的其他等待行为主要发生在学生练习、教师操作多媒体等过程中。而在教师等待行为中,与教师提问有关的等待行为更有其研究价值。因此,在后续研究中,等待行为主要指与提问有关的第一等待行为、第二等待行为两类。

(2)教师"第一等待行为"与"第二等待行为"之间存在一定的联系

通过研究,我们认为,教师第一等待行为与第二等待行为以及提问行为的一般流程可以用图7.1所示。

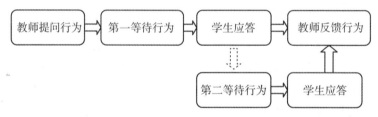

图7.1 第一等待行为与第二等待行为联系图

由图7.1可以发现,教师的第一等待行为与第二等待行为以及提问行为之间有着一定的关系,也就是说,相应的问题都应该有适当的等待时间,它是学生思考,以及思维形成的必要过程;第二等待时间是对第一等待时间的补充,它可以充分调动学生思维判断的积极性,并对自己的回答做出判断或补充。对于一些简单的、低层次的问题,如识记类的问题没有必要留出第二等待时间。但第二等待时间也有其存在的价值,适度地利用第二等待时间,能够引发学生的进一步思考,从而对问题的回答更完整,使学生对问题的认识更加深刻。

在数学教学过程中,教师应充分认识到这两种等待时间的意义和价值,对不同的问题采用合理的等待时间,以保证学生有足够的思考时间。

(3)教师等待行为主要出现在引入新课、讲授新课以及巩固练习等几个

教学环节中

通过研究,我们发现,教师等待行为主要发生在引入新课、讲授新课以及巩固练习等几个教学环节中(图 7.2)。

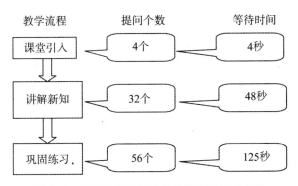

图 7.2　主要教学环节的教学等待时间分布图

从图 7.2 可以发现,教师在课堂引入环节提问最少,等待时间也较短;在讲解新知识时,教师提问较多,等待时间也相对较多;在巩固练习环节,提问的数量最多,等待时间也最长。

(4) 不同的提问类型所对应的等待时间不同

我们将教师提问分为管理、识记、重复、提示、理解、评价等 6 种类型。为了研究方便,我们将管理、重复以及提示归为分析综合型问题。这样,提问分为识记型、分析综合型、理解型和评价型提问 4 类。我们可以发现,不同的教师提问类型所对应的"等待时间"不同。

从表 7.1 和图 7.3 中可以发现,该堂课中教师一共提出 92 个问题,等待时间为 190 秒,平均每个问题的思考时间为 2.1 秒;提问类型主要以识记型提问为主,理解型提问次之,分析综合型提问较少,评价型提问最少;同时,不同问题的等待时间也不相同,识记型问题所对应的等待时间最少,评价型问题留给学生的思考时间最多,从提问类型的等待时间来看,分析综合型的等待时间最长,理解型的等待时间次之。

表 7.1　提问类型的等待时间分布

提问类型	提问个数	等待时间(秒)	平均等待时间(秒)
识记型	53	40	0.7
分析综合型	12	77	6.4
理解型	26	53	2
评价型	1	20	20
总数	92	190	2.1

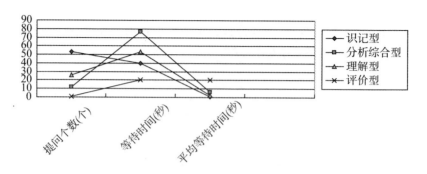

图7.3　不同提问类型所对应的等待时间比较

（5）不同的等待时间，学生参与度不同

通过研究，我们发现，不同的等待时间对应着不同的学生参与行为，具体见表7.2与图7.3。

表7.2　不同的等待时间所对应的学生参与情况

学生参与情况	个数	等待时间（秒）	平均等待时间（秒）
提问第一个举手的学生回答问题	20	84	4.2
在众多举手的学生中叫一个回答	3	13	4.3
学生齐答或者部分学生回答	32	53	1.7
学生没有回答	37	30	0.8
总计	92	190	2.1

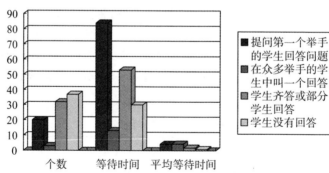

图7.4　学生回答问题情况的等待时间比较

从表7.2和图7.4中可以看出，教师在提出的92个问题中，有37个问题学生没有回答，55个问题学生做出了回答；学生齐答或部分学生回答和学生没有回答的平均等待时间要远低于教师单独提问的平均等待时间；整节课中，教师提出问题后,等待第一个学生举手就提问的个数是 20 个,等待后在众多学生中叫一个学生回答的个数是 3 个,前者是后者的近 7 倍。这也说明,教师在提问过程中的等待时间过短,没有考虑到学生的参与度和参与层次。

7.2.2　等待行为观察量表的制订与实际应用

7.2.2.1　数学课堂教学等待行为观察量表的制订

教学等待行为是数学教师课堂教学行为的重要行为之一,为了了解师生对教师等待行为的看法,我们对实验学校的师生进行了访谈。

对教师访谈实录:

Q：您认为在课堂教学中有没有必要给学生留有思考时间?

18 位接受访谈的教师一致认为,教师在课堂教学中有必要给学生留有思考时间。

Q：什么时候有必要给学生以思考时间?

BT1：根据课堂需要吧,如果大部分学生不能反应过来,就需要留有时间。

BT3：就是根据设计的练习进行调配吧。

ST1：稍微难点的问题,有启发性的问题,需要思考时间。

ST2：需要学生思考的,本身就是有难度的,不能一带而过的,就要给学生留思考的时间。

新的知识点,比如概念、性质等,在讲解完后,给学生一段思考的时间,让他们自己再理解和回顾一下。还有比如一个例题做完后,如证明题,让学生再自己理一下思路,考虑问题更加充分全面一些。

ST3：提问、解题的时候。

WT1：我们在课堂讲解的过程中间,在引导的过程中间,从第一步到第二步中间,肯定要让学生思考,不能是老师来代替。

WT3：应该所有的问题都给学生思考时间,无非是时间的长短问题,较容易的,时间就短一点,难的就长一点。

WT4：如果这个问题本来就没有多少思考含量,那就不需要了。但是有些问题的话,可能难一点,那思考的时间就要长一点。

WT5：一般的话就是概念的理解,这个每天肯定很多的,也没有说是有什么固定的时间。

WT6：提问完了,就有必要。

DT1：首先是当出现一个问题或提出一个问题时,给学生以思考时间,比如你反馈结束之后也应该留有时间,因为有的时候反馈是让学生形成鲜明对比的。比如说学生的方法出现一些常规性的错误或一些容易错解的时候,提出来思考它为什么错,这是一个反馈时间,另外一个比方说学生提出一个问题,他加以回答了,然后你给出了不同的思考方向的时候,我觉得你应该给他一个思考时间。出现问题,然后问题解决,这两个时间点都应该给他以思考。

DT2:你需要他们去理解、需要他们去思考的时候,就得给他们时间,否则只凭一道题目,我讲讲,他光看我,看别人做得对,都是看的啊,每个人都会看,但到要自己做的时候就不一样了,让他们自己去理解,把原来是我的东西变成他的东西,他就得去思考。或者说在我没讲之前,他就可以去思考了,先去挖掘。

DT3:任何一个问题出现,哪怕是最简单的问题出现的时候都要给学生思考。因为到后面的话,有些题目不是说一眼就可以看出来的,有很多分类的思想啊都在里面。

DT4:思考时间我觉得在各个环节中都有必要的。

DT5:我是这样的,如果上新课,一般我们前面进行一些简单知识的回顾,回顾的时候,如果有练习,有配套引入的练习,那么先给他们一些时间让他们动手去做一做;如果是没练习,我们先讲一些知识以后,那么下面让同学做练习的时候,这个时间要给比较充分点。

Q:给学生等待时间的目的是什么?

18 位接受访谈的教师中,17 名教师认为给学生等待时间的目的是促进学生的思考,有 1 名教师认为,给学生一个反思、吸收的时间。

Q:一般给学生多长的思考时间?

对于该问题,教师们众说纷纭,意见不统一,认为,应该根据问题的难易程度来定。

为了更好地了解教师课堂等待行为在教学中的意义,我们从学生角度进行了访谈。

Q:当老师在提出问题后,会给出一些时间让你们思考问题吗?

18 名被访谈的学生都认为老师会给出思考时间。

Q:你觉得这样的思考时间是否需要?

18 名被访谈的学生都认为这样的思考时间是需要的。

通过对教师课堂教学等待时间的文献研究以及分类研究,同时,通过大量的课堂观察,对师生问卷调查以及访谈,制订了如表 7.3、表 7.4 所示的教师课堂教学等待行为观察量表。

表 7.3 数学课堂教学等待行为观察量表(一)

A. 等待行为的类型	编码				
①第一等待行为; ②第二等待行为; ③其他等待行为。	A	B	C	D	学生参与人数
	1				
B. 等待时间类型	2				
①有等待时间但<3秒; ②等待时间>3秒; ③叫学生回答问题前没有等待时间; ④不采用提问后等待,而是提问前就点名要求回答问题的学生。	3				
	4				
	5				
C. 学生应答	6				
①无答; ②机械性回答; ③识记性回答; ④理解性回答; ⑤创造性回答。	7				
	8				
	9				
	10				
	11				
	12				
	13				
	14				
	15				
	16				

表 7.4 数学课堂教学等待行为观察量表(二)

等待类型		学生回答类型的次数				
		无答	机械性回答	识记性回答	理解性回答	创造性回答
教师提问后等待时间	等待时间<3秒					
	等待时间>3秒					
其他等待时间	操作课件					
	学生练习					

7.2.2.2 课堂教学的等待教学行为观察量表的实际应用

在 L 中学组织的一次数学教研活动中,我们将数学教师课堂教学等待行为观察量表与参加培训的老师分享,并尝试在数学课堂教学中使用观察量表。

我们让部分教师使用该量表对课堂教学进行现场量化统计分析,并将其统计结果在评课中进行交流。这不仅给教师带来有关课堂观察的新启示,同时将"质"与"量"的课堂评价进行有效结合,使评价有理有据。课后,教师们对课堂教学进行了评价,其中等待组的评价如下:

等待组(L 市第二中学的老师代表)发言:

第一,做这样的事情,有些地方不是很懂,上课过程中有些环节也不是很清楚算不算停顿,所以记下来也不一定准确,大家就做一下参考。这里呢,它分了五类,一是操作多媒体的时间,这里没有停顿时间,因为仪器比较先进。接下来是学生思考时间,有 3 次,总时间是 3 分 14 秒。第 3 块是学生做题的时间,两次,总时间是 6 分 50 秒,第 4 块是等待学生回应的时间,这里我们是分成两组来记,最后有点出入,因为有的环节不是很好分,算不算等待,我们中和一下,取了 12 次,总时间是 33 秒。然后无效等待的时间应该没有,还有就是画图,我们自己加了一下,老师画图有 3 次,总共是 6 秒。这是记下来的时间。

(评价)没有无效等待时间,我们觉得这个课上得很好,能够充分利用 40分钟的上课时间。第二个就是多媒体操作时间也没有,这个我们也非常佩服,仪器先进,老师设计得也很好。第三个是,我们算了一下总的停顿时间是 1 分43 秒。一节课 40 分钟,按这个比例来看,我们觉得偏少了点,留给学生思考的时间偏少了一些。还有一个就是我们感觉提了很多问题,但给学生思考的时间都不长,我们记下来给学生思考的时间都是 2 秒、3 秒。可能对有些基础差点的学生、反应慢的学生是不是还没有反应过来,老师就把结论抛出来,没有给学生充分思考的时间。最后一点就是,停顿用了 10 分 43 秒,剩下的 30分钟的时间就是老师在讲,老师自己上得也比较辛苦。

事后,我们对"二元一次不等式(组)与平面区域"进行了课堂教学实录分析,并对课堂等待行为进行了分析,结果如表 7.5 所示。

表 7.5 等待次数和时间统计表

等待理由	次数	总时间
学生思考	3	$3'14''$
练习	2	$6'50''$
等待学生回应	12	$33''$

统计结果说明,教师在课例中充分利用上课的时间,没有出现无效等待时间,同时统计结果也显示学生思考的时间偏少,总共为 3 分 47 秒,这都体现了教师上课快节奏的特点。同时也表明,利用课堂观察量表进行观察有一定的效果。

7.3　数学教师课堂教学等待行为个案比较

7.3.1　优秀教师数学课堂等待行为个案研究

7.3.1.1　问题的提出

众所周知,数学课堂教学中,教师课堂教学等待行为对学生数学学习有着重要的影响。为了了解优秀数学教师的课堂教学等待行为的特点,本研究通过对两堂课堂教学进行文字实录,结合录像观察,对教师教学提问类型、方式以及所引发的学生的回答方式进行了分类和统计,并对其进行编码分析,从而探究优秀教师课堂等待行为的特征以及优秀教师等待行为与学生应答之间的关系。

7.3.1.2　研究方法

（1）被试

选浙江省两名数学教师作为研究对象,教师 A 的教龄为 30 年,中学数学特级教师,被国家教委、人事部评为"全国优秀教师"、浙江省"5522 计划"名师人选。教师 B 的教龄为 12 年,中学高级教师。根据本研究优秀教师的界定标准,两位教师均符合优秀教师标准。

（2）研究材料

本研究的教学内容：A 教师授课内容为浙教版七年级上册《4.5 合并同类项》,B 教师的授课内容为浙教版七年级下册《6.4 因式分解的简单应用》。

《4.5 合并同类项》这一节,在此之前,学生已经学习了整式的概念,对代数式的有关知识有所了解,本节课的教学重点是同类项的概念和合并同类项的法则,教学难点是学会合并同类项。《6.4 因式分解的简单应用》这一节,因式分解是代数式的一种重要恒等变形,它是学习分式的基础,又在恒等变形、代数式的运算、解方程、函数中有广泛的应用。本节课的教学重点是会用因式分解进行简单的多项式除法及求解一元二次方程,教学难点是综合运用因式分解知识解决数学应用问题。

（3）研究工具

本研究在借鉴 TIMSS Video Study 的录像编码和视频案例研究后,采用了录像分析的研究方法,并采用第 7.2 节得到的观察量表分别对教师等待行为进行了统计分析。

7.3.1.3　研究过程

我们将提问分为识记、管理、提示、重复、理解、评价等 6 种类型[①],将学生

---

① 叶立军,斯海霞. 基于录像分析背景下的代数课堂教学提问研究[J]. 教育理论与实践,2010(8)：41-43.

的回答情况归为 5 类:"无答"、"机械性回答"、"识记性回答"、"理解性回答"和"创造性回答"。将教师的等待行为分为第一等待行为、第二等待行为以及其他等待行为。

本研究在借鉴 TIMSS Video Study 的录像编码和视频案例研究后,采用了录像分析的研究方法。通过现场观察和录像拍摄相结合的方式对两堂课的课堂文字实录进行分析、研究,结合课堂录像观察,对教师课堂教学提问、教学等待行为以及学生参与行为进行了编码分析,由此得出一些结论和启示。

7.3.1.4 结论

(1)优秀教师善于利用第一等待行为,且等待时间大于 3 秒的次数较多

从表 7.6 和表 7.7 的统计结果可以发现,两位教师提问后,大多给予学生一定的等待时间。教师 A 第一等待行为 107 次,占所有等待行为次数的 78.68%,其中,大于 3 秒的等待时间有 32 次;教师 B 第一等待行为有 82 次,占所有等待行为次数的 87.23%,其中,大于 3 秒的等待时间有 21 次。

表 7.6 教师 A 课堂教学等待行为统计表

等待类型	各种类型的次数				
	等待时间 <3 秒	等待时间 >3 秒	叫学生回答问题前没有等待时间	不采用提问后等待,而是提问前就点名要求回答问题的学生	总次数
第一等待行为	75	32	0	0	107
第二等待行为	15	5	0	0	20
其他等待行为	6 次为操作课件,2 次为练习时间,1 次为课堂讨论				

表 7.7 教师 B 课堂教学等待行为统计表

等待类型	各种类型的次数				
	等待时间 <3 秒	等待时间 >3 秒	叫学生回答问题前没有等待时间	不采用提问后等待,而是提问前就点名要求回答问题的学生	总次数
第一等待行为	50	21	7	4	82
第二等待行为	1	0	0	0	1
其他等待行为	2 次为操作课件,9 次为练习时间				

由此可见,两位优秀教师在提问后经常给学生以等待的时间,其中等待时间大于 3 秒的次数较多,分别占第一等待行为总次数的 29.9% 和 25.6%,这也说明优秀教师注重学生能有足够的时间得以思考,发挥学生的主体地位,提高学生的认知水平。通过教师的第一等待行为刺激学生积极思考,并鼓励学生主动参与整个课堂教学,提高学生对数学学习的自信心,让学生在自主探索

中进行有效的知识构建,从而促进有效教学的达成。

(2) 优秀教师在第二等待行为的使用上有一定的差别,教师 A 更善于利用第二等待行为

通过两位教师的比较,如表 7.6 和表 7.7 所示,我们发现,教师 A 更善于使用第二等待行为,其中第二等待行为达 20 次,大于 3 秒的等待时间有 5 次,而教师 B 的第二等待行为仅一次,且等待时间小于 3 秒,说明教师 A 在课堂教学提问中能够意识到学生回答后给予时间消化知识的重要性,已经意识到,它是学生思考及思维形成的必要过程,但第二等待时间是对第一等待时间的补充,它可以充分调动学生思维判断的积极性,并对自己的回答做出判断或补充。这不仅能够促进学生学会深入思考,还能激活学生数学思维的深层参与。而教师 B 在学生回答后缺乏必要的等待时间以引导学生进一步思考,未能使得学生的思维得到升华,从而使得学生对问题的认识不够深刻。

(3) 优秀教师操作媒体不够熟练,出现多次的等待行为

通过对两位优秀教师的课堂观察,结合表 7.6 和表 7.7,发现两位教师的其他等待行为主要有操作课件、课内练习和课堂讨论三种,其中操作媒体有多次。在这三种等待行为中,教师 A 有 6 次是操作媒体,1 次组织学生讨论,2 次课堂练习。而教师 B 有 2 次是操作媒体,9 次课堂练习的等待行为。这说明优秀教师在操作媒体上不够娴熟,未能灵活地将现代信息技术的优越性体现在课堂教学过程中,特别是教师 A,在 9 次其他等待行为中,操作媒体占了66.67%,而课堂练习的等待次数仅占 22.22%。

(4) 教师 A 大多采用先提出问题后点名学生的提问方式,而教师 B 采用先点名学生后提出问题的提问方式

研究发现,在提问方式上,两位教师存在着一些不同,教师 A 采用先提出问题后点名学生的提问方式,而教师 B 则有 4 次先点名学生后提出问题,7 次先提出问题后点名学生。这说明优秀教师在课堂教学提问中,注重采取不同的提问方式,合理运用教学手段,启发学生的有效思考,并让每位学生都能享受平等参与课堂生活的权利和机会。教师在进行课堂提问时,教师的问题意识、问题产生过程都会影响到教师的提问方式,进而对学生产生潜移默化的作用。

(5) 当等待时间大于 3 秒后,学生应答质量较高

通过对两位教师的课堂教学等待行为和学生的应答情况研究(表 7.8、表7.9),我们可以发现,当等待时间小于 3 秒时,学生的应答以机械性回答、识记性回答以及理解性回答为主,同时,还会出现无答的现象,很难出现创造性回答;而当等待时间超过 3 秒后,主要以理解性回答为主,不会出现无答和机械性回答,同时,也会出现创造性回答,其中教师 A 的理解性回答有 25 次,创造

性回答 4 次;教师 B 的理解性回答有 5 次,创造性回答 3 次。这说明当等待时间大于 3 秒时,教师留给学生一定的独立思考的时间和空间,让学生在头脑中进行数学思维的转变和信息的整合,同时还给予学生以时间,能够让他们与数学认知结构中适当的知识建立自然的内在联系,从而使得学生应答质量明显提高。

表 7.8　教师 A 课堂教学等待行为下学生应答类型统计表

等待类型		学生回答类型的次数				
		无答	机械性回答	识记性回答	理解性回答	创造性回答
教师提问后等待时间	等待时间<3 秒	4	19	9	43	0
	等待时间>3 秒	0	0	3	25	4
其他等待时间	操作课件	7	0	0	0	0
	学生练习	2	0	0	0	0

表 7.9　教师 B 课堂教学等待行为下学生应答类型统计表

等待类型		学生回答类型的次数				
		无答	机械性回答	识记性回答	理解性回答	创造性回答
教师提问后等待时间	等待时间<3 秒	9	9	10	21	1
	等待时间>3 秒	0	0	0	5	3
其他等待时间	操作课件	2	0	0	0	0
	学生练习	9	0	0	0	0

7.3.1.5　启示

(1) 教师应给予学生充足的等待时间

数学教师的课堂教学等待行为在课堂教学中有着十分重要的价值,优秀教师能够灵活调控课堂教学活动,利用第一等待行为使更多的学生积极参与到课堂活动中,启发学生主动思考,勇于探索。新课程倡导"数学学习过程应该表现为一个探索与交流的过程——在探索的过程中形成自己对数学的理解,并在他人的交流过程中逐渐完善自己的想法。"[1]因此,对数学课堂教学来说,给学生必要的等待时间以确保养成数学思维是不容忽视的。

---

①　邵明志. 让我们的课堂充满探索与交流——一个定值问题的诱思教学实录[J]. 数学通报,2008(12):31-33.

（2）学生应答后，教师应合理利用第二等待时间以激发学生进一步思考

叶圣陶先生说："教育是农业而不是工业。"正如教师对待自己的学生一样，在教学过程中，不能为了节约时间，忽略学生的感受，而应该给他们以时间去消化、去领会、去体验。教师的第二等待行为能够引起学生的进一步思考，使学生的思维得到升华。

（3）教师合理的提问方式可以提高学生的学习能力和思考能力

通过对两位优秀教师提问方式的研究，我们认为，教师应根据问题的类型和难易程度来选择提问方式。而教师的提问方式影响着学生的学习积极性，相关研究证明，教师有效的提问方式和学生的学习成绩之间是密切相关的，好的课堂提问，不仅可以启发学生领会教学内容，检查学生掌握知识的情况，还能培养学生的创造性思维，调动学生学习的积极性。[①]

总之，数学教师应充分利用有效的等待行为，不仅能促进学生的有效思考和高效学习，还能提高数学课堂教学质量。

7.3.2 新手教师数学课堂等待行为个案研究

7.3.2.1 问题提出

众所周知，数学课堂教学中，教师课堂教学等待行为对学生数学学习有着重要的影响。为了了解新手数学教师的课堂教学等待行为的特点，本研究通过对两堂课堂教学录像进行文字实录，结合录像观察，对教师教学提问类型、方式以及所引发的学生的回答方式进行了分类和统计，并对其进行编码分析，从而探究新手教师课堂等待行为的特征以及新手教师等待行为与学生应答之间的关系。

7.3.2.2 研究方法

（1）被试

研究对象选自浙江省两名数学教师，教师 C 的教龄为 1 年，教师 D 的教龄为 2 年。根据本研究界定新教师的标准，两位教师均符合新教师标准。

（2）研究材料

本研究的教学内容：教师授课内容是浙教版七年级上册《4.5 合并同类项》，B 教师的授课内容为浙教版七年级下册《因式分解的简单应用》。

（3）研究工具

本研究在借鉴 TIMSS Video Study 的录像编码和视频案例研究后，采用了录像分析的研究方法，并采用第 7.2 节得到的观察量表分别对教师等待行

---

① 王秋颖. 数学课堂中的提问技巧初探[J]. 辽宁教育行政学院学报，2010(12)：120.

为进行了统计分析。

7.3.2.3　研究过程

我们将提问分为识记、管理、提示、重复、理解、评价等 6 种类型[①],将学生的回答情况归为 5 类:"无答"、"机械性回答"、"识记性回答"、"理解性回答"和"创造性回答"。将教师的等待行为分为第一等待行为、第二等待行为以及其他等待行为。

本研究在借鉴 TIMSS Video Study 的录像编码和视频案例研究后,采用了录像分析的研究方法。通过现场观察和录像拍摄相结合的方式对两堂课的课堂教学实录进行分析、研究,结合课堂录像,对新手教师课堂教学提问、教学等待行为以及学生参与行为进行了编码分析,由此得出一些结论和启示。

7.3.2.4　结论

(1) 新手教师经常利用第一等待行为,但等待时间普遍较短

研究发现,新手教师一般采用的策略多为第一等待行为,而且时间较短,在两位教师的等待行为中仅各有 1 次是第二等待行为,且等待时间大多少于 3 秒。教师 C 总共有 88 次等待行为,其中第一等待行为有 79 次,占总等待行为次数的 89.8%,有 54 次等待时间少于 3 秒,占总的等待行为次数的 61.4%,有 23 次每一次的第一等待时间超过 3 秒,占总的等待行为次数的 26.1%(表 7.10);教师 D 总共有 115 次等待行为,其中第一等待行为有 108 次,占总等待行为次数的 93.9%,有 84 次等待时间少于 3 秒,占总的等待行为次数的 73%,有 16 次每一次的第一等待时间超过 3 秒,占总的等待行为次数的 13.9%(表 7.11)。

(2) 新手教师操作媒体熟练,其他等待行为大多为课堂练习

通过研究发现,两位新教师其他等待行为没有一次是操作媒体,由此可见新教师操作媒体的熟练程度;新教师重视学生的练习,每位教师都给出了等待时间。其中,C 教师有 8 次课堂练习等待时间;而 B 教师有 4 次课堂练习等待时间,1 次课堂讨论,1 次看书等待时间。

(3) 新手教师大多采用先提问题后点名学生的提问方式

研究发现,在提问方式上,两位教师存在着一些不同,C 教师大多采用先提出问题后点名学生的提问方式,而仅有 1 次先点名学生后提出问题,有 1 次点名学生后才给予等待时间;D 教师有 8 次点名学生后才给予等待时间。这说明,随着教学经验的增加,在提问中会更加重视等待时间的应用。

---

① 叶立军、斯海霞. 基于录像分析背景下的代数课堂教学提问研究[J]. 教育理论与实践,2010(8):41-43.

表 7.10 教师 C 课堂教学等待行为统计表

等待类型	各种类型的次数				
	等待时间 <3 秒	等待时间 >3 秒	叫学生回答问题前没有等待时间	不采用提问后等待,而是提问前就点名要求回答问题的学生	总次数
第一等待行为	54	23	1	1	79
第二等待行为	1	0	0	0	1
其他等待行为	8 次为练习时间				

表 7.11 教师 D 课堂教学等待行为统计表

等待类型	各种类型的次数				
	等待时间 <3 秒	等待时间 >3 秒	叫学生回答问题前没有等待时间	不采用提问后等待,而是提问前就点名要求回答问题的学生	总次数
第一等待行为	84	16	8	0	108
第二等待行为	1	0	0	0	1
其他等待行为	4 次为练习时间,1 次为板书,1 次看书				

（4）当等待时间大于 3 秒后,学生应答质量较高

通过研究,我们可以发现,当等待时间少于 3 秒时,学生的应答以机械性回答、识记性回答以及理解性回答为主,同时,还会出现无答的现象;而当等待时间超过 3 秒时,主要以理解性回答为主,不会出现无答和机械性回答（表7.12、表 7.13）。

（5）学生应答中很少有创造性应答

研究发现,尽管新手教师有很多提问,而且也给予等待时间,但两新教师的提问中没有出现学生创造性应答,这可能与教师的提问等待时间、提问方式以及提问能力等有关。

7.3.3 新手教师与优秀教师等待行为差异

在等待行为上,通过研究发现,新手教师在提问等待次数上明显比优秀教师少,每次的等待时间也比优秀教师少;而优秀教师运用学生回答后等待的行为次数比新手教师要多。由此可见,优秀教师重视应用等待行为,同时有较好的时间感,能关注学生的个体差异。

表 7.12　教师 C 课堂教学等待行为下学生应答类型统计表

等待类型		学生回答类型的次数				
		无答	机械性回答	识记性回答	理解性回答	创造性回答
教师提问后等待时间	等待时间<3秒	6	8	10	30	0
	等待时间>3秒	4	0	2	17	0
其他等待时间	操作课件	0				
	学生练习	4				

表 7.13　教师 D 课堂教学等待行为下学生应答类型统计表

等待类型		学生回答类型的次数				
		无答	机械性回答	识记性回答	理解性回答	创造性回答
教师提问后等待时间	等待时间<3秒	7	25	11	42	0
	等待时间>3秒	0	0	3	14	0
其他等待时间	操作课件	0				
	学生练习	8				

7.3.4　对策

7.3.4.1　不同的提问类型应该有不同的"等待时间"

研究发现,不同类型的提问对应着不同的认知层次和思维参与程度。识记性提问主要在数学课堂中涉及已经学过的定义、定理、公式、法则等基础知识和基本技能,要求学生对这些内容进行再现和确认,教师提出识记性问题后,留给学生的思考时间应相对少些;理解性提问需要学生对所涉及的知识和方法进行归纳、类比、分析、综合等内化活动,是对信息的重加工,学生的思维参与程度相对较高,因此等待时间也应相对长些;而分析综合性问题和评价性提问属于高层次的提问,学生的思维参与程度相对比较高,因此教师在给学生等待时间时应该比前两种类型要多些。

与此同时,在数学课堂中,教师还应根据不同的教学任务设计出不同的提问类型,问题难易设计也应注意层次和坡度,以更好地把握等待时间行为。

7.3.4.2　教师应依据不同的课堂类型,给学生留出恰当的"等待时间",以便学生更好地思维

我们发现,"等待时间"与教师课堂提问行为、学生练习等行为有关,这说明,不同数学课堂类型,课堂教学等待时间应有所不同。在本研究中的四堂课均为新授课,教师的提问类型分布较为明显。新授课的重点是学生对新知识的理解和接受,问题设计的目的是刺激学生积极思考并能创造性地回答问题,教师应多设计一些分析综合型提问和评价型提问,相应的等待时间也应长一些,以利于学生将知识内化为能力。

7.3.4.3　合理控制无效等待时间,提高课堂效率

研究表明,在数学课堂教学中,虽然无效等待时间在整节课中所占比例较小,但无效等待时间会造成教学资源的浪费。教师应该从整体上把握课堂,明晰教学环节之间的联系,教学过程要紧凑,从而合理地控制无效等待时间,提高课堂效率。

通过课堂观察和师生的访谈,我们发现,有的新手教师在等待时间的处理上没有考虑到学生的认知水平。例如,有的教师同时提出几个问题,而问题之间的联系又很少;有的教师刚提出一个问题,就马上让学生来回答;有的教学环节繁冗过多,提问具有随意性,不注重学生的思维等。如果教师为了追求所谓的"高效",加快教学进程,在学生尚未建立起与认知结构中有关知识的自然联系,未对自身的认知活动进行细致的审察时,就给出预设的思路或答案,学生的主体参与就会演化为虚假的被动配合[①]。教师在等待行为的把握上要正确地认识和评估学生的认知水平,要注意"弹性"原则,在解决课堂中的预设问题时,处理好预设和生成之间的关系,真正从学生实际情况出发,合理地设计等待时间,以促使生成问题的出现。

总之,数学教师应该在课堂教学中按照教学实际情况给学生留有适当的等待时间,以利于学生养成数学地思考问题的习惯。

7.4　小　结

本章主要探讨了数学教师等待行为在数学课堂教学中的意义,以及与提问行为相关的课堂教学等待行为的分类。在此基础上,分别对新手教师和优秀教师的课堂教学等待行为进行了个案研究,得出了新手教师课堂教学等待行为的一些特征;同时,得出了新手教师与优秀教师等待行为的差异,在此基础上提出了相应的对策。

---

① 韩龙淑,涂荣豹.数学启发式教学中的偏差现象及应对策略[J].中国教育学刊,2006(10):66-68.

第8章 研究结论、反思及建议

8.1 研究结论

本专著在分析和借鉴了国内外新手教师和专家教师教学行为比较研究的基础上,对数学教师4种主要课堂教学行为进行了分项研究。通过研究,对提问、教学言语、教学反馈以及等待行为进行了分类,并通过师生访谈制订了4种教学行为课堂观察量表,并对新手教师和优秀教师分别进行个案比较研究,得到了如下结论。

8.1.1 数学教师课堂提问行为差异研究

新手教师和优秀教师课堂提问行为差异主要表现在:

(1)新手教师比较关注学生的知识掌握程度,而优秀教师不仅关注学生知识的掌握,还关注启发、引导学生,以激发学生的思维;

(2)优秀教师善于提出启发性的问题,能引导学生积极思考,善于调动学生的积极性;

(3)优秀教师善于追问,根据教学内容和学生的实际情况设置问题串,使问题形成问题链;

(4)新手教师在"提问后叫举手学生"次数多于优秀教师,而优秀教师"学生齐答"、"叫未举手学生回答"的次数均多于新手教师,这说明,优秀教师善于通过提问调动学生的积极性,提高学生的参与度;

(5)在理答方式上,新手教师经常出现"打断学生回答或自己代答"以及"重复学生答案或问题"或"对学生的回答不予理睬或消极批评"等现象,而优秀教师往往采用"学生回答进行鼓励或称赞"或"鼓励学生提出问题"。这说明,优秀教师关注学生的发展,而新手教师只关注自己个人的教学行为。

教师应该以教学目标为指导,设计课堂提问,切实提高提问行为的有效性;追求课堂提问的时效性,减少低效提问,增加高效提问;针对不同类型的问题引导学生采取不同的应答方式,激发学生高认知思维,使学生的认知水平达到"最近发展区"的要求;鼓励学生积极参与课堂教学提问。

8.1.2　数学教师课堂教学言语行为差异研究

教师课堂教学语言占整堂课的绝大部分时间,师生交流是数学教学的主要方式。

新手教师和优秀教师课堂教学言语行为差异主要表现在:

(1)优秀教师追问性语言、引导性语言的次数比新手教师多,新手教师提问性语言的次数比优秀教师多,这说明,优秀教师在课堂教学中善于启发诱导学生,积极参与课堂活动;

(2)优秀教师言语行为主要发生在课题引入、讲解新知、例题讲解等环节,而新手教师的言语行为主要存在于例题讲解和课堂练习环节,这说明,优秀教师重视新知的讲解,而新手教师主要关注学生练习;

(3)优秀教师在应用过渡性语言的次数比新手教师多,这说明,在讲解新问题时,优秀教师善于让学生了解下一步的主要教学目的;

(4)课堂教学中,新手教师课堂教学话语掌控时间比优秀教师多,优秀教师比较关注给学生参与师生对话的机会。

因此,教师应该加强数学语言训练;适时应用隐喻方式进行教学,体现数学与生活实际相联系;合理有效地采用有效的追问,提高教师提问语言的有效性;语言力求丰富、生动、有趣,提高学生的学习积极性。

8.1.3　数学教师课堂教学反馈行为差异研究

数学新手教师、优秀教师课堂教学反馈行为的差异主要表现在以下方面:

(1)优秀教师教学反馈行为在讲解新知、例题讲解出现的次数比新手教师多,而新手教师反馈行为在引入环节出现的次数比优秀教师多;

(2)优秀教师采用师生共同反馈的形式次数比新手教师多,优秀教师经常会引导学生相互讨论,使学生获得自我矫正的机会;

(3)优秀教师往往反馈及时,起到了强化的作用,新手教师往往无反馈地重复练习类似的问题;

(4)优秀教师反馈形式呈现多样化,而新手教师往往反馈形式比较单一;

(5)优秀教师善于利用期望、肯定、鼓励等方式对学生进行反馈,而新手教师往往以否定、消极批评等形式进行反馈,这说明,优秀教师比较关注学生的情感、态度,更注意鼓励学生参与教学过程;

(6)新手教师比优秀教师更容易对成绩较差的学生缺乏耐心,新手教师往往在学生回答问题时频频催促,打断较差学生的应答;

(7)教师在处理学生错误应答时,对待成绩差的学生和好的学生的方式不尽相同,对差生往往较少辅助、提示,也很少重复问题,新教师这类行为尤为明显；

（8）调查发现，同样在问题回答正确的情况下，成绩差的学生受到的表扬更少，而同样是错误的应答，成绩差的学生受到的批评更多。

因此，教师应该正确认识课堂教学反馈行为在课堂教学中的价值和作用；教师应该灵活运用多种课堂教学反馈行为；提高课堂教学反馈能力，在课堂教学中对学生的参与行为及时、准确地做出反馈。

8.1.4　数学教师课堂等待行为差异研究

新手教师的提问等待次数明显比优秀教师少，每次的等待时间也比优秀教师少；而优秀教师运用学生回答后等待的行为次数比新手教师要多。由此可见，优秀教师重视应用等待行为，同时有较好的时间感，能关注学生的个体差异。

教师应依据不同的课堂类型，给学生留出恰当的"等待时间"，以利于学生更好地思维；合理控制无效等待时间，提高课堂效率。

8.2　反　思

8.2.1　数学教师课堂教学行为本质及其特征

课堂教学行为作为教师为达到教学目标而采取的教学操作方法总和，受到教师内在素养和外在的课堂教学情境的影响。数学教师课堂教学行为研究是数学教学论研究、数学教师专业化发展的一个永恒话题。数学教师课堂教学行为问题历来以经验形式存在于数学课堂教学研究中。研究教师课堂教学行为的意义不仅在于促进教师向学生传授数学知识，拓展学生的能力，还在于更有效地组织数学课堂教学活动。

8.2.1.1　数学教师课堂教学行为的本质

教师课堂教学行为是教师行为的重要组成部分。教师行为的本质是人类行为本质的反映。人是实践活动的存在物，并只有在实践活动中得到完善和发展。[①] 以实践作为逻辑起点来审视人的生命，一方面，人具有大自然赋予人类的自然生命，同时，人也具有自我创新的价值生命。这使人的本质更为完整，也决定了人类个体的生存价值和意义。也就是说，人的本质除了自然本质以外还具有价值生命的本质。教师作为人，也具有自然生命和价值生命的本质。同时，教师作为从事崇高职业的特殊群体，有着比一般人类个体更高的价

---

① 唐松林.教师行为研究[M].长沙：湖南师范大学出版社，2002：19.

值生命。实质上,教师行为产生的心理动力来自教师价值生命中一种内在的求善性本质,这种本质是教师在人性的基础上,在长期的教育实践中形成的价值观念、信念系统等个性品质。①

教师教学行为是个体素质在课堂教学中的集中表现,对学生起着自然的、潜在的影响。由于课堂教学情境的不同,教师的课堂教学行为也呈现多样性、多元化的特征。与此同时,数学教师课堂教学行为必须符合不同学生的身心发展特征,必须有利于学生个体的发展。

数学教师课堂教学行为是数学教师内在素质的外在表现,是数学知识、教学艺术和爱的高度结合。在教学活动中,教师的教学行为比教师权威更具有直接的、有效的影响作用。正是由于数学教师的教学行为使得数学教学活动充满生机,富有魅力。

由于学生品质、个性、能力没有完全定型,具有很强的可塑性,同时,学生具有很强的模仿能力,因此教师课堂教学行为具有很强的导向性功能。

同时,课堂教学行为凝聚着知识、能力和情感,也凝聚着教师的教学艺术和教学风格,在课堂教学中影响着学生的学习行为,影响着学生人格和个性的形成。

不同的哲学思想,教师的行为、方式都会有根本的不同。可以说,不同的哲学思想,教师有不同的教育价值。由此可见,教师的哲学知识对教师教学行为有着重要的影响。教师对教学内容的选择必须依靠哲学的判断,教学方法的运用也离不开哲学的指引。因此,教师掌握的哲学知识具有深远的影响。

8.2.1.2　数学教师课堂教学行为特征

数学教师课堂教学行为是教育行为的一种,它与数学学习行为、教育管理行为共同构成数学教育行为;教师教学行为是教学观念、教学对象和教学环境的函数;教学行为是一种角色行为,有其自身的特征和规律性。因此,研究教师课堂教学行为,应该注重其发生的基础研究。

数学教师行为研究比数学教育心理研究更为重要,因为教师行为具有更高的实践性品格。数学教师课堂教学行为是基于个人经验的,具有鲜明的个性特征。新手教师之所以在课堂教学中难以进行高效教学的重要原因之一是缺乏课堂教学经验。数学教师课堂教学行为具有示范性、具有生成性以及具有丰富性、复杂性;同时,作为实践性知识的课堂教学行为有其特有的特征:

(1) 数学教师课堂教学行为具有情境性

许多学者认为,行为与情境息息相关。情境既可以被看作现象学研究和经验研究的最小单位,也可以被看作若干人之间存在某种行为关系时的一种

---

① 唐松林.论现代教师的德育素质[J].教育探索,2000(10):57-59.

现象。[1] 施志毅、廖可珍从行为科学的定义出发,认为行为是个体心理特征和环境的函数,用一般的数学公式可表示为:$B = f(P_{a,b,e} \cdot E_{m,a,o})$,式中:$B$ 表示行为,P 表示个体心理特征,E 表示环境因素。[2] 勒温认为,为了理解或预测行为,就必须把人及其环境看作是一种相互依存因素的集合,他把这些因素的整体称为该个体的生活空间,并用 $B = f(PE)$ 来表示,式中:B 表示行为,P 表示行为主体,E 表示生活空间。[3] 也就是说,行为只有当个体心理特征与环境发生相互作用时才会发生,不仅受行为主体的影响,也受情境的影响。

数学教师的职业特点决定了数学教师的专业知识不是独立于教育情境之外的,而是一种"情境理性"。一方面,数学教师专业知识只有在具体的教学情境中,才能被激活,另一方面,数学教师的课堂教学行为只有在课堂教学现场才能实现,并通过不断的"重塑",成为一种超越技巧的实践性智慧。

数学课堂教学的实际情况纷繁复杂,教师不可能将课堂教学每个步骤都设想得十分精确,这要求数学教师的行为方式也与实际情况密切相关。而在课堂教学中,教学行为是由教师教学行为能力决定的,受课堂教学行为情境影响的。新手教师与优秀教师教学行为能力的差异性决定了教师课堂教学行为的差异性。而教学行为情境是受时间限制、有一定结构的,由教师和学生有意识地构建起来的,并具有一定意义的互动单元[4]。可以说,"行为"和"情境"互相依存,情境离不开行为,行为也离不开情境。

教师和学生以自己的教学行为建立课堂教学过程;教学行为通过教学目标指向教学工作、师生、生生之间的互动和语言的交流。只有成功地把课堂教学过程的所有要素整合在一起,才能保证课堂教学的质量。

(2) 数学教师课堂教学行为具有可塑性

教师课堂教学行为的可塑性主要体现在:一方面,随着教育改革的不断深入,教师不断地进行学习、课堂实践、反思,转变了教育观念,提升了教学行为能力,从而改变了课堂教学行为方式,使之与教育结构变化相适应;另一方面,随着社会的发展,政治、经济、文化体制等的变革,教育观念也会随之发生变化,教师的课堂教学行为也因此发生变化。同时,正是由于课堂教学行为的可塑性,新手教师通过自身的教学实践、反思,课堂教学行为不断地吸取优秀

---

① [德]F.W.克罗恩著.教学论基础[M].李其龙,李家丽,徐斌艳译.北京:教育科学出版社,2005:259.

② 施志毅,廖可珍.建立教育行为学刍议[J].江西教育科研,1997(6):26.

③ 申荷永.充满张力的生活空间.见:勒温的动力心理学[M].武汉:湖北教育出版社,1999:43.

④ [德]希尔伯特·迈克.课堂教学方法(理论篇)[M].龙岚岚,余茜译.上海:华东师范大学出版社,2011:87.

教师的课堂行为特征,从而不断地具备优秀教师的课堂教学行为特征。

（3）数学教师课堂教学行为具有传播性

数学课堂教学是师生互动的结果,在整个教学过程中,师生相互传递、反馈信息。从教师角度来看,教师通过各种教学行为传播知识。而从传播学视角来看,传播本身就是一种行为。[①] 美国学者认为,人类传播行为符合五大公理:公理一、任何一个社会个体不能不传播;公理二、每一次传播互动都有内容指标和关系指标;公理三、每一次传播互动都因其划定方式的不同而不同;公理四、信息包括语言符号和非语言暗示;公理五、互动式对称和互补的[②]。由此可见,教师课堂教学行为是教育信息传播与沟通的中介,具有传播性。

（4）数学教师课堂教学行为具有选择性

我们发现,优秀教师和新手教师的不同特征是选择性。选择性是指教师能够从显著并偶然的信息中分离出重要内容的能力。优秀教师往往关注特定的课堂行为和活动,即关注那些需要及时引起教师注意的信息。根据优秀教师和新手教师关注的一些课堂活动发现,新手教师更关注学生的行为表现,特别是他们认为是不羁的行为。而与教学目标实现有关系的课堂活动却往往很容易被忽视。相比之下,优秀教师更关注教学目标。经验丰富的教师更多关注的是教学内容而不是课堂教学过程。优秀教师能通过自己的经验更好地区分信息和活动是否重要,他们选择的标准往往受到课程教学目标和学生学习活动的支配。

我们发现优秀教师和新手教师在即兴处理问题的能力上是不同的,优秀教师在课堂教学中,能够在以学生为中心和以教学内容为中心这两者之间取得平衡,还能现场找到例子和数学题来说明和澄清数学概念。

总之,优秀教师具有以下特点:第一,高效处理课堂信息的能力。像其他领域的专家一样,优秀教师能够在短时间内认清和识别同时传递过来的大量信息。第二,处理信息的选择性。与国际象棋高手类似,优秀教师在处理信息时更具选择性。第三,具有即兴处理问题的能力。优秀教师能够更好地根据学生需求和需要作出课堂决策。像其他领域的专家一样,优秀教师关注大量的重要课堂活动,因为经常使用而使这种选择能力形成了自动化。第四,优秀教师对问题的表述和分析更具深层次和原则性。

---

① 王姣姣.实践与反思:课堂教学行为研究——以六所中小学为个案[博士学位论文].长沙:湖南师范大学,2009:33.

② 高炜,宁琳.传播行为与规则——互动中建构传播理性[J],前沿,2008(2):194-197.

8.2.2 教师教学行为能力的差异决定了教学行为的差异

教学研究原本就是"事件性研究",其主体是教师。[①] 数学教师课堂教学行为能力是教师的实践性知识,教师的实践性知识主要有两个来源:① 经验的结果。课堂教学行为能力是缄默知识,它随着工作经验的积累会逐步增加。② 反思的结果。教师实践性知识是综合性知识,具有实践性知识的教师可以探究、解决课堂教学问题,并能正确地对课堂教学问题作出合适的课堂决策。

教学行为能力是指在不断更新、无法精确预计的课堂教学情境中,目标明确、独立自主地,并在符合体制框架条件下,组织学生的学习过程的能力。[②]

数学教师的课堂教学行为能力是看不到的,只能间接地从观察到的教师行为中推断出来。教师课堂教学行为能力的提升并非是自动发生的,它需要教师多年教学经验的积累。教学经验是改进教学实践的必要条件,但不是充分条件。教师想提升课堂教学能力,必须学会从经验中反思并作出主动抉择。具有较高的课堂教学行为能力的优秀教师在课堂教学中具有较高的处理问题能力,并能达到教学自然化和程序化的程度。优秀的数学教师依靠自身广泛的经验高效地完成教学任务,而新手教师则需要通过努力才可能完成相应的教学任务。

教师的教学行为能力的获得离不开教学实践活动,更离不开对教学经验的反思。教学经验的反思,又称反思性实践(reflective practice),是一种思考教育方式,要求教师具有作出理性选择并对这些选择承担责任的能力。[③] 同时,经验有完整与不完整之分,日常生活的经验往往是零碎的,不完整的,需要通过反思,使经验得以完整。波斯纳(G.J. Posner,1989)提出了一个教师成长的公式:经验＋反思＝成长。他指出,没有反思的经验是狭隘的经验,至多只能形成肤浅的知识。如果教师仅仅满足于经验获得而不对经验进行深入思考,那么他的发展将大受影响。[④]

经验反思必须对自身的课堂教学行为要充分的了解,Ruth M. Allent 和 Renee M. Casbergue(1995)研究表明,教师在回忆课堂教学行为时,新手教师和优秀教师有着明显的不同。1～3.5 年教学经验的新手教师会出现一些不常见的错误回忆。有 6.5 年经验的教师和专家显示了准确的回忆。因此,通

---

① 王鉴.课堂研究概论[M].北京:人民教育出版社,2007:208.

② [德]希尔伯特・迈克.课堂教学方法(理论篇)[M].龙岚岚,余茜译.上海:华东师范大学出版社,2011:87.

③ Ross D D. First Steps in Developing a Reflective Apporach. Journal of Teacher Education,1989,4092:22-30.

④ Posner G J. Field Experience: Methods of Reflective Teaching (2nd ed.). New York: Longma,1989:22.

过录像分析的方法对教师的教学行为进行分析研究是很有必要的。实践表明,通过新手教师和优秀教师教学行为的比较有利于新手教师对自身的教学行为作出反思,从而改进自身的教学行为,提升教师的课堂教学行为能力,改善教师课堂教学行为决策,达到提高课堂教学质量的目的。

8.2.3 影响数学教师课堂教学行为的因素

20 世纪 80 年代,布罗菲(1986)指出,尽管课堂教学研究取得了显著的进展,但课堂教学研究(包括学校数学教学研究)仍处于起步阶段。Mary Schatz Koehler 和 Douglas A. Grouws 的研究将数学课堂教学研究分成 4 个层次。

第一层次有两种情况,第一种情况只有教师和学生两个变量,探讨教师的特征如何决定学生的学习结果。

第二种情况在第一种情况中加入了教师行为这一中介变量,探讨教师的特征如何决定教师行为,以及教师行为如何决定学生学习结果。

第二层次增加了学生行为,主要探讨了教师的特征如何决定他的行为,他的行为和学生行为如何相互影响,以及学生的行为是如何决定学生成绩的。

第三层次又增加了学生的特征、学生的成绩和态度三个变量,主要探讨学生的特征如何影响教师的行为和学生的行为,学生的特征如何决定学生的成绩和态度的。

第四层次增加了学生的态度趋向、教师的信念、教师的态度以及教师的知识 4 个大的变量,另外还增加了 9 个小的变量,分别是与教师知识有关的内容、学生的知识和教学三个变量,与教师信念有关的教学与数学两个变量,与学生学习结果有关的认知和情感两个变量,与学生态度有关的数学和自我两个变量。

他们从课堂教学研究的复杂性这个角度检验了教学研究,他们提出了课堂教学研究的模型(图 8.1)。他们假设:学习结果是根据学习者自己的行动或行为,受下面因素的影响:① 作为学习者他们自己的信念;② 他们有关数学学科的信念;③ 课堂上教师所说的和所做的。根据这个模型,教师教学行为受教师知识(所教的内容,学习者是如何学习、了解具体内容和方法的,教的具体内容)的影响。还有,教师关于教学和数学的态度和信念。因此,数学课堂教学复杂性决定了教师课堂教学行为研究的复杂性。

Suriza van der Sandt(2007)在 Koehler 和 Grouws 的框架基础上提出了如图 8.2 所示的数学课堂教学研究行为框架。[①]

---

① Suriza van der Sandt. Research Framework on Mathematics Teacher Behaviour: Koehler and Grouw's Framework Revisited. Eurasia Journal of Mathematics, Science & Technology Education,2007,3(4): 343-350.

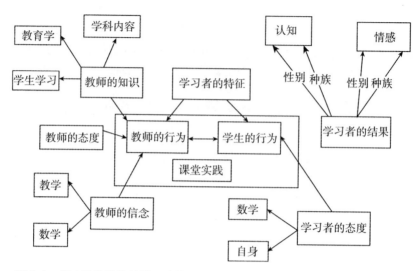

图 8.1 第 4 层次课堂教学研究模型(Koehler and Grouws,1992 年,第 118 页)

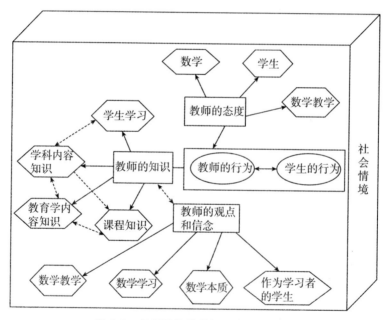

图 8.2 教师课堂教学行为的研究框架

　　我们发现,数学新手教师、优秀教师在课堂提问、教学言语、教学反馈以及等待等行为方面存在着很多不同之处,而导致这些行为差异的原因是纷繁复杂的。教师的个性特征结构、知识水平等影响着数学教师课堂教学行为。同时,数学课堂教学中,学生的学习行为也影响着教师课堂教学行为,如学生的数学学习兴趣、课堂参与等情况会影响教师课堂教学行为。与此同时，教师的教学行为还受社会、家庭、学校机构等方面的限制。

影响数学教师教学行为的维度有很多，其中主要有[①]：目标维度、内容维度、组织维度、行为情境维度、时间维度。这五个维度相互交织、互为条件、互相影响。教学行为有其内在的目标指向；教学行为中的空间组织形式、社交等方面影响着教师课堂教学行为；师生课堂教学中的活动情境影响着教师选择教学行为。研究发现，优秀教师所关注的是与教学目标相关联的一些事情。

由此可见，数学教师课堂教学行为研究是十分复杂的。结合长期的课堂教学观察实践以及课堂教学研究，我们认为，数学教师课堂教学行为主要由数学教师的个人素养、数学课堂教学目标、教学内容、学生的实际情况以及课堂教学情境等因素决定。

8.2.3.1　数学课堂教学行为受教师个体知识制约

实践表明，数学教师对数学内容和教学法的认识、理解对数学教学有着重要的影响。优秀数学教师在他们教学实践中的各个方面比新手教师拥有更丰富的知识。个案研究表明，教师的知识在教材内容的选择和解释中发挥了非常重要的作用(Putnan，Heaton，Prawat & Remild，1992)。教师的知识是一个庞大的功能系统，它是教师整体效能的一个重要指标。一般来说，教师的知识有四个组成部分，包括教师有关学生学习的知识、学科内容知识、教学知识和课程知识。教师为了能够成功地即兴处理问题，需要拥有一个广泛的知识互联体系、方便的图式，通过这些，他们能在互动式教学中选择特定的策略、常规和信息。当新手教师遇到课堂实施偏离自己的计划时，在即兴处理问题上有一定的难度。在长期的课堂观察实践中，我们发现，虽然都是优秀教师或者是新手教师，但由于教师个体知识结构和个人素养不同，在课堂教学中的行为也表现各异，有时甚至差异很大。

同时，行为是为目标服务的，有什么样的目标就有什么样的行为。数学教师课堂教学行为是受教学目标决定的。与此同时，教学内容也会对教学行为有制约作用。也就是说，数学教学目标、教学内容影响着数学教师课堂教学行为。因此，教师课堂教学行为是由教学的任务和课堂教学活动目标决定的。

8.2.3.2　教师认识信念影响着数学教师的课堂教学行为

自20世纪中期以来，西方学者在研究教师行为的同时，发现要正确解释

---

① ［德］希尔伯特·迈克.课堂教学方法(理论篇)［M］.龙岚岚，余茜译.上海：华东师范大学出版社，2011：188.

从研究中获取的信息，就必须了解教师本人的理念和价值判断。① 许多研究表明，教师的教学观念和教学行为是相关的。教师的教学观念可能是教师原本清楚的，也可能是隐含的、非系统化的，但都对教学行为有影响（Pajar，1992；Richardson，1996；Yero，2002）。

教师的教学观是教师从教学实践经验中逐步形成的对教学的本质和过程的基本看法。② 教学观一旦确定，就会在教师们的头脑中形成一个框架，影响他们对教学过程的具体事物和现象的看法，影响他们在教学中的决策和实际表现，进而影响学生的学习。③

教师有什么样的教育理念，就有什么样的课堂教学行为，教师外在的教学行为始终受其内在的数学观念、教学思想、教学理念的影响。在数学课堂教学中，教师的数学观和学生的学生观对教师课堂教学行为有着十分重要的影响。

同时，数学教师对数学本质的观点是基础，教师的态度包括教师对数学和数学教学的态度及教师对待学生的态度。教师对数学本身的态度（例如，热情和信心）可能会影响教师的数学教学态度，这反过来对数学课堂气氛又具有强大的影响（欧内斯特，1989）。

教师关于学生数学学习的理解有两种：一种认为，学习是学生对知识的积极建构，而不是被动地接收知识。同时，学生能自发地产生对数学学习的兴趣。另一种认为，学生只是被动学习。教师不同的数学学习观影响着课堂教学行为。教师关于学习者的信念是多种多样的，认为有些学生天生就擅长学习，而另外一些学生的数学学习能力则是有限的。教师不同的学生学习观决定着数学教师的教学方式，影响着教师课堂教学行为，从而影响着数学课堂教学质量。

另一方面，教师的态度、信念和观点及教学行为所表现出来的知识，受到社会和学校环境因素的制约及其突发事件的影响。在一个给定的背景下，教师的知识与他们的观点、信念、态度共同影响着教师的课堂教学行为。

8.2.3.3 学校文化是教师课堂教学行为差异的重要影响因素

思想观念决定行为，数学教师的数学观、教学观决定了教师的教学行为。

---

① 高凌飚，王晶. 教师的教学观——一个重要而又崭新的研究领域[J]. 学科教育，2003(7)：1.

② Larson S. Describing teachers' conceptions of their professional world. In：Halkes R & Olson J K. Teacher thinking：A new perspective on persisting problems in educationa；Proceeding of the first symposium of the international study association on teacher thingking. Tilburg，1983：123-133.

③ Sheppard C & Gibert J. Course design, teaching method and student epistemology. Higher Education，1991，22：229-249.

学校文化是学校的价值观,教师群体意识和行为规范的综合。它以文化为手段,以学校管理为目的。我们发现,学校文化根深蒂固,是很难被改变,且不容易被察觉的自觉行为。它渗透到学校规章制度中,贯彻在点滴的教师教学行为中,学校文化管理的是教师的思想。因而,可以说,有什么样的学校文化就有什么样的教师课堂教学行为。

通过对实验学校的教学实践、课堂观察以及师生访谈后,我们发现,学校文化是影响教师课堂教学行为差异的一个重要因素。在实验学校中,有 3 所是重点学校,3 所是普通学校。重点学校教师教研活动气氛很浓,教师集体备课、讨论,共享教学资源。教师课后还会撰写教学后记、体会,学校也尽可能地为教师提供了优质的教学资源以及教师发展机会。我们发现,重点学校的教师课堂教学行为能力比一般学校的同类型教师要强。

同时,由于重点学校的学生整体学习能力较强,学校又有浓厚的学习气氛,在课堂教学中,教师的教学行为与普通中学教师的教学行为有着很大的差异。

总之,学校文化是影响教师课堂教学行为差异的重要因素。我们认为,学校应该为数学教师创设有利于合作、互助的良好的教学氛围,为教师专业化发展提供良好的环境。

8.2.4　研究的局限性

(1) 数学教师课堂有很多教学行为,但由于人力、物力等限制,本研究只选择了课堂提问、教学言语、教学反馈以及等候时间等四个行为。同时,影响教师课堂教学行为的因素很多,本研究没有对影响因素开展研究。

(2) 本研究主要探讨数学教师课堂教学行为,由于地域、人力、时间等因素,新手教师、优秀教师的个案均选自实验学校的教师,因此在研究结果的推论上,应考虑各地区教学环境不同的因素,有条件地推论及应用。

(3) 虽然研究尽可能考虑信度、效度,但由于所收集的课堂教学录像数量以及课堂教学的复杂性,信度、效度等都受到了一定的影响。

(4) 在研究方法上,主要进行了横向研究。优秀教师与新手教师的研究从真正意义上来说更应关注纵向研究,把握优秀教师成长规律,为教师培养提供理论依据。

(5) 优秀教师选择的局限性,由于优秀教师没有一个固定的标准,因此,对优秀教师的选择有一定的主观性。

(6) 选择课例的局限性,本研究选择的课例都是代数课,同时,又都是新授课,所得到的结论对于教学推广是一个限制。

8.3 建 议

8.3.1 构建有效的数学教师课堂教学行为模式途径

课堂教学行为模式是由教师一系列简单的教学行为构成的,受课堂教学情境、教师个性结构等因素的制约,它调节着课堂教学中师生交往互动的形式和方法。我们认为,和谐有效的数学课堂教学应该是有明确的教学目标,清晰的教学思路,有效的课堂提问,学生参与有效且参与度高,教学语言科学、简洁、明了,教学反馈及时、有效,教学等待行为适当、合理,教学效果明显等特征。因此,数学教师必须具备有效的课堂提问能力、教学语言能力、课堂教学反馈等能力,才能成功地构建有效的课堂教学,提高课堂教学质量。

8.3.1.1 构建有效课堂教学行为模式是数学学科本质的要求

恩格斯指出:"数学是研究现实世界的空间形式和数量关系的科学。"《数学课程标准》(修订稿)也明确指出:数学是研究数量关系和空间形式的科学。从宏观的角度看,数学本质就是数学观问题,即"什么是数学"。因此数学本质既体现在数学研究结果上,又体现在研究过程中;数学本质不仅体现在数学知识上,还体现在数学思想、数学文化、数学精神里,还体现在抽象、严密、简洁等特点上。从微观角度看,数学本质就是指具体数学内容的本真意义。

《全日制义务教育数学课程标准》(实验稿)明确要求培养学生"用数学的眼光去认识自己生活的环境与社会",学会"数学地思考",即运用数学的知识、方法去分析事物、思考问题。① 数学的本质是抽象,数学教学的本质是数学思维训练。也就是,数学教学的学科本质是让学生学会数学地思考问题、分析问题。在数学教学中,教师应该努力做到:① 注意培养学生对数学基本概念的理解;② 对数学思想方法的正确把握;③ 对数学特有思维方式的感悟。例如,在函数概念教学中,教师要让学生体会到:函数是数学从运动的研究中引出的一个基本概念。它来源于运动,是应"科学的数学化"之所需。函数概念的本质是两个变量之间的一种特殊的对应关系。"函数"不是一个数,而是一个对应关系。函数概念所反映的基本思想是运动变化的思想。教学的核心任务:让学生体验"一个量随着另一个量的变化而变化"的过程。教师只有这样从知识的源头出发思考所教知识的本质是什么,在把握数学知识本质和知识发展主线的基础上,尽可能地让学生的数学思维随之流淌,才能让学生真正地

---

① 数学课程标准研制组.全日制义务教育数学课程标准(实验稿)解读[M].北京:北京师范大学出版社,2001:173.

理解知识。

8.3.1.2　挖掘教材内容,把握教学目标是构建有效教学行为模式的必要条件

教学是有目的、有计划的、有组织的活动。教学目标是教学过程的构成要素。正确把握数学学科本质,首先要在挖掘教材内容的基础上把握好教学目标。

(1) 教学目标正确、具体,符合学生学习心理发展规律

在教学过程中,教学目标的制订是非常关键的一环,这是因为教学目标在教学活动中处于核心位置,它决定着教学行为。教学目标,是教学的出发点,又是教学的归宿,同时,还是教学评价的依据。它既有定向功能又有调控功能。适度、有效的教学目标是激发学生学习兴趣最有效的手段,是数学有效教学的重要前提和保证。那么,怎样的教学目标才是定位合理、正确的呢?

如浙教版七年级上册的 4.1 节《用字母表示数》,很多教师都会制订这样的教学目标:① 知识与技能:理解用字母表示数的意义,会用字母表示简单的数量关系与规律,渗透符号化数学思想,培养符号感。② 过程与方法:让学生经历自主探索、合作交流的过程,提高分析、解决问题的能力,培养用数学的意识。③ 情感与态度:创设各种情景,增强学生学习的兴趣,培养学生良好的意志品质,进一步提高创新和实践能力。这个三维教学目标看似很全面,既渗透了数学思想也培养了学生的能力,还注意了学生的情感态度,但它并没有抓住用字母表示数的本质特征,目标定位也不够具体,对教学的定向作用也没有充分体现,特别是混淆了课程目标与课堂教学目标的关系。教师按这个目标教学,课堂教学往往只是关注学生是否会用字母表示数以及字母表示数的书写规范,导致课堂教学中数学学科本质的缺失。其实对于《用字母表示数》这一节,教师应揭示知识背后所蕴含的如下思想与方法:① 让学生理解用字母表示数的意义,体会到用字母表示数的优越性;② 会用字母表示简单的数量关系与规律,让学生理解同一字母可以表示不同的数和不同字母可以表示同一个数,渗透符号化数学思想,培养符号感;③ 让学生掌握书写的规范,能够正确书写。教师只有在教学过程中渗透以上几点,才能让学生真正认识和理解数学本质,才能更加深刻理解数学,发展学生的思维。

可见抓住数学本质,合理定位教学目标是有效课堂教学的前提。因此教师只有正确把握数学内容的本质,才能制订出合理有效的教学目标。

(2) 教学任务与教学目标保持高度一致

课堂教学中,教学任务是为完成教学目标服务的,教学任务应该围绕教学目标展开。实践表明,有效的课堂教学必然是教学任务与教学目标保持高度一致。只有教学目标有效地转化为教学任务,教学内容才能有效地落实。因

此,教学任务的设计也必须从学生出发,从课本内容出发,恰当地组织素材,切不可脱离学生的实际情况。例如,对《用字母表示数》这一节内容,教师为让学生理解同一字母可以表示不同的数和不同字母可以表示同一个数这一教学目标,可以设置这样的教学任务来落实教学目标。如,底为 4 米的三角形面积分别可表示成 h、2h、4h 时,则字母 h 分别表示什么? 宽是 3 米的长方形面积分别可表示为 3a、3b、3c,则 a、b、c 分别表示什么? 让学生体会到以符代数的数学思想,从而真正抓住数学的本质。又如,在"整式"一节中,教学的重点应该把单项式讲清楚,引导学生归纳出单项式中的系数、次数,为合并同类项打下基础;对于多项式重点要说清楚"项"应该包括正负号,为后续去括号的学习打下基础。

8.3.1.3 重视过程教学,培养学生思维能力是有效行为实施的必要保证

数学学科本质只有在过程教学中才能得以体现的。只有通过过程教学,教师才能正确处理现象与本质、过程与结果、形式与内容等矛盾。数学过程教学应该是以数学知识发生发展过程为载体,符合学习的学习认知的过程,以学生为主体的数学活动过程。因此,在过程教学中,教师应该强调学生数学思维的展开、深度参与课堂教学,以自然的、水到渠成的知识发生、发展过程为载体设计学生的数学活动过程;充分发挥学生学习的主动性、积极性,强调数学概念、原理和思想方法的实质性理解,强调用数学解决问题的能力的落实。

在教学中,教师应关注学生数学思维进行教学设计。如浙教版八年级上册的 6.1 节《探索确定位置的方法》,其教学目标为:① 确定位置的方法有多种,在确定前首先应作规定;② 规定要合理,有了合理的规定后,位置与有序实数对建立了一一对应关系;③ 让学生体会到,确定位置的方法不是唯一的。根据教学目标与其蕴含的数学本质,教师可构建这样的教学内容:让学生自主探索,寻找确定位置的方法,体会到多种方法表示同一位置。

教学目标是一种给定信息,教学结果则是一种输出信息,但教学过程不是一个线性的因果链条。因此,一次性地通过教学手段一般不能直接得到与目标完全一致的结果。这就需要反馈,即利用输出信息与给定信息的差异来调节和控制教学实施,使教学合乎目的地展开。因此,反馈是使教学过程走向有序和保持结构稳定的必要条件,成功的教学过程总是通过反馈来逐步实现教学结果与教学目标的统一的。

研究发现,在数学课堂教学中,大约五分之一的时间教师在进行教学反馈,而反馈对激励学生和让他们认识到自己的行为是否正确非常重要。教师的反馈行为为学生参加教学活动,掌握知识提供了动力。因为正确的反馈行为有较强的指导性,它能够促使学生产生心理上的自动力,帮助他们开启思维的闸门,提高其学习的兴趣和信心,鼓舞他们积极向上的勇气。正确的反馈,

能够满足学生自尊的需要,引起学生积极的情绪体验,促进学生将内在的需求外化为积极的行动。教师正确的反馈还会优化教学过程,创设更加生动的课堂教学。同时,教师的反馈行为要以尊重、理解学生为前提,要保护学生的自尊心。

实践表明,即时反馈有利于学生的学习,学生可以利用教师的反馈指导后续的学习活动。同时,在数学课堂教学中,教师不一定总是亲自做出反馈,他们可以让学生自己或者学生相互提供反馈①、相互激励,抓住数学本质,真正理解数学内涵。实践表明,有目标引导的自我反馈是有效的,因此,教师课堂教学目标促进有效的课堂教学反馈,才能提高数学课堂教学质量。

8.3.1.4　合适的教学方法是有效行为顺利实施的重要保证

教学有法,但无定法,关键是合理、有效。例如,关于概念的教学,让学生对概念咬文嚼字,死记硬背只能停留在记忆的层面。其关键是学生能从一般中得以提炼、概括,那么如何概括呢?

首先就要从举例开始,教师可以以典型丰富的具体实例为载体,引导学生展开观察、分析各事例的属性、抽象概括共同本质属性,从而归纳得出数学概念,这样学生才能抓住数学概念的本质,才能了解基本概念所蕴含的思想方法,才能真正地理解数学。

而对于一些公式(如乘法公式、平方差公式、完全平方公式等)、运算律、几何性质等内容教师可采取探究式教学。如矩形的判定,教师可依据平行四边形的研究经验,即平行四边形的性质与判定的关系(性质与判定都有互逆关系),以及矩形的性质这样一个数学知识的内在逻辑发展安排来探究"矩形的判定"。首先要铺设探究的台阶,教师可以设计这样的一系列问题来引导学生:① 矩形与平行四边形的关系是什么? ② 平行四边形的"判定"与"性质"有什么关系? ③ 我们是如何研究平行四边形的"判定"的? ④ 矩形有哪些性质?当学生顺着这些思路回忆这些知识,思维正活跃起来,心中充满了对新知识的渴望时,教师便可追问:类比平行四边形的"判定"研究过程,你能提出矩形"判定"的猜想吗?你能证明自己的猜想吗?让学生从数学的本质出发来探究新知、主动经历知识发生、发展的过程。但是对一些概念名称、定义、复杂的定理(如勾股定理)等内容是不易进行探究的。当然,任何探究过程都是需要教师精心设计的,教师要在把握数学本质的基础上围绕核心内容引导学生进行定向的探究。

总之,数学教学应当坚持以学生为主体,采取求真、务实的教学态度,根据学生的知识水平和年龄特征,精细挖掘、精心处理教材内容,确立体现数学本

---

① 　郑君.课堂教学反馈行为类型及其实施原则[J].当代教育科学,2010(6):40-41.

质的教学目标,构建体现数学本质的教学内容,运用有效的教学方式,让数学课堂凸显数学的本质。

8.3.2 数学教师课堂教学有效教学行为实施的措施

从辩证唯物论的观点看,任何事物都包含内在矛盾性,事物矛盾的法则是对立统一。矛盾双方相互排斥、相互依存、相互渗透共同推动事物的发展。在数学课堂教学中,亦存在着多对矛盾双方,片面强调任何一方都有碍于数学教学的有效进行。如何才能构建有效的数学教师课堂教学行为模式,我们认为应该努力做到:

8.3.2.1 提高课题导入有效性

良好的开端是成功的一半,一个有效的课题导入往往会成为这堂课成功的关键,它是数学教师最为精心设计的部分。数学教师课堂教学行为能力具有情境性,因此,为了把学生的兴趣引到所要学习的新知识上,教师常通过创设问题情境,进行课题导入。问题情境,是指将教学内容与学生感兴趣的生活实际相联系而设计的问题,教师创设问题情境,旨在激发学生学习的主动性和积极性。

在数学课堂教学中,教师越来越重视通过创设问题情景引出教学内容,尤其是在新课开始之时,教师经常千方百计为学生创设能使学生积极参与的问题情境。完整的问题情境需经历以下四个过程:感受情景——对情景进行描述——表征数学问题——解决问题。在整个过程中,既要注重数学的本质,又要注意适度合理,同时还要符合直观性、趣味性、启发性和铺垫性等原则。

当然,课题导入的形式并非一成不变,根据不同的教学内容、目的,教师需要创设不同的问题情境进行课题导入才能保证其有效性。如通过创设直观性问题情境加深概念理解,通过创设实际问题情境引导学生探究、发现命题,通过创设虚拟问题情境激发学生的学习兴趣。

8.3.2.2 减少无效提问,提高应答有效性

课堂中的师生对话是探索真理与自我认识的有效途径,在对话过程中,师生可以互相帮助,互相促进。[①] 然而,在课堂教学中,教师过多的提问不仅繁琐费时,还会导致学生"随大流",增加学生回答问题的盲目性,使课堂教学重点不突出,难点得不到化解,从而制约教学目标的实现。

我们认为,在课堂教学中创造一个民主教学氛围、进行有效提问、精选讲解的例题、合理设置教学环节是解决上述问题的有效途径。因此,在课堂教学

---

① [德]卡尔·雅斯贝尔斯.什么是教育[M].邹进译.北京:生活·读书·新知三联书店,1991.

中应该[①]：

首先，创造民主的教学氛围，与学生一起进入思考的前沿。课堂是教师与学生双方互动的平台，而双方互动是建立在教学民主的基础上的。教学民主就是师生相互尊重、相互信任，其表现为：学生尊重教师的教学行为，教师也尊重学生在课堂上的行为，不能因为学生的行为稍不合常理就给予否定，给学生造成心理负担，而是要予以正确引导。

其次，增加有效提问，减少无效或低效提问。有效提问是指能够引起学生回应或回答，能让学生更加积极地参与到学习过程中，能够激发学生进行思考的提问。有效的提问不仅与提问的内容有关，还与教师提问时的语速、音调变化有关。此外，教师表达提问的方式决定了这个提问能否被学生理解为一个问题，理解为怎样一个问题。[②] 而低效或无效的提问不但不能达到好的教学效果，还会阻碍学生思维的发展。所以教师在提问的时候，要注意使提问具有一定的开放性，减少封闭性提问；要注意使提问有一定的难度，如识记性提问、提示性、理解性提问、创造性提问，减少机械性提问；要注意提问的"质量"。

总之，课堂教学中，提问是必须的，让学生参与也是课堂教学必不可少的，两者辩证统一，才能共同完成教学目标。

8.3.2.3　构建有效的师生课堂交流模式

一个课堂就是一个小社会，具有自身的价值观、规则和话语系统。然而，课堂互动又不同于普通的对话交流，区别之处就在于课堂互动的主要目的是向学生传授知识、告知信息。从语言的角度上来讲，课堂交流被人们称为一场"游戏"（Bellack et al.，1966）。在这场游戏中，规则由教师来决定，交流就包含在学生回应教师要求的方式中。课堂交流是师生之间面对面的交流，是由课堂上时时刻刻发生的行为和互动所构成的。教师们在自己的课堂上建立起多种类型的交流活动，其类型将影响到学生们的学习水平。

数学课堂教学中，如何通过师生的有效交流活动促进师生数学交流，提高教学质量已经引起人们的广泛关注。所谓数学交流，是指数学信息的接收、加工、传递的动态过程，广义的是指，探索数学和应用数学解决问题的动态过程。可以说，在日常生活中哪里使用数学，哪里就有数学交流；狭义的是指数学学

---

① 叶立军，斯海霞.当前初中数学课堂教学存在的问题及其对策[J].天津师范大学学报（基础教育版），2010(4)：52-55.

② 张志明.实施小组合作学习中的问题与对策[J].小学数学教学研究，2007(12)：26.

习与教学中使用数学语言、数学方法进行各类数学活动的动态过程。① 课堂教学中构建有效的师生交流模式,提高数学交流的有效性,进而全面提高课堂教学质量是很有必要的。

辛克莱和库尔撒德(Sinclar & Coulthard,1975)提出了课堂交流行动"提问—回答—反馈"的 IRE 理论。辛克莱和库尔撒德将课堂交流看成是一种由三部分活动组成的相互引导的活动。他们通过观察发现,教师提出的问题往往是他们已经知道答案的问题,然而学生们一旦得不到教师的反馈,就会以为自己的答案是错的。梅汉提出了"提问—回答—评价"的课堂交流 IRE 模式,其中,I(Initiation)——教师提出问题;R(Response)——学生们回答问题;E(Evaluation)——教师对学生回答的教学评价。这种模式已经被教育研究者们作为课堂交流的潜在和最典型的模式而运用。

综观当前的数学课堂教学,师生交流活动基本上是从教师提问开始的。教师对学生进行提问,然后给予学生思考或者直接要求学生回答,最终教师对于学生的回答给予一定的评价,即从整体上看,师生课堂交流活动的模式主要是"提问—回答—评价"的课堂交流模式(IRE 模式)。

虽然目前极力倡导以学生为主体,教师为主导的课堂教学,但控制整个课堂的仍然是教师,教师仍然掌控着整个课堂交流模式。同时,数学交流是完善数学认知的有效手段。通过师生课堂教学交流,达到数学交流的目的,可以帮助学生从不同的角度理解数学知识,形成对问题的全方位理解。数学交流能够提供有效途径,既保持数学思维的简洁、快速,又能克服数学思维中存在的过程和结果的模糊性②。有意义的数学交流要求学生把思维变成外部言语,并利用外部言语对思维活动进行加工、整理,以澄清和巩固思维成果③。通过数学交流可以使学生对数学问题由浅入深、由表及里、由特殊到一般地去认识,使他们有机会由感性认识上升到理性认识,使认识产生质的飞跃;通过交流,主体从感知到认识,从认识到理解,从理解到应用,从应用到反思,每个环节都有充分的时间和空间得以顺利完成,从而使新旧知识的同化和顺应过程稳定而有序,为新的数学认知结构的建立提供了一个根本的保证;同时,数学交流提供了一条使学生把内部思维转变为外部语言的途径,即利用外部语言对思维活动进行加工、整理,从而明晰思维过程,巩固思维成果,引发思维

---

① 沈呈民,孙连举,李善良.数学交流及其能力的培养[J].课程・教材・教法,1991(9):14-19.

② 李亚玲.建构观下的课堂数学交流[J].数学通报,2001(12):5-7.

③ 施仁智.浅谈课堂教学中的数学交流[J].数学通报,1998(2):16-18.

创造①。

8.3.2.4　淡化教学形式,注重教学本质

数学的本质是抽象,数学教学的本质是数学思维训练。在教学中,直观化是帮助学生理解数学抽象的重要手段,合作学习是组织学生主动构建知识、训练其数学思维的常用方法。如何正确处理这两种教学形式与数学教学实质之间的关系,是值得关注的问题,因为在实际教学中,常出现强调教学直观化、忽视数学抽象性及合作学习表面化现象。

人类理智是一种"推论的知性",它依赖于两种异质的要素:我们不能离开映象去思维,不能离开概念去直观。概念无直观则空,直观无概念则盲②,数学的抽象性与教学过程的直观化亦是如此。在教学中,直观是为了更好地理解抽象,抽象是为了从直观中抽象出数学本质,两者互相依赖。只有正确处理概念的直观与抽象的关系,根据学生的年龄特征、认知水平,适时地将两者适度转化,才能使学生真正掌握、理解概念。

尽管直观化教学有助于学生理解数学抽象知识,但数学知识的获得主要还是通过数学思维的训练。合作学习给学生提供了探索、发现真理、训练数学思维的平台,为使其不沦为形式,合作的开展当以思为先。教师应首先为小组讨论营造独立思考的空间,要给予学生充足的时间进行自学感悟,只有学生在进入合作之前有了对问题的特定思考,并形成了自己一定的想法,然后再和同伴讨论、交流、解决问题,才能避免只有好学生动口、动手,困难学生没有独立思考机会的现象。

8.3.2.5　重视预设,聚焦生成

杜威认为"教育过程在它本身之外无目的,它就是它自己的目的",即强调教育的价值在于教育活动本身③,强调在教师引导下学生主动参与、自主探究和不断创新,所谓教育即生成④便是指此。然而,课堂教学中,教师常会拘泥于预设,轻视生成。

事实上,预设与生成都是课堂教学中不可缺少的组成部分,没有对课堂教学的预设,教学会变得漫无目的,课堂教学难以完成教学目标。而生成往往是学生对教师寻求关注和帮助的一种需要,没有生成,课堂教学就会失去精彩。在课堂教学中,有时学生会提出独到的见解和有创意的问题,有时学生对问题

①　李祎.课堂数学交流研究综述[J].中学数学教学参考,2005(8):48-51.

②　[德]恩斯特·卡西尔.人论[M].甘阳译.上海:上海译文出版社,2004:78.

③　刘旭东.预设与建构——教育价值观演进的思考[J].教育理论与实践,2007(11):5.

④　方明.陶行知教育名篇[M].北京:教育科学出版社,2005.

的分析理解优于教师预先设计的方案,甚至解题过程以及结论优于教师的设计。如果教师重视这样一些课堂教学生成现象,不仅可以使学生的思维更为深化、认知更为全面、体验更为深刻,同时有助于教师拓宽教学思路,提高教学水平。

因此,在教学中,教师既要精心预设,准确把握教材,全面了解学生,有效开发资源,适时准确评价,同时教师也要关注生成,接纳生成,理智地认识生成,机智地筛选生成,巧妙地运用生成,并最终使学生的收获远远超越教师的课前预设。

8.3.2.6 重视结果,关注过程

长期以来,人们对知识的认识有两种理解:先验论者认为,知识是一种先验,教学中应该重视结果,重视知识的传授;另一种观点认为,知识在实践经验中获得,因而教学中,应该培养学生活动经验。我们认为,知识既有确定的部分,也有不确定的部分,也即既有先验的,也有在经验中获得的。因此,在教学中,应该既重视结果,又强调过程,使两者和谐地统一。

教师在教学设计时,为了使学生进行高水平思维,加大思维力度,应适当提高解答距的等级,多设计一些长解答距和新解答距的提问,让学生以一种高智力参与的认知水平来思考问题和解决问题。其次,"问"与"答"之间要有适当的时间间隔,给学生留有较充分的思考时间。如果思考时间太短,学生对问题缺乏充分的感知和足够的思考,必要的心理过程没有完成,那么学生的思维就得不到充分锻炼,"问"的效果自然不好。有研究发现,在实验条件下教师发问后,学生回答前的候答时间增加至三秒以上时,教学效果明显提高,其主要原因可能首先在于给学生提供了更多的思考机会,其次是创造了有利于学生思考问题的更宽松的课堂气氛[①]。

在教学过程中,教师应该注重会学生"如何思考",在解决问题时,应该培养学生的问题解决意识,如知道拿到题目应该怎么办,甚至为什么这么办。为了让学生与老师产生共鸣,教师需要不断地追问学生"你是怎么想的",了解学生的思维过程,关注学生的解题行为。

总之,教学是一个复杂的整体、一个完整的系统,缺乏整体性地考虑教学,往往会顾此失彼,从一个极端走向另一个极端。只有运用整体化的思想研究教学问题,正视并不断改进这些带有偏差的教学行为,才能构建和谐的课堂教学环境,才能全面提高教学质量。

---

① 施良方,崔允漷.教学理论:课堂教学的原理、策略与研究[M].上海:华东师范大学出版社,1999:206.

8.3.4　促进数学教师由新手教师向优秀教师转变的途径

当前我国的数学教师培养主要通过数学专业知识、教育学和心理学以及教育见习、实习来完成,这样的方式在教师培养上虽然有一定的成效,但并不能有效地提高数学教师的课堂教学行为能力。通过新手教师和优秀教师的教学行为比较,可以为教师教育提供一个新的视野。

通过对数学新手、优秀教师课堂教学行为比较研究,可以揭示出优秀教师的课堂教学行为特征,有利于构建优秀教师的课堂教学行为特征体系,为数学教师培养提供明确的方向。同时,还可以发现两类教师的差异所在,为新手教师向优秀教师转变提供努力的目标,在教师培养时做到有的放矢。另一方面,通过研究也让新手教师明确自己与优秀教师之间的差距,从而发挥自己的主观能动性,努力提高自身的专业素养、课堂教学行为能力,不断反省课堂教学行为,提升课堂教学能力。为此,数学教师提升自身课堂教学行为能力的途径如下:

8.3.4.1　数学教师成为数学课堂教学研究者

教师成为研究者(teacher as researcher)的观点认为,教师有能力对自己的课堂教学行为进行反思、研究和改进,教师有能力针对自己的教学情境提出最贴近的改革建议。由教师来研究和改革自己的教育实践是教育改革最直接和最合适的方式[1]。佐藤学认为,教学研究意味着"理论的实践化",处于轴心地位的是"实践的理论化"或"实践性理论",因为实践不是单纯的理论运用领域。教育研究原本就是"实践性研究",其"主体是教师"[2]。因此,数学教师应该充分认识到教师课堂教学行为对教学工作的重要性,积极参与课堂教学研究,不断寻找专业成长途径,提高教师课堂教学行为能力,从而改进自己的教学,达到提高课堂教学质量的目的。

8.3.4.2　加强理论学习,形成正确的教育哲学观

理论可以为教师提供课堂教学行为指导,同时,理论又可以对教师的教学行为的前提条件与结果进行分析和重构。因此,我们认为,科学的教学理论对课堂教学行为研究具有指导作用。在数学课堂教学行为研究中,既要反对过度理论化思维,又要反对脱离理论的埋头苦干。教师的专业知识、教育理念、心理品质、工作动机、教学能力、心理健康状况等都是对教学效果产生重要作用的因素,都必须在教师的行为中体现出来。[3] 教师的教育专业知识、技能与

① 王鉴.课堂教学研究概论[M].北京:人民教育出版社,2007:208.
② [日]佐藤学.课程与教师[M].钟启泉译.北京:教育科学出版社,2003:230.
③ 连榕.教师培训的核心:教学行为有效性的增强[J],教育评论,2000(3):24-26.

态度的提升与发展是教师职业生涯发展的主要体现。因此,数学教师加强理论学习,不断地提升自身的专业素养对数学教师课堂教学行为能力提升是十分重要的。

正如每个人都有自己的人生哲学观一样,每个教师都有自己的教育哲学观;正如人生哲学观往往决定人的人生发展,教育哲学观决定着每位教师的教学行为,形成独特的教学风格,决定着课堂教学质量。教育哲学观由教师个体的教学经验、生活经验和文化习俗等建构而成。

教育哲学观是缄默知识,扎根于每位教师的心灵深处,时刻影响着教师的教学行为。优秀的数学教师往往能够清楚地意识到自己的教育哲学观,不断审视自己的课堂教学行为,并能够不断地通过反思提升自己的课堂教学行为能力,从而自如地应对课堂教学中的各种问题。而新手教师往往不能正确地意识到自己的教育哲学观,甚至会被自己的教育哲学引向歧途而不能自知。为此,新手教师更应加强理论学习,不断地开展教学反思,从而能够清楚地明晰自己的教育哲学观。

由于当前的应试教育产生影响深远的应试文化,导致许多教师的教学行为受应试教育的影响,导致他们的教育哲学观也不可避免地被打上了应试的烙印。为此,教师们应该加强理论学习,尤其是哲学理论的学习,养成质疑、批判、实证的科学精神,形成正确的教育哲学观,成为反思的实践者,不断地提升课堂教学行为能力。

8.3.4.3 加强合作,研究数学教师课堂教学行为,促进教师专业化发展

长期以来,我们在实验基地坚持基于课堂观察与录像分析相结合的方法进行课堂教学行为研究,在多个实验学校坚持同课异构的方法进行教研活动,在教师专业成长方面取得了一定的成效。

在实践中,我们采用高校、教研室、学科专家与中小学教师合作等方式,采取"任务驱动,专家引领,以研为主,注重发展"的模式共同研究数学教师课堂教学行为,提高数学教师课堂教学行为能力。同时,采用多途径、多种教师培训模式并存,努力提高教师培训的效益,努力实现教师专业化;努力提高教师自学能力,健全教师终身学习机制,实现转变数学教师课堂教学行为从非自觉状态向自觉状态转变,不断提升课堂教学行为能力。

以关注课堂教学质量、关注教师成长为目的,我们在实验基地长期开展"课堂观察—摄像—评课—录像分析—讨论—自省—改进"为形式的教学活动,实验学校数学教师尤其是新手教师专业得以较快发展。在实验基地,我们努力做到了:

(1)坚持以行动研究为研究取向。在数学课堂教学研究过程中,我们以高校研究者和一线教师共同选择教学内容、设计教案、实施课堂教学,并观察、

讨论和评价课堂学习实施过程,在分析、讨论、评价和自我反思的基础上,重新设计符合学生学习需要的新的教学设计,并再次在课堂教学中实施,提高了数学教师专业技能和专业能力的发展水平。

（2）以课堂教学录像为纽带。在数学课堂教学研究过程中,我们以教师课堂教学录像为研究的纽带,坚持课堂观察、教学录像相结合,引导教师聚焦于对课堂教学行为的反思与分析。正是这一纽带的牵引作用,使得教师不断地在反思中成长,使得教学理论和实践交融在一起,不断产生新的教学设计、新的教学行为和新的教学效果。

总之,课堂教学是艺术,提问是手段,语言是媒介,反馈、等候行为是形式,教师素养是关键。数学教师不仅需要广博的数学专业知识,还需要扎实的教育理论知识,具备驾驭教材的能力。

附录 A 《分式的乘除》教学录像文字实录

说明：

T 表示教师的非提问行为；

Q 表示教师提问行为；

S 表示学生的行为；

Sn 表示第 n 个学生的行为；

PS 表示部分学生行为；

RS 表示不确定的某个学生的行为；

GASn 表示 A 组第 n 个学生的行为；

T&S 表示师生共同行为。

T2：同学们好！

S：老师，您好！

T2：请坐！

T2：刚才我进来的时候，有同学用惊讶的表情，大家认不认识我啊？我是×××班的数学老师，今天由我来上《分式的乘除》，希望这节课能和大家过得愉快！

T2(Q1)：同学们有没有学过重力？

S：学过！

T2：是吧，好！那我们来看：

T2(Q2)：你知道吗？同一个物体在月球上受到的重力是地球上重力的……？

S：六分之一！

T2：好！

T2(Q3)：如果一个物体在地球上的重力是三分之五牛，那么它在月球上的重力是多少？

S：十八分之五！

T2(Q4)：十八分之五牛！这个，在你们的印象中应该是个什么样的概念呢？

T2(Q5)：比如说在生活中熟悉的东西。

RS：鸡蛋。

T2(Q6)：一个鸡蛋大概是几牛？

PS：两牛。

T2(Q7)：两牛？

PS：两个鸡蛋一牛。

T2：三分之五牛啊，相当于两个鸡蛋再多一点。

T2：好，我们先把这个问题放一放，现在来完成这样一个问题，有请这位同学。

S1：十八分之五。

T2：从列式子开始。

S1：$5/3 \times 1/6 = 5/18$。

T2：等于 5/18 牛，很好，等于 5/18 牛。

T2(Q8)：第二问，如果一个物体在月球上的重力是 3/5 牛，那么地球上的重力应该是多少呢？

PS：15。

T2：5/3。

S：除以 1/6。

T2(Q9)：应该是等于……

S：15？

T2(Q10)：好，那我们现在来看，这两个式子是什么运算？已经学过的……

PS：乘除。

T2：乘除运算。

T2(Q11)：什么的乘除运算？

T2&S：分数的乘除运算（S 先说，T 接着一起说）。

T2(Q12)：好，那么我们来看一下，同学们回想一下，分数的乘除运算有哪些地方要注意的？

T2：好，这位男同学。

S2：分子相乘，作为积的分子，分母再相乘，作为积的分母。

T2(Q13)：如果说是除法呢？

S2：分子分母颠倒位置。

T2(Q14)：一个不为 0 的除数是……

S2：它的分子分母互换位置。

T2(Q15)：互换位置，成为倒数，是不是？

PS：嗯。

T2(Q16)：然后再……

S2：再相乘。

T2：对,再相乘,很好。

T2(Q17)：那么同学们就根据分数的乘除运算,来想想看,这两个分式乘除结果应该是怎么样的呢？应该是等于……

S：a 分之……(轻声回答)

T2(Q18)：应该是等于……

T2&S：bd/ac,

T2(Q19)：这里呢？

S：bc/ad,

T2：那么这就是我们今天要学的分式乘除。分数与分式的乘除法则类似。

T2：下面是,如果说两个分式,两个分式相乘的话,分子相乘的积作为积的结果的分子,分母相乘的积作为积的结果的分母。

T2(Q20)：是吧？

T2：好,同学们把分式的乘除法则来读一遍啊,预备起：

S：两个分式相乘,把分子相乘的积作为积的分子,把分母相乘的积作为积的分母;两个分式相除,把除式的分子分母颠倒位置后,与被除式相乘。

T2：精神面貌很好,上了 3 节课,精神很饱满。

T2(Q21)：好,那么我们发现分式的乘除法则是跟分数的乘除法则相互比较得出来的,对不对？

PS：对。

T2：这个就是,这里面贯穿了数学中的数学思想就是：类比！类比,分式的乘除同分数的乘除相比较。

T2(Q22)：好,那么根据这个法则,同学们看一下啊,这里面的 a,这里面的 a 跟 d 有什么要求啊？

T2(Q23)：什么要求？

S：不为 0。

T2(Q24)：哎,不为 0 的……

PS：整式。

T2：整式,很好,是不为 0 的整式。

T2：下面我们来练习一下啊,我们一起做。

T2：第 1 个应该是 $7b/6a^2$ 乘以 $8a^3/7b^2$,好,我们一起做啊,我在上面写,你们在下面做。

T2(Q25)：应该是……

PS：…/6(学生轻声你一言他一语地回答)

T2(Q26)：相乘应该是……

S：42(T 此时在黑板上画了一条分数线)

T2(Q27)：这里面应该是……

PS：6(此时 T 在分母位置开始写 4)

PS：42

T2(Q28)：我们先是把它们相乘，$6a^2$ 乘以 $7b^2$ 呢？还是可以约分啊。

PS：可以约分。

T2：相乘的话，我们可以把 $6a^2$ 乘以 $7b^2$ 分之 $7b^2$ 乘以 $8a^3$(师在这里看错题目了)。

RS：7b，7b。

T2(Q29)：(T 在黑板上纠正错误后)好，那么我们就进行分子分母……

S：约分。

T2(Q30)：我们看，啊，先，先约什么？

S：7，7。

T2(Q31)：先约系数是吧？

S：是的。

T2(Q32)：系数的话，7、7 约掉了，还有呢？

S：b 和 b^2。

T2(Q33)：b 跟 b^2，那么这里面我把 2 给……

S：去掉。

T2(Q34)：还有呢？

S：6 跟 8，那么这里面剩下 3，这里面剩下 4。

T2(Q35)：好，还有吗？

S：a^2。

T2(Q36)：应该是分子分母约掉……

S：a^2。

T2(Q37)：这里面应该是没有了，这里面剩下一个……

S：a。

T2(Q38)：好，看一下，好，这里面那么结果分母应该是……多少……啊？

S：3b。

T2：3b，对了，这个 b 不要漏掉，啊。

S：4a(T 此时只在分子的位置)。

T2：做题目时一定要细心，一定要细心，而且眼睛要尖。

T2：好，第 2 题，2ab 除以 $-3b^2/a$ 等于……

T2(Q39)：这是一个……

PS：分式的除法。

T2(Q40)：分式的除法，是吧？好，第一步应该是……

PS：颠倒……

T2(Q41)：变除法为……

S：乘法。

T2(Q42)：2ab 应该是……

S：乘以。

T2&S：$-a/3b^2$

Q43：好，接下去……

PS：等于……

T2：我叫一位同学，啊，来第一位穿黑衣服的男同学。

T2(Q44)：2ab，我问你，啊，这个 2ab 是分子还是分母？

PS：分子、分母，……分母是 1。

T2(Q45)：不对，是分子，那为什么是分子，下面为什么是 1？

S3：2ab/1。

T2：很好。

T2(Q46)：你是把 2ab 看成是……

PS：2ab/1。

T2(Q47)：对，这时候 2ab 就是……

T2&S：分子。

T2(Q48)：好，接下去，怎么？可以……

S：约分。

T2&S：b 和 b^2。

T2(Q49)：分母这里留下一个，还有没有了？

S：没有了。

T2(Q50)：a、a 要不要约了？

S：不要。

T2(Q51)：在写的时候，分母应该是……

S：$-3b$。

T2(Q52)：分母应该是……

S：$2a^2$。

S：加一个负号。

T2(Q53)：哎，这里因为有一个……

S：负号。

T2：好，待会儿做题的时候，不要忘了，负号不要漏掉。

T2(Q54)：我们发现做这个题目，异号相除，为了防止刚才负号漏掉，我们应该，想什么办法？

PS：先把负号定了……

T2(Q55)：先干嘛？

T2&S：定符号。

T2：定符号。

T2(Q56)：我们在这里马上要把这个负号写好，是吧？

T2(Q57)：然后再进行……

T2&S：约分。

T2(Q58)：好，刚才我们做了两个题目，好，我们来想想看，有没有做这类题目的心得？我们现在来先复习一下。

T2：来，这位胖胖的男同学来说说看。

S4：分式的乘除法是先定符号。

T2(Q59)：哎，先定符号，是吧？还有没有？

S4：分子和分母能约分的先约分，然后将约分所得的关系再相乘。

T2(Q60)：相乘，嗯，我们要求，结果要怎么样呢？

RS：最简。

T2：最简，我们有句话叫要坚持到底，我们说坚持到底就是胜利，坚持到底就是成功，是吧。

S：对。

T2(Q61)：还有没有心得了，还有没有心得了？

T2：好，请坐，很好啊。

T2(Q62)：还有没有同学要发表意见啊？

T2(Q63)：这个 2ab 应该看成是……

T2&S：分母为 1 的式子。

T2：好，下面，我给你发了张卷子，是吧？这里面有四个关啊，怎么样呢？我们学数学就像金庸武侠小说里面的学武功一样，啊，你看啊，第一关，表示的是两层功力，如果说你第一关做全对了，你已经可以练到第二层了，先做第一关就行了。

（化简的结果为乘，慢慢来，一步一步，不要跳过，啊——学生自己做题时，师在巡视，进行个别指导）

T2(Q64)：好，可以了吗？

PS：可以了。

T2：我来拿一张卷子（T将一张学生的卷子放在投影仪上进行投影）。

T2(Q65)：好，我们来看第一题，他这个答案应该是……

S：一……

T2(Q66)：一……是不是？

PS：是。

T2：刚开始我还以为他这个负号没写，这个负号要写清楚，这个负号可以放到整个分式的前面，也可以放到……

T2&S：分子、分母前面。

T2(Q67)：是吧？

PS：嗯。

T2(Q68)：好，第2题，第2题，对吗？

S：对。

T2(Q69)：第一步应该是……先画……先画……

S：负号。

T2(Q70)：好，下一个，对的吗？

S：对。

T2(Q71)：这一个，应该是等于……

S：b/a^2。

T2：好的，好，全对的同学在旁边加20，加20。

T2(Q72)：这两层功劳应该都拿到了吧！

S：拿到了。

T2(Q73)：拿到了是不是？

PS：是。

T2：那我们的悟性是很高的，是学武功的材料了。

T2：啊，这是刚才的题目。好，看，第2关。

T2(Q74)：第2关在试卷上都有了吧？是吧？

T2：那么开始做，啊。（S做题，T巡视）

T2：请3个同学到上面去做做，好。有没有？好，那老师点了啊。就这里面的1、2、3，我那边序号写了啊。（有S在黑板上做，其他在下面坐，T巡视，个别指导）

T2：我们班同学有个很好的习惯啊，一旦你做好之后，他会检查，这个习惯很好，啊。

T2：这题电脑上可以看的啊。

T2(Q75)：做好的我们看上面啊，我们先看第一个？

S：对！

T2(Q76)：我们看第 2 个？

PS：错。

T2(Q77)：我们就看这个上面的,你们看呢？

RS：对。

T2(Q78)：这个题目对不对的,他抄错了,是吗？

T2&S：少了个负号,对,他这里面题目里面少了个负号。那么这样子的话这里有个负号,是吧？

T2：接下去是,变除为乘,再是约分,你们看,分子,啊,分母小的。

T2(Q79)：干嘛？你们能看清楚吗？

S5：看得清楚。

T2：稍微声音大一点,啊,男孩子嘛,气派大一点,是不是？

T2(Q80)：接下来,这里一个 a,是吧？

PS：对。

T2(Q81)：所以最后应该是 $-5a/43$,对不对？

T2(Q82)：好,第 3 个,第 3 个,答案是……

S：错！ x^2。

T2：这里有个 x,这里也有个 x。

S：x 的平方。

T2(Q83)：所以一定要心细,是不是？

PS：对。

T2：这里三道题目总共 30 分,哦,拿到 30 分的举手,来！谁拿到 30 分？

T2：好,好,好,大家呢都是很厉害的,啊。

T2：过了这一关加 30,过了第一关加 20。

T2(Q84)：下面我们来看这一题,看这个题目是不是要想一下？

T2(Q85)：对不对？

PS：对。

T2(Q86)：跟我们之前学的有什么不一样？

T2(Q87)：有什么？

PS：有加减。

Q88：有加减怎么说？

PS：多项式。

T2：对了,很好！

Q89：谁有多项式啊？

T2&S：分子、分母都有多项式。

T2(Q90)：好,怎么办啊？第一步……

PS：化除为乘。

T2(Q91)：哦,好,第一步,化除为乘,同时我还可以把多项式……

PS：分解。

T2(Q92)：能不能分? 第一个 a^2+2a。

S：能(轻声)。

T2(Q93)：能不能?

S：能!

T2(Q94)：分成……

S：a 括号 a+2。

T2：a 乘 a+2。

T2(Q95)：是吧?

S：是的。

T2(Q96)：然后分母呢?

S：等于 $(a+3)^2$。

T2：这是一个完全平方式。

T2(Q97)：那么,好,刚才说化除为乘,那么化除为乘,分母是……

S：(a+2)(a−2)。

T2(Q98)：这是一个什么知识点啊?

S：平方差公式。

T2：平方差公式。

T2(Q99)：分子是……

S：a(a−3)。

T2(Q100)：接下去干嘛了?

S：约分。

T2(Q101)：首先 a,有没有?

S：没有。

T2(Q102)：那 a+2 呢?

S：有。

T2(Q103)：有了,那接下去……

S：a−3。

T2：这里面……a−3,约掉。

T2(Q104)：约好了吗?

S：好了。

T2(Q105)：那结果应该是……分母……

S：(a−3)(a−2)。

T2(Q106)：分子是……

S：a^2。

T2：很好，很好，是吧？

T2(Q107)：这里面还可以再化简吗？

PS：没有。

T2(Q108)：有时，我们应该还可以再进行化简，分母还可以展开，分母把它分别展开。

T&S：$a^2 - 5a + 6$。

T2(Q109)：是不是用到以前学的……

T2&S：十字相乘法。

T2：嗯，很好。

T2(Q110)：分子是……

S：a^2。

T2(Q111)：区别于我们刚刚学过的那几道题目。我们应该注意些什么？谁来说一下呢？

T2(Q112)：好，我请黑色男孩后面那个女孩，你说呢？

S6：最后一步把它乘出来。

RS：哎。

T2(Q113)：哎，最后一步化简后必须把它乘出来，是不是？

T2(Q114)：还有没有？还有没有？

T2(Q115)：什么情况下我们要把它乘出来一下啊？

S6：分子分母都是多项式的时候。

T2(Q116)：分子分母都是多项式的时候，我们对它进行怎么处理一下啊？

S5：因式分解。

T164：嗯，因式分解，很好，坐下。

T：大家能力都很强啊，好，很好，小结。

T2(Q117)：含有多项式的分式乘除时，要把它们进行……

S：因式分解。

T2(Q118)：再进行……

S：约分。

T2：好，来，第三关。（S做题，T巡视，并进行个别指导）

T2(Q119)：这一关是不是难度有点大了啊？

PS：是。

T：稍微有点大，做题时心要细，要再细，哦。

211

Q120：好了吗？

T2：做好了来，做好了来举手，好，再做。放下啊，做好的同学检查。

T2(Q121)：(T 拿了一张学生的试卷放在投影仪上讲)可以了吗？

S：可以了。

T2：好。

T2：再放大一点，哦。

T2(Q122)：首先是第一个，分子分母都是整式哦，那么首先她是化除为整，同时，她把分子进行……

PS：分解。

T2：用到平方差，(m-4)(m+4)，分母也可以进行因式分解，这里面 m^2+4m，分解为 m(m+4)，然后，看这个和这个，约掉了。

T2(Q123)：这个 m-4，4-m……

S：互为相反数。

T2(Q124)：互为相反数，约掉之后，我还要加一步……

PS：负号。

T2(Q125)：4-m 写成……

S：一的括号 m-4。

T2(Q126)：能不能推到这一步？

S：能。

T2(Q127)：分母是 3m，分子就是为……

PS：1。

T2：好，很好。

T2：刚才看到有个同学 3m 写在分子了，仔细一点，啊。

T2：好，我们来看第二题，第二题，第一步很好，她是把它化为分母为 1 的，同时把它因式分解，x(y-x)，除变乘，分子分母倒一下。

T2(Q128)：这里发现，这两个是互为……

S：相反数。

T2：相反数，记住了。

T2(Q129)：提出一个负号，负的 x^2y，对不对？

S：对。

T2(Q130)：好，来看这题，因式分解，除变为乘，好，下一步，对吗？

PS：对、错。

S：减 1。

T2(Q131)：哪里？

S：那里。

T2(Q132)：这里，约掉之后……

S：减 1。

T2(Q133)：约掉之后，本来的话这里应该是等于……

S：负的。

T2(Q134)：2x＋1，去括号之后，括号里面的符号应该要……

S：变号。

T2(Q135)：哎，所以，答案应该是……

S：$-2x-1$。

T2：很可惜啊，哎。

T2：对。

T2：好，1 道题目 30 分，来（T 表扬全答对的同学）。

S：一道 30 分？

T2：哦，一道题目 10 分。

T2：很好，我们第二组同学很好。

T2(Q136)：那么能拿 20 分的呢？20 分的呢？

T2：下次努力了，哦。

T2(Q137)：总共有多少了？

S：80 分。

T2：80 分，也就是说能达到第八层的有多少人，来，很自豪的，1、2、3、4、5……12，来（示意放下手）。

T2：好，你们中来一个同学吧，来拼一下，如果你还不满足，第五关，解题的时候要把握规律。

T2(Q138)：做好了吗？这么快的，你们。

T2(Q139)：第一个，$(a/b)^2$ 应该是……怎样啊，几个 a/b 相乘啊？（下课铃声响）

S：两个。

T2(Q140)：$(a/b)^2$ 应该是……

T2＆S：a^2/b^2。

T2(Q141)：是吧！

T2(Q142T2：那$(a/b)^3$ 呢？

PS：3 个 a/b 相乘。

T2(Q143)：应该是……

S：a^3/b^3。

T2(Q144)：好，那么我们发现，当$(a/b)^n$ 呢？应该是……

T2＆S：a^n/b^n。

T2(Q145)：好，我们看，卷子里面，计算题目里面出现了，是不是出现了$(m/2a)^2$?

S：嗯。

T2：好，那么为师点到为止，接下去你们自己去领悟，那么自学吧！看你们能不能自学成才。

T2(Q146)：好，我们来回顾一下好不好?

S：好。

T2(Q147)：我们今天学了什么东西啊?

S：分式的乘除。

T2(Q148)：分式的乘除里面我们要注意，小细节方面的，比如说：

T2：老师来点了，好，我们这组，好不好，你来说。

GBS1：跟符号。

T2(Q149)：符号，符号应该是……

T2：先决定。

T2：说错了，哦，下一位（老师拍拍S的肩膀，鼓励一下）。

GBS2：如果是除法，要化除为乘。

T2(Q150)：嗯，如果是除法的话，要……

T2&S：化除为乘。

GBS3：要化繁为简。

T2(Q151)：嗯，要化繁为简，四个字。

T2&S：坚持到底。

T2(Q152)：是不是?

T2：好。

GBS4：化除为乘的时候，分子分母要倒一下。

T2(Q153)：化除为乘之后，分子分母要倒一下，对不对?

GBS4：对。

T2(Q154)：如果说，分子分母是多项式的情况呢?

GBS4：也要颠倒一下。

T2(Q155)：还有一点，要干嘛?

RS：分解因式。

T2(Q156)：哎，分解因式，是不是?

RS：是。

T2(Q157)：好，还有没有要补充的?

GBS5：当遇到整式的时候，多项式的分母为1。

T2(Q158)：哦，当整式的时候可以把它看成是分母为……

S：1 的。

T2：嗯，很好。请坐。

T2：刚才我看到这位同学把它写在书上了，是不是嗯，要掌握了？

T2：好，今天的课就到这里了，非常感谢大家，下课。

附录 B　《分式的乘除》课堂教学行为统计表

说明：

T 表示教师的非提问行为；

Qn 表示教师的第 n 次提问行为；

S 表示学生的行为；

Sn 表示第 n 个学生的行为；

PS 表示部分学生行为；

RS 表示不确定的某个学生的行为；

GASn 表示 A 组第 n 个学生的行为；

T&S 表示师生共同行为；

授课教师对于学生是新老师，不是自己的任课老师，因此在引入的时候教师有自我介绍部分；

本视频在录制时被分为两部分，前半部分与另一视频录在一张光盘上，后半部分又是单独的一张光盘，所以在记录开始时刻和结束时刻时没完全按照顺序；

为了记录方便，在记录开始时刻和结束时刻时只记录分和秒，由于视频不超过 1 小时，所以这样的记录也不影响时间；

Tn/S,Qn/S,PS/S 表示教师的动作发生在学生练习的时间内，红色部分表示其对应时间。

教学环节	内容	开始时刻（秒）	结束时刻（秒）	时间（秒）	备注
组织教学	T	09：46	09：48	2	组织教学
	S	09：48	09：52	4	
	T	09：52	09：53	1	
引入	T	09：53	10：14	21	自我介绍
	T	10：14	10：16	2	操作课件
	Q1	10：16	10：18	2	是非提问
	S	10：18	10：20	2	判断应答

教学环节	内容	开始时刻(秒)	结束时刻(秒)	时间(秒)	备注
	T	10：20	10：22	2	过渡性语言
	T	10：22	10：26	4	操作课件
	Q2	10：26	10：31	5	引入导向
	S	10：31	10：33	2	应答
	T	10：33	10：34	1	肯定评价
	T	10：34	10：37	3	操作课件
	Q3	10：37	10：45	8	引入导向
	S	10：45	10：49	4	思考应答
	Q4	10：49	10：55	6	引入导向
	S	10：55	10：58	3	思考
	Q5	10：58	11：01	3	诱导提问
	RS	11：01	11：07	6	思考、自由答
	Q6	11：07	11：09	2	引入导向
	PS	11：09	11：10	1	思考、自由答
引入	Q7	11：10	11：11	1	诱导提问
	PS	11：11	11：14	3	思考、自由答
	T	11：14	11：19	5	解释
	T	11：19	11：24	5	过渡性语言
	T	11：24	11：26	2	操作课件
	S1	11：26	11：27	1	思考应答
	T	11：27	11：29	2	引入导向
	S1	11：29	11：33	4	思考应答
	T	11：33	11：42	9	肯定评价
	Q8	11：42	11：52	10	引入导向
	PS	11：52	11：53	1	思考应答
	T	11：53	11：55	2	引入导向
	S	11：55	11：57	2	思考应答
	Q9	11：57	11：59	2	引入导向

续 表

教学环节	内容	开始时刻（秒）	结束时刻（秒）	时间（秒）	备注
引入	S	11：59	12：01	2	思考应答
	Q10	12：01	12：07	6	引入导向
	PS	12：07	12：09	2	思考应答
	T	12：09	12：10	1	重复
	Q11	12：10	12：12	2	引入导向
	T&S	12：12	12：14	2	思考应答
	Q12	12：14	12：21	7	诱导提问
	S	12：21	12：29	8	思考
	T	12：29	12：31	2	指令性语言
	S2	12：31	12：38	7	思考应答
	Q13	12：38	12：39	1	引入导向
	S2	12：39	12：44	5	思考应答
	Q14	12：44	12：47	3	引入导向
	S2	12：47	12：50	3	思考应答
	Q15	12：50	12：53	3	是非提问
	PS	12：53	12：53.5	0.5	思考应答
	Q16	12：53.5	12：54	0.5	引入导向
	S2	12：54	12：55	1	思考应答
	T	12：55	12：57	2	肯定评价
	Q17	12：57	13：14	17	引入导向
	S	13：14	13：17	3	思考
	Q18	13：17	13：19	2	引入导向
	T&S	13：19	13：22	3	思考应答
	Q19	13：22	13：23	1	引入导向
	S	13：23	13：27	4	思考应答
	T	13：27	13：39	12	过渡性语言

教学环节	内容	开始时刻(秒)	结束时刻(秒)	时间(秒)	备注
讲解新知识点	T	13：39	13：49	10	操作课件
	T	13：49	14：04	15	朗读知识点
	Q20	14：04	14：05	1	是非提问
	T	14：05	14：09	4	指令性语言
	S	14：09	14：34	25	朗读知识点
	T	14：34	14：41	7	激励性语言
例题讲解	Q21	14：41	14：50	9	是非提问
	PS	14：50	14：50.5	0.5	判断应答
	T	14：50.5	15：09	18.5	介绍数学思想
	Q22	15：09	15：18	9	引入导向
	Q23	15：18	15：21	3	引入导向
	S	15：21	15：23	2	思考应答
	Q24	15：23	15：24	1	引入导向
	PS	15：24	15：26	2	思考应答
	T	15：26	15：29	3	重复
	T	15：29	15：34	5	过渡性语言
	T	15：34	15：52	18	读题
	S	15：52	15：54	2	思考
	Q25	15：54	15：55	1	引入导向
	S	15：55	16：02	7	思考
	Q26	16：02	16：04	2	引入导向
	S	16：04	16：06	2	思考应答
	Q27	16：06	16：07	1	引入导向
	PS	16：07	16：11	4	思考应答
	Q28	16：11	16：19	8	引入导向
	PS	16：19	16：20	1	思考应答
	T	16：20	16：28	8	解释(S出错)
	RS	16：28	16：30	2	S纠错T改错

续　表

教学环节	内容	开始时刻(秒)	结束时刻(秒)	时间(秒)	备注
	T&S	16：30	16：35	5	S纠错T改错
	Q29	16：35	16：37	2	引入导向
	S	16：37	16：39	2	思考应答
	Q30	16：39	16：42	3	引入导向
	S	16：42	16：44	2	思考应答
	Q31	16：44	16：45	1	是非提问
	S	16：45	16：45.5	0.5	思考应答
	Q32	16：45.5	16：47	1.5	引入导向
	S	16：47	16：49	2	思考应答
	Q33	16：49	16：52	3	引入导向
	S	16：52	16：53	1	思考应答
	Q34	16：53	16：54	1	引入导向
	S	16：54	17：00	6	思考应答
例题讲解	Q35	17：00	17：02	2	引入导向
	S	17：02	17：03	1	思考应答
	Q36	17：03	17：05	2	引入导向
	S	17：05	17：07	2	思考应答
	Q37	17：07	17：09	2	引入导向
	S	17：09	17：10	1	思考应答
	Q38	17：10	17：15	5	引入导向
	S	17：15	17：17	2	思考应答
	T	17：17	17：20	3	强调
	S	17：20	17：22	2	思考应答
	T	17：22	17：28	6	强调
	T	17：28	17：39	11	读题
	Q39	17：39	17：40	1	引入导向
	PS	17：40	17：43	3	思考应答
	Q40	17：43	17：47	4	引入导向

教学环节	内容	开始时刻（秒）	结束时刻（秒）	时间（秒）	备注
	PS	17：47	17：49	2	思考应答
	Q41	17：49	17：51	2	引入导向
	S	17：51	17：53	2	思考应答
	Q42	17：53	17：55	2	引入导向
	S	17：55	17：58	3	思考应答
	T&S	17：58	18：04	6	思考应答
	Q43	18：04	18：05	1	引入导向
	PS	18：05	18：07	2	机械应答
	T	18：07	18：14	7	指令性语言
	Q44	18：14	18：19	5	引入导向
	PS	18：19	18：23	4	思考应答
	Q45	18：23	18：27	4	否定评价、引入导向
	S3	18：27	18：28	1	思考
例题讲解	S3	18：28	18：30	2	思考应答
	T	18：30	18：31	1	肯定评价
	Q46	18：31	18：38	7	引入导向
	PS	18：38	18：39	1	思考应答
	Q47	18：39	18：47	8	引入导向
	T&S	18：47	18：49	2	思考应答
	Q48	18：49	18：51	2	引入导向
	S	18：51	18：52	1	思考应答
	T&S	18：52	18：57	5	思考应答
	Q49	18：57	18：59	2	是非提问
	S	18：59	19：00	1	思考应答
	Q50	19：00	19：02	2	是非提问
	S	19：02	19：03	1	思考应答
	Q51	19：03	19：06	3	引入导向
	S	19：06	19：09	3	思考应答

续 表

教学环节	内容	开始时刻(秒)	结束时刻(秒)	时间(秒)	备注
	Q52	19：09	19：10	1	引入导向
	S	19：10	19：16	6	思考应答
	Q53	19：16	19：17	1	引入导向
	S	19：17	19：19	2	思考应答
	T	19：19	19：26	7	强调
	Q54	19：26	19：39	13	引入导向
例题讲解	PS	19：39	19：43	4	思考应答
	Q55	19：43	19：45	2	引入导向
	T&S	19：45	19：47	2	思考应答
	T	19：47	19：49	2	重复
	Q56	19：49	19：53	4	强调
	Q57	19：53	19：54	1	引入导向
	T&S	19：54	19：55	1	思考应答
	Q58	19：55	20：15	20	引入导向
	S	20：15	20：23	8	思考
	T	20：23	20：28	5	过渡性语言
	S4	20：28	20：38	10	思考应答
	Q59	20：38	20：41	3	引入导向
	S4	20：41	20：52	11	思考应答
	Q60	20：52	20：58	6	引入导向
复习小结	RS	20：58	20：59	1	思考应答
	T	20：59	21：08	9	激励性语言
	PS	21：08	21：08.5	0.5	应答
	Q61	21：08.5	21：12	3.5	引入导向
	T	21：12	21：14	2	肯定评价
	Q62	21：14	21：17	3	引入导向
	S	21：17	21：42	25	思考
	Q63	21：42	21：45	3	引入导向
	T&S	21：45	21：48	3	思考应答

教学环节	内容	开始时刻(秒)	结束时刻(秒)	时间(秒)	备注
学生练习	T	21：48	22：28	40	过渡性语言
	S	22：28	23：40	72	学生做题
	Q64	23：40	23：41	1	是非提问
	PS	23：41	23：42	1	应答
	T	23：42	23：44	2	过渡性语言
	T	23：44	24：42	58	操作投影仪
教师讲解	Q65	24：42	24：50	8	引入导向
	S	24：50	24：52	2	思考应答
	Q66	24：52	25：03	11	是非提问
	PS	25：03	25：06	3	应答
	T	25：06	25：13	7	讲解
	T&S	25：13	25：14	1	思考应答
	Q67	25：14	25：14.5	0.5	是非提问
	S	25：14.5	25：15	0.5	应答
	Q68	25：15	25：17	2	是非提问
	S	25：17	25：18	1	应答
	Q69	25：18	25：24	6	引入导向
	S	25：24	25：26	2	思考应答
	Q70	25：26	25：28	2	是非提问
	S	25：28	25：29	1	应答
	Q71	25：29	25：32	3	引入导向
	S	25：32	25：34	2	思考应答
	T	25：34	25：43	9	过渡性语言
	Q72	25：43	25：45	2	是非提问
	S	25：45	25：46	1	应答
	Q73	25：46	25：47	1	是非提问
	PS	25：47	25：48	1	应答

续　表

教学环节	内容	开始时刻(秒)	结束时刻(秒)	时间(秒)	备注
学生 练习 (请3位 学生 到黑 板写)	T	25：48	25：51	3	过渡性语言
	T	25：51	26：12	21	课件操作
	T	26：12	26：17	5	过渡性语言
	Q74	26：17	26：21	4	是非提问
	T	26：21	26：22	1	过渡性语言
	S	26：22	28：33	131	学生做题
	T/S	28：33	28：40	7	指令性语言(包括在 学生做题的时间里)
	S	28：40	29：27	47	S做题,T巡视、 个别指导
	T/S	29：27	29：35	8	肯定性评价(包括在 学生做题的时间里)
	S	29：35	29：50	15	S做题,T巡视、 个别指导
	S	00：00	00：29	29	S做题,T巡视、 个别指导
	T/S	00：29	00：30	1	过渡性语言
教师讲解	Q75	00：30	00：32	2	是非提问
	S	00：32	00：33	1	应答
	Q76	00：33	00：37	4	是非提问
	PS	00：37	00：45	8	应答
	Q77	00：45	00：46	1	解释导向
	RS	00：46	00：47	1	应答
	Q78	00：47	01：02	15	解释导向
	T&S	01：02	01：10	8	解释
	T	01：10	01：25	15	解释
	Q79	01：25	01：27	2	组织纪律语言
	S5	01：27	01：30	3	纪律性回答
	T	01：30	01：36	6	激励性语言

续　表

教学环节	内容	开始时刻(秒)	结束时刻(秒)	时间(秒)	备注
教师讲解	Q80	01：36	01：39	3	是非提问
	PS	01：39	01：40	1	应答
	Q81	01：40	01：46	6	是非提问
	Q82	01：46	01：55	9	是非提问
	S	01：55	01：59	4	应答
	T	01：59	02：05	6	解释
	S	02：05	02：07	2	解释
	T	02：07	02：12	5	强调
	Q83	02：12	02：13	1	是非提问
	PS	02：13	02：14	1	应答
	T	02：14	02：20	6	过渡性语言
	T	02：20	02：35	15	肯定评价
例题讲解	T	02：35	02：38	3	过渡性语言
	T	02：38	02：41	3	课件操作
	Q84	02：41	02：47	6	引入导向
	Q85	02：47	02：48	1	是非提问
	PS	02：48	02：48.5	0.5	应答
	Q86	02：48.5	02：52	3.5	引入导向
	S	02：52	03：10	18	思考
	Q87	03：10	03：11	1	引入导向
	PS	03：11	03：12	1	思考应答
	Q88	03：12	03：13	1	引入导向
	PS	03：13	03：14	1	思考应答
	T	03：14	03：15	1	肯定评价
	Q89	03：15	03：16	1	引入导向
	T&S	03：16	03：23	7	思考应答
	Q90	03：23	03：26	3	引入导向
	PS	03：26	03：29	3	思考应答
	Q91	03：29	03：33	4	引入导向

续 表

教学环节	内容	开始时刻（秒）	结束时刻（秒）	时间（秒）	备注
	PS	03：33	03：35	2	思考应答
	Q92	03：35	03：40	5	是非提问
	S	03：40	03：41	1	思考应答
	Q93	03：41	03：42	1	是非提问
	S	03：42	03：43	1	思考应答
	Q94	03：43	03：44	1	引入导向
	S	03：44	03：48	4	思考应答
	T	03：48	03：49	1	重复
	Q95	03：49	03：49.5	0.5	是非提问
	S	03：49.5	03：50	0.5	应答
	Q96	03：50	03：51	1	引入导向
	S	03：51	03：56	5	思考应答
	T	03：56	03：58	2	强调
	Q97	03：58	04：05	7	引入导向
例题讲解	S	04：05	04：14	9	思考应答
	Q98	04：14	04：16	2	引入导向
	S	04：16	04：19	3	思考应答
	T	04：19	04：20	1	重复
	Q99	04：20	04：22	2	引入导向
	S	04：22	04：26	4	思考应答
	Q100	04：26	04：28	2	引入导向
	S	04：28	04：29	1	思考应答
	Q101	04：29	04：32	3	是非提问
	S	04：32	04：36	4	思考应答
	Q102	04：36	04：38	2	是非提问
	S	04：38	04：39	1	思考应答
	Q103	04：39	04：40	1	引入导向
	S	04：40	04：44	4	思考应答
	T	04：44	04：49	5	强调

教学环节	内容	开始时刻（秒）	结束时刻（秒）	时间（秒）	备注
例题讲解	Q104	04：49	04：49.5	0.5	是非提问
	S	04：49.5	04：50	0.5	应答
	Q105	04：50	04：53	3	引入导向
	S	04：53	04：56	3	思考应答
	Q106	04：56	04：57	1	引入导向
	S	04：57	05：00	3	思考应答
	T	05：00	05：02	2	肯定评价
	Q107	05：02	05：04	2	引入导向
	PS	05：04	05：08	4	思考应答
	Q108	05：08	05：20	12	引入导向
	T&S	05：20	05：28	8	思考应答
	Q109	05：28	05：32	4	引入导向
	T&S	05：32	05：33	1	思考应答
	T	05：33	05：34	1	肯定评价
	Q110	05：34	05：35	1	引入导向
	S	05：35	05：40	5	思考应答
知识小结	T	05：40	05：47	7	等待时间
	Q111	05：47	05：55	8	引入导向
	S	05：55	06：19	24	思考
	Q112	06：19	06：25	6	指令性导向
	S6	06：25	06：28	3	思考应答
	RS	06：28	06：29	1	思考应答
	Q113	06：29	06：31	2	是非提问
	Q114	06：31	06：36	5	引入导向
	S	06：36	06：48	12	思考
	Q115	06：48	06：50	2	引入导向
	S6	06：50	06：53	3	思考应答
	Q116	06：53	06：57	4	引入导向
	T	06：57	07：05	8	肯定性语言

续　表

教学环节	内容	开始时刻（秒）	结束时刻（秒）	时间（秒）	备注
知识小结	Q117	07：05	07：13	8	引入导向
	S	07：13	07：14	1	思考应答
	Q118	07：14	07：16	2	引入导向
	S	07：16	07：17	1	思考应答
	T	07：17	07：20	3	指令性语言
学生练习	S	07：20	11：37	257	S做题，T巡视、个别指导
	Q119/S	11：37	11：39	2	是非提问
	PS/S	11：39	11：41	2	应答
	S	11：41	11：47	6	S做题，T巡视、个别指导
	T/S	11：47	11：49	2	强调
	S	11：49	11：52	3	S做题，T巡视、个别指导
	Q120/S	11：52	11：53	1	是非提问
	T/S	11：53	12：02	9	指令性语言
	S	12：02	13：15	73	S做题，T巡视、个别指导
	Q121/S	13：15	13：16	1	是非提问
	S	13：16	13：17	1	应答
教师讲解	T	13：17	13：18	1	指令性语言
	T	13：18	13：33	15	操作投影仪
	T	13：33	13：34	1	操作性语言
	T	13：34	13：36	2	操作投影仪
	Q122	13：36	13：50	14	引入导向
	PS	13：50	13：51	1	思考应答
	T	13：51	14：25	34	讲解
	Q123	14：25	14：29	4	引入导向
	S	14：29	14：31	2	思考应答
	Q124	14：31	14：35	4	引入导向

教学环节	内容	开始时刻(秒)	结束时刻(秒)	时间(秒)	备注
	PS	14：35	14：38	3	思考应答
	Q125	14：38	14：39	1	引入导向
	S	14：39	14：45	6	思考应答
	T	14：45	14：50	5	等待时间
	Q126	14：50	14：52	2	是非提问
	S	14：52	14：53	1	应答
	Q127	14：53	14：56	3	引入导向
	PS	14：56	14：57	1	思考应答
	T	14：57	15：01	4	等待时间
	T	15：01	15：02	1	肯定评价
	T	15：02	15：12	10	强调
	T	15：12	15：33	21	讲解
	Q128	15：33	15：38	5	引入导向
	S	15：38	15：40	2	思考应答
	T	15：40	15：45	5	强调
教师讲解	Q129	15：45	15：48	3	是非提问
	S	15：48	15：49	1	应答
	T	15：49	15：59	10	等待时间
	Q130	15：59	16：06	7	是非提问
	PS	16：06	16：09	3	应答出现歧义
	S	16：09	16：10	1	应答
	Q131	16：10	16：11	1	引入导向
	S	16：11	16：12	1	思考应答
	Q132	16：12	16：14	2	引入导向
	S	16：14	16：17	3	思考应答
	Q133	16：17	16：21	4	引入导向
	S	16：21	16：22	1	思考应答
	Q134	16：22	16：29	7	引入导向
	S	16：29	16：32	3	思考应答
	Q135	16：32	16：34	2	引入导向
	S	16：34	16：37	3	思考应答

续 表

教学环节	内容	开始时刻（秒）	结束时刻（秒）	时间（秒）	备注
点评	T	16：37	16：39	2	中性评价
	S	16：39	16：40	1	应答
	T	16：40	16：47	7	等待时间
	T	16：47	16：51	4	指令性语言
	S	16：51	16：52	1	S指出语错
	T	16：52	16：53	1	T纠错
	T&S	16：53	16：58	5	学生举手示意答对
	T	16：58	17：02	4	肯定评价
	Q136	17：02	17：06	4	机械性提问
	T&S	17：06	17：11	5	学生举手示意答对
	T	17：11	17：12	1	激励性语言
	Q137	17：12	17：15	3	机械性提问
	S	17：15	17：17	2	应答
	T	17：17	17：37	20	指令性语言
学生练习	T	17：37	18：04	27	过渡性语言
	S	18：04	18：44	40	S做题，T巡视、个别指导
	Q138/S	18：44	18：47	3	是非提问
	S	18：47	19：03	16	S做题，T巡视、个别指导
教师讲解	Q139	19：03	19：10	7	引入导向
	S	19：10	19：11	1	思考应答
	Q140	19：11	19：13	2	引入导向
	T&S	19：13	19：16.5	3.5	思考应答
	Q141	19：16.5	19：17	0.5	是非提问
	Q142	19：17	19：18	1	引入导向
	S	19：18	19：20	2	思考
	PS	19：20	19：24	4	思考应答
	Q143	19：24	19：25	1	引入导向

教学环节	内容	开始时刻(秒)	结束时刻(秒)	时间(秒)	备注
教师讲解	S	19：25	19：27	2	思考
	S	19：27	19：28	1	思考应答
	Q144	19：28	19：36	8	引入导向
	S	19：36	19：44	8	思考应答
	Q145	19：44	19：53	9	是非提问
	S	19：53	19：54	1	应答
	T	19：54	20：01	7	等待时间
	T	20：01	20：15	14	小结性语言
提问总结	Q146	20：15	20：18	3	是非提问
	S	20：18	20：19	1	应答
	Q147	20：19	20：23	4	引入导向
	S	20：23	20：26	3	思考应答
	Q148	20：26	20：34	8	引入导向
	T	20：34	20：43	9	指令性语言
	GBS1	20：43	20：46	3	思考应答
	Q149	20：46	20：47	1	引入导向
	S	20：47	20：52	5	思考
	T	20：52	20：53	1	自问自答
	T	20：53	20：58	5	指令性语言,同时含有鼓励性动作
	GBS2	20：58	21：00	2	思考应答
	Q150	21：00	21：03	3	引入导向
	S	21：03	21：04	1	思考应答
	T&S	21：04	21：04.5	0.5	过渡性语言
	GBS3	21：04.5	21：06	1.5	思考应答
	Q151	21：06	21：11	5	激励导向
	T&S	21：11	21：12.5	1.5	激励性语言
	Q152	21：12.5	21：14	1.5	是非提问
	T	21：14	21：16	2	过渡性语言
	GBS4	21：16	21：22	6	思考应答

续　表

教学环节	内容	开始时刻(秒)	结束时刻(秒)	时间(秒)	备注
提问总结	Q153	21：22	21：25.5	3.5	是非提问
	GBS4	21：25.5	21：26	0.5	应答
	Q154	21：26	21：30	4	引入导向
	GBS4	21：30	21：32	2	思考应答
	Q155	21：32	21：33	1	引入导向
	S	21：33	21：38	5	思考
课堂结束	T	22：01	22：03	2	等待时间
	T	22：03	22：08	5	结束感谢语言

附录 C 学生行为分析表格

教学环节	行为类型	次数	次数百分比	时间（秒）	时间百分比
组织教学					
组织教学	应答	18	13.77％	48.5	1.92％
	质疑提问				
	朗读				
	其他语言				
	合作学习				
	思考	3	20％	14	0.55％
	练习				
	讨论				
	举手				
讲解新知识	应答				
	质疑提问				
	朗读	1	100％	25	0.99％
	其他语言				
	合作学习				
	思考				
	练习				
	讨论				
	举手				
例题讲解	应答	59	42.75％	156.5	6.18％
	质疑提问				
	朗读				

续 表

例题讲解	其他语言	2	40%	7	0.28
	合作学习				
	思考	4	26.67%	18	0.71%
	练习				
	讨论				
	举手				
学生练习	应答	4	2.17%	4	0.16%
	质疑提问				
	朗读				
	其他语言				
	合作学习				
	思考				
	练习	4	100%	683	26.97%
	讨论				
	举手				
教师讲解	应答	36	23.19%	87	3.44%
	质疑提问				
	朗读				
	其他语言	2	40%	10	0.39%
	合作学习				
	思考	2	13.33%	4	0.16%
	练习				
	讨论				
	举手				
小结	应答	23	18.16%	55.5	2.19%
	质疑提问	1	100%	1	0.04%
	朗读				
	其他语言	1	20%	1	0.04%
	合作学习				

小结	思考	6	40％	79	3.12％
	练习				
	讨论				
	举手	2	100％	10	0.39％
汇总	应答	140		351.5	13.88％
	质疑提问	1		1	0.04％
	朗读	1		25	0.99％
	其他语言	5		18	0.71％
	合作学习	0		0	0％
	思考	15		115	4.54％
	练习	c		683	26.97％
	讨论	0		0	0％
	举手	2		10	0.39％

注：1. 次数百分比＝该行为发生的次数/整节课该行为的次数×100％

2. 时间百分比＝该行为发生的时间/一节课的时间(2532 秒)×100％

附录 D 《分式的乘除》教师课堂提问与学生应答分类统计表

一、教师提问分析表

教学环节	提问类型		教师提问									
	聚合	发散	识记	管理	提示	补充	重复	理解	评价	次数	时间	时间百分比
引入	16	3	2	0	4	7	2	4	0	38	81.5	3.22%
讲解新知识	1	0	0	1	0	0	0	0	0	2	1	0.04%
例题讲解	61	3	0	2	25	24	3	6	4	128	193	7.62%
学生练习	6	0	0	6	0	0	0	0	0	12	12	0.47%
教师讲解	39	0	0	14	11	6	1	3	4	78	166	6.56%
小结	19	10	0	5	8	8	5	3	0	58	124.5	4.92%
汇总	142	16	2	28	48	45	11	16	8	316	578	22.83%

二、教师提问类型分类

教学环节	提问类型		
	聚合	发散	次数
引入	16	3	19
讲解新知识	1	0	1
例题讲解	61	3	64
学生练习	6	0	6
教师讲解	39	0	39
小结	19	10	29
汇总	142	16	158

三、学生回答分析表

教学环节	学生回答							
	无答	机械	识记	理解	创造	次数	时间	时间百分比
引入	1	5	5	8	0	19	48.5	1.92%
讲解新知识	1	0	0	0	0	1	0	0.00%
例题讲解	5	18	15	25	1	64	156.5	6.18%
学生练习	2	4	0	0	0	6	4	0.16%
教师讲解	3	19	4	13	0	39	87	3.44%
小结	6	6	3	13	1	29	55.5	2.19%
汇总	18	52	27	59	2	158	351.5	13.88%

四、师生问、答方式分析表

教学环节	问、答方式							
	N	Sn	GNSn	RS	PS	S	T&S	次数
引入	2	4	0	1	5	5	2	19
讲解新知识	1	0	0	0	0	0	0	1
例题讲解	5	1	0	0	15	36	7	64
学生练习	3	0	0	0	2	1	0	6
教师讲解	3	1	0	1	10	22	2	39
小结	9	6	4	3	0	6	1	29
汇总	23	12	4	5	32	70	12	158

说明：1. 问、答方式：

T—N：师问无答；

T—Sn：师问并点名学生回答；

T—GNSn：师问 N 组第 n 个学生回答；

T—Rs：师问某个学生回答（没有点名）；

T—PS：师问部分学生回答；

T—S：师问学生集体回答；

T—T&S：师问且师生共答。

2. 根据教师提问行为的认知复杂程度分类：

识记性提问：要求学生回忆、描述记忆中已有的知识,不需要理解所学的知识。

管理性提问：为了维持课堂纪律的提问；结束上一个知识点，转而到下个知识点的过渡性提问；组织学生进行活动的提问。

提示性提问：重新开始关于某个知识的提问；基于学生没有回答或回答错误的提问。

补充性提问：基于学生的有回答，不管是回答正确还是不完整，教师进行补充性提问。

重复性提问：重复学生的回答进行提问。

理解性提问：需要对所记忆的知识进行一定的理解。

评价性提问：要求学生进行判断，这样的判断是基于学生能依据一定的标准作出决定。

3. 根据学生回答行为的认知复杂程度分类：

无答：没有作答。

机械性回答：学生的回答是教师或其他学生已经给出的答案；不需要回忆已有的知识或进行理解就能作答。

识记性回答：学生通过回忆已有的知识进行回答，不需要进行理解。

理解性回答：学生经过思考、理解后作答。

创造性回答：运用已有的知识创造性地形成自己的想法、认识，进行作答。

4. 提问类型：

聚合性提问：将回答限定在一个或少数几个答案之内的问题，学习者只需回忆某些知识点即可回答。

发散性提问：激发一般的、开放性的回应，它没有唯一的答案，任何答案都有可能是正确的。

5. 课堂总教学时间＝2532 秒，时间百分比＝行为时间÷课堂总教学时间×100%

附录 E 教师理答行为统计表

教学环节	提问方式	频次	百分比	
引入	提问后,让学生思考	4	2.53%	
	提问后,让学生齐答	10	6.33%	
	提问后,叫举手者答	0	0.00	
	提问后,叫未举手者答	6	3.80%	
	提问后,改叫其他同学	0	0.00	
讲解新知识点	提问后,让学生思考	0	0.00	
	提问后,让学生齐答	1	0.63%	
	提问后,叫举手者答	0	0.00	
	提问后,叫未举手者答	0	0.00	
	提问后,改叫其他同学	0	0.00	
例题讲解	提问后,让学生思考	4	2.53%	
	提问后,让学生齐答	56	35.44%	
	提问后,叫举手者答	0	0.00	
	提问后,叫未举手者答	4	2.53%	
	提问后,改叫其他同学	0	0.00	
学生练习	提问后,让学生思考	4	2.53%	
	提问后,让学生齐答	2	1.27%	
	提问后,叫举手者答	0	0.00	
	提问后,叫未举手者答	0	0.00	
	提问后,改叫其他同学	0	0.00	
教师讲解	提问后,让学生思考	0	0.00	
	提问后,让学生齐答	37	23.42%	
	提问后,叫举手者答	0	0.00	
	提问后,叫未举手者答	1	0.63%	
	提问后,改叫其他同学	0	0.00	

续　表

教学环节	提问方式	频次	百分比
小结	提问后,让学生思考	9	0.57%
	提问后,让学生齐答	9	0.57%
	提问后,叫举手者答	0	0.00
	提问后,叫未举手者答	12	7.59%
	提问后,改叫其他同学	0	0.00
汇总	提问后,让学生思考	21	13.29%
	提问后,让学生齐答	114	72.15%
	提问后,叫举手者答	0	0.00
	提问后,叫未举手者答	23	14.56%
	提问后,改叫其他同学	0	0.00
总计		158	100%

附录 F　教师语言分析统计表

——《分式的乘除》教学录像

教学环节	行为类型	次数	次数百分比（%）	时间	时间百分比（%）
	A、命令性言语	1	0.38	1	0.04
	J、问候性言语	1	0.38	2	0.08
	汇总	2	0.77	3	0.12
引入	A、命令性语言	3	1.15	9	0.36
	B、陈述语言	4	1.53	40	1.58
	C、师生共同复述	2	0.77	5	0.20
	D、反馈性言语	4	1.53	13	0.51
	E、启发性语言（包括提示）	2	0.77	4	0.16
	F、个别讲解（巡回时）	0	0.00	0	0.00
	G、提问性言语	19	7.28	81.5	3.22
	H、激励性言语	0	0.00	0	0.00
	I、其他	0	0.00	0	0.00
	汇总	34	13.03	152.5	6.02
讲解新知识	A、命令性语言	1	0.38	4	0.16
	B、陈述语言	1	0.38	15	0.59
	C、师生共同复述	0	0.00	0	0.00
	D、反馈性言语	0	0.00	0	0.00
	E、启发性语言（包括提示）	0	0.00	0	0.00
	F、个别讲解（巡回时）	0	0.00	0	0.00
	G、提问性言语	1	0.38	1	0.04
	H、激励性言语	1	0.38	7	0.28
	I、其他	0	0.00	0	0.00
	汇总	4	1.53	27	1.07

续　表

教学环节	行为类型	次数	次数百分比（%）	时间	时间百分比（%）
例题讲解	A、命令性语言	4	1.53	35	1.38
	B、陈述语言	6	2.30	48.5	1.92
	C、师生共同复述	9	3.45	37	1.46
	D、反馈性言语	10	3.83	22	0.87
	E、启发性语言（包括提示）	0	0.00	0	0.00
	F、个别讲解（巡回时）	0	0.00	0	0.00
	G、提问性言语	64	24.52	193	7.62
	H、激励性言语	0	0.00	0	0.00
	I、其他	0	0.00	0	0.00
	汇总	93	35.63	335.5	13.25
学生练习	A、命令性语言	3	1.15	15	0.59
	B、陈述语言	5	1.92	58	2.29
	C、师生共同复述	0	0.00	0	0.00
	D、反馈性言语	1	0.38	3	0.12
	E、启发性语言（包括提示）	1	0.38	2	0.08
	F、个别讲解（巡回时）	1	0.38	5	0.20
	G、提问性言语	6	2.30	12	0.47
	H、激励性言语	0	0.00	0	0.00
	I、其他	1	0.38	1	0.04
	汇总	18	6.90	96	3.79
教师讲解	A、命令性语言	5	1.92	38	1.50
	B、陈述语言	7	2.68	91	3.59
	C、师生共同复述	3	1.15	12.5	0.49
	D、反馈性言语	3	1.15	21	0.83
	E、启发性语言（包括提示）	0	0.00	0	0.00
	F、个别讲解（巡回时）	0	0.00	0	0.00
	G、提问性言语	39	14.94	166	6.56
	H、激励性言语	1	0.38	6	0.24
	I、其他	0	0.00	0	0.00
	汇总	58	22.22	334.5	13.21

续　表

教学环节	行为类型	次数	次数百分比（%）	时间	时间百分比（%）
点评	A、命令性语言	2	0.77	24	0.95
	B、陈述语言	0	0.00	0	0.00
	C、师生共同复述	0	0.00	0	0.00
	D、反馈性言语	4	1.53	14	0.55
	E、启发性语言（包括提示）	0	0.00	0	0.00
	F、个别讲解（巡回时）	0	0.00	0	0.00
	G、提问性言语	2	0.77	7	0.28
	H、激励性言语	1	0.38	1	0.04
	I、其他	0	0.00	0	0.00
	汇总	9	3.45	46	1.82
小结	A、命令性语言	3	1.15	17	0.67
	B、陈述语言	1	0.38	6	0.24
	C、师生共同复述	2	0.77	3.5	0.14
	D、反馈性言语	6	2.30	26	1.03
	E、启发性语言（包括提示）	0	0.00	0	0.00
	F、个别讲解（巡回时）	0	0.00	0	0.00
	G、提问性言语	27	10.34	117.5	4.64
	H、激励性言语	2	0.77	10.5	0.41
	I、其他	1	0.38	1	0.04
	汇总	42	16.09	181.5	7.17
结束语	B、陈述性言语	1	0.38	5	0.20
	汇总	1	0.38	5	0.20
汇总		261	100.00	1181	46.64

注：1. 时间百分比＝相应属性所用时间/课堂总时间×100%（课堂总时间为 2532 秒）。

2. 次数百分比＝相应次数/教师言语次数×100%。

3. 所有百分比保留 2 位小数。

4. 启发性语言包括学生回答时的提示。

教师语言的次数分析统计表

——《分式的乘除》课堂教学录像

	组织教学	引入	讲解新知识	例题讲解	学生练习	教师讲解	点评	小结	结束语	时间汇总	时间百分比汇总
A	1	3	1	4	3	5	2	3	0	22	8.43
B	0	4	1	6	5	7	0	1	1	25	9.58
C	0	2	0	9	0	3	0	2	0	16	6.13
D	0	4	0	10	1	3	4	6	0	28	10.73
E	0	2	0	0	1	0	0	0	0	3	1.15
F	0	0	0	0	1	0	0	0	0	1	0.38
G	0	19	1	64	6	39	2	27	0	158	60.54
H	0	0	1	0	0	1	1	2	0	5	1.92
I	0	0	0	0	1	0	0	1	0	2	0.77
J	1	0	0	0	0	0	0	0	0	1	0.38
次数汇总	2	34	4	93	18	58	9	42	1	261	100
次数百分比	0.77	13.03	1.53	35.63	6.90	22.22	3.45	16.09	0.38	100	

教师语言的时间分析表格

——《分式的乘除》课堂教学录像

	组织教学	引入	讲解新知识	例题讲解	学生练习	教师讲解	点评	小结	结束语	时间汇总	时间百分比汇总
A	1	9	4	35	15	38	24	17	0	143	5.65
B	0	40	15	48.5	58	91	0	6	5	263.5	10.41
C	0	5	0	37	0	12.5	0	3.5	0	58	2.29
D	0	13	0	22	3	21	14	26	0	99	3.91

续　表

	组织教学	引入	讲解新知识	例题讲解	学生练习	教师讲解	点评	小结	结束语	时间汇总	时间百分比汇总
E	0	4	0	0	2	0	0	0	0	6	0.24
F	0	0	0	0	5	0	0	0	0	5	0.20
G	0	81.5	1	193	12	166	7	117.5	0	578	22.83
H	0	0	7	0	0	6	1	10.5	0	24.5	0.97
I	0	0	0	0	1	0	0	1	0	2	0.08
J	2	0	0	0	0	0	0	0	0	2	0.08
时间汇总	3	152.5	27	335.5	96	334.5	46	181.5	5	1181	46.64
时间百分比	0.12	6.02	1.07	13.25	3.79	13.21	1.82	7.17	0.20	46.64	

附录 G　等待行为统计表

教学环节	停顿类型	起始时间（秒）	时间（秒）	次数
组织教学	操作多媒体			
	学生思考			
	学生做题			
	等待学生回答（回应）			
	无效等待			
引入	操作多媒体	10：14—10：16 10：22—10：26 10：34—10：37	9	3
	学生思考	10：55—10：58 12：21—12：29 13：14—13：17	14	3
	学生做题			
	等待学生回答（回应）			
	无效等待			
讲解新知识点	操作多媒体	13：39—13：49	10	1
	学生思考			
	学生做题			
	等待学生回答（回应）			
	无效等待			
例题讲解	操作多媒体			
	学生思考	15：52—15：54 15：55—16：02 18：27—18：28	8	3
	学生做题			
	等待学生回答（回应）	18：06—18：07	1	1
	无效等待			

教学环节	停顿类型	起始时间（秒）	时间（秒）	次数
复习小结	操作多媒体			
	学生思考	20：15—20：23 21：17—21：22	13	2
	学生做题			
	等待学生回答（回应）			
	无效等待			
学生练习	操作多媒体	23：44—24：42	58	1
	学生思考			
	学生做题	22：28—23：40	72	1
	等待学生回答（回应）			
	无效等待			
教师讲解	操作多媒体			
	学生思考			
	学生做题			
	等待学生回答（回应）			
	无效等待			
学生练习 （请3位学 生到黑板写）	操作多媒体	25：51—26：12	21	
	学生思考			
	学生做题	26：22—28：33 28：40—29：27 29：35—29：50 00：00—00：29	222	4
	等待学生回答（回应）			
	无效等待			
教师讲解	操作多媒体			
	学生思考			
	学生做题			
	等待学生回答（回应）			
	无效等待			

续　表

教学环节	停顿类型	起始时间(秒)	时间(秒)	次数
例题讲解	操作多媒体	02：38—02：41	3	1
	学生思考	02：52—03：10	18	1
	学生做题			
	等待学生回答(回应)			
	无效等待			
知识小结	操作多媒体			
	学生思考	05：55—06：19 06：36—06：48	36	2
	学生做题			
	等待学生回答(回应)			
	无效等待	05：40—05：47	7	1
学生练习	操作多媒体			
	学生思考			
	学生做题	07：20—11：37 11：41—11：47 11：49—11：52 12：02—13：15	342	4
	等待学生回答(回应)	11：57—11：59	2	1
	无效等待			
教师讲解	操作多媒体	13：18—13：33 13：34—13：36	17	2
	学生思考			
	学生做题			
	等待学生回答(回应)			
	无效等待	14：45—14：50	5	1
点评	操作多媒体			
	学生思考			
	学生做题			
	等待学生回答(回应)	17：07—17：10	3	1
	无效等待	16：40—16：47	7	1

教学环节	停顿类型	起始时间(秒)	时间(秒)	次数
学生练习	操作多媒体			
	学生思考			
	学生做题	18：04－18：44 18：47－19：03	56	2
	等待学生回答(回应)			
	无效等待			
教师讲解	操作多媒体			
	学生思考	19：18－19：20 19：25－19：27	4	2
	学生做题			
	等待学生回答(回应)	19：54－20：01	7	1
	无效等待			
提问总结	操作多媒体			
	学生思考	20：47－20：52 21：33－21：38	10	2
	学生做题			
	等待学生回答(回应)			
	无效等待			
课堂结束	操作多媒体			
	学生思考			
	学生做题			
	等待学生回答(回应)			
	无效等待	22：01－22：03	2	1

分析：

停顿类型	次数	时间（秒）	备注	总计	
				停顿时间（秒）	停顿次数
操作课件	8	118			
学生思考	13	103			
学生做题	11	692	包括了教师在该段时间内的行为（巡视或者个别指导）	38	954
等待学生回答（回应）	3	12			
无效等待	3	19	包括教师走向讲台，送学生的试卷，准备下课等		

附录 H 教师访谈提纲

1. 您心目中的理想课堂应该是什么样子的？

2. 当您听其他老师数学课的时候您主要关注什么？关注过教师课堂教学行为吗（如：教师提问、教学言语、教学反馈行为以及等候时间）？您觉得哪些课堂教学行为对课堂教学的影响最大？

3. 您觉得是否可以利用教师课堂教学行为（如：教师提问、教学言语、教学反馈行为以及等候时间）来判断、评价这节课的质量？

4. 您觉得什么样的数学课堂教学是高质量的，例如，包括哪些方面、哪些过程？请举例描述（如高认知水平的数学任务、课堂讨论（提问与回答）、课堂反馈、师生互动、启发性教学过程等）

5. 您觉得什么样的数学课堂教学是质量不高的？您主要是通过哪几方面来判断的？请您详细描述。

6. 您觉得教师课堂教学行为（如：教师提问、教学言语、教学反馈行为以及等候时间）分为哪些类型？您认为提问的目的是什么？您觉得提问有哪些类型？

7. 您认为课堂教学语言对课堂教学质量有什么影响？什么样的语言是最有效的？您觉得教学语言有哪些类型？

8. 您认为课堂教学反馈重要吗？您觉得教学反馈的目的是什么？您认为反馈有哪些类型？您认为什么样的反馈能促进课堂有效教学？

附录 I 学生访谈提纲

1. 你觉得老师为什么要在课堂上提问？（尽可能多地给出理由）
2. 什么类型的问题会激发你的学习兴趣？
3. 你觉得老师提出问题后会让什么样的学生回答？
4. 当老师提出问题后，是否会马上叫学生回答问题？
5. 老师会先叫学生，然后提出问题吗？这样的情况会经常发生吗？
6. 老师会怎样对待学生的回答？
7. 你喜欢怎样的老师？
8. 你的老师讲课是否生动有趣？你能举例说明吗？
9. 老师经常会将数学问题与生活中的实际例子联系起来吗？
10. 你认为教师提问的目的是什么？
11. 当老师提出问题后，会给出一些时间让你们思考问题吗？你觉得这样的思考时间是否需要？
12. 课堂教学中，老师对你们的课堂表现会有什么反应？请举例说明。

参考文献

英文类

[1] Tracy Hogan and Mitchell Rabinowitz, John A. Craven. Representation in Teaching: Inferences From Research of Expert and Novice Teachers. Educational Psychologist, 2003(4): 235-247.

[2] Evelyn A. O'Connor & Marian C. Fish. Differences in the Classroom Systems of Expert and Novice Teachers, A Paper Presented at the Annual Meeting of the American Educational Research Association. San Diego, CA, April 13-17, 1998.

[3] Ruth M. Allen & Renee M. Casbergue. Evolution of Novice Through Expert Teachers' Recall, A Paper Presented at the Annual Meeting of the American Educational Research Association. San Francisco, CA, April 17-22, 1995.

[4] De Corse, Cynthia & Benton J. I'm a Good Teacher, Therefore I'm a Good Researcher, Paper Presented at the Annual Meeting of the American Educational Research Association. Chicago, IL, March 24-28, 1997.

[5] Gormley, Kathleen. Expert and Novice Teachers' Beliefs About Culturally Responsive Pedagogy, A Paper Presented at the Annual Meeting of the American Educational Research Association. San Francisco, CA, April 17-22, 1995.

[6] Ruth M. Allen & Renee M. Frequency and Levels of Reflection: Their Relationship to the Evolution of Novice Through Expert Teachers' Recall, A Paper Presented at the Meeting of American Education Research Assocition. New York, NY, April 8, 1996.

[7] Kratz H E. Characteristics of the best teachers as recognized by children. Pedagogical Eminary, 1896, (3): 413-418.

[8] Iman L S. Knowledge and Teaching: Foundations of the New Reform. Harvard Educational Review, 1987, 57(1): 1-23.

[9] Isoda M, Miyakawa T, Stephens M. Japanese Lesson Study in Mathematics: Its Impact, Diversity and Potential for Educational Improvement [M]. Singapore: World Scientific Publishing Co. Pte. Ltd, 2007: 275-278.

[10] Friedman E R. An examination of lesson study as a teaching tool in US public schools [D]. Ashland University, 2005.

[11] Martin M, Mullis O. TIMSS 2003 International Mathematics Report: Findings from IEA's Trends in International Mathematics and Science Study at the Fourth and Eighth Grades, Boston College, 2003[C]. Massachusetts: TIMSS & PIRLS International Study Center, 2004.

[12] Sonal Chokshi, Clea Femandez. Reaping the systemic benefits of lesson study: Insight from the U. S. A[J]. Phi Delta Kappan, 2005, 86: 674-681.

[13] Lewis C. Lesson study: The core of Japanese professional development[C]. American Educational Research Association (2000 Annual Meeting). New Orleans, LA. 2001.

[14] Beauchamp E. New and old voices on Japanese education. Armonk, N. Y. 2001: 50-52.

[15] Stigler J W, Hiebert J. The teaching gap: Best ideas from the world's teachers for improving education in the classroom. New York: The Free Press, 1999.

[16] Dillon J T. Questioning and teaching: A manual of practice [M]. New York: Teachers College Press, 1988.

[17] Sanders N M. Classroom question: what kinds? [M]. New York: Harper& Row, 1966.

[18] Guszak F J. Teacher questioning and reading. The Reading Teacher, 1967(21): 227-234.

[19] Frager A M. Questioning strategies: Implications for teacher training. Information Analyses, 1979(70): 232-235.

[20] Weinert F, Helmkey A. Interclassroom differences in instructional quality and interindividual differences in cognitive development. Educational Psychologist,1995, 30: 15-20.

[21] John A Z. Classroom Feedback Behavior of Teachers. The Journal of Educational Research, 1968, 62: 147-150.

[22] Bloom B, Bourdon L. Types and frequencies of teachers' written instructional feedback. Journal of Educational Research,1980,74: 13-15.

[23] Brophy J. On praising effectively. Elementary School Journal,1981,81: 269-278.

[24] Brophy J, Good T. Teacher behavior and student achievement. In M. Wittrock (Ed.), Handbook of research on teaching (3rd ed. , pp. 328-375). New York: Macmillan,1986.

[25] Stiped D. Motivation and instruction. In: Berliner D, Calfee R (Eds.). Handbook of educational psychology(pp. 85-113). New York: Macmillan,1996.

[26] Dillon J T. Questioning and teaching: A manual of practice. New York: Teachers College Press, 1988.

[27] Owe M B. Reflections on Wait-time: Some Methodological Questions. Journal of Research in Science Teaching, 1974,11(3): 263-279.

[28] Rowe M B. Wait-time Slowing down may be away of speeding up. American

Educator[J], 1987, 11 (1) : 38-47.

[29] Nussbaum J F. Classroom behavior of the effective teacher [J]. Communication, 1984(13): 81-91.

[30] Irvine J. Teacher-student interactions: Effects of student race, sex and grade level [J]. Journal of Educational Psychology, 1986(78): 13-21.

[31] Bettencourt E, Gillett M, Gall M, Hull R. Effects of teacher enthusiasm training on student on-task behavior and achievement [J]. American Educational Research Journal, 1983(20): 435-450.

[32] Gage N L, Needels M C. Process-product research on teaching: A review of criticisms. The Elementary School Journal,1986,89(3): 254-300.

[33] Schloss P J, Smith M A. Applied behavior analysis in the classroom(2nd ed). 1998: 2.

[34] John A. Craven. Representation in Teaching: Inferences From Research of Expert and Novice Teachers,Educational Psychologist,2003(4),237-247.

[35] Evelyn A. O'Connor, Marian C. Fish. Differences in the classroom systems of Expert and Novice Teachers, A Paper Presented at the Annual Meeting of the American Education Research Conference: San Diego,CA,April,1998.

[36] Ruth M A,Renee M C. Evolution of Novice Through Expert Teachers' Recall, A Paper Presented at the American Education Research Conference: San Franciso,CA,April 18-22,1995.

[37] Corse D,Cynthia J B. I'm a Good Teacher, Therefore I'm a Good Researcher,A Paper Presented at the Annual Meeting of the American Educational Research Association. Chicago,IL,March 27,1997.

[38] Gormley Kathleen. Expert and Novice Teachers' Beliefs about Culturally Responsive Pedagogy,A Paper Presented at the American Education Research Conference. San Franciso,CA,April 18-22,1995.

[39] Wiggin S G P. Educative assessment-designing assessment to inform and improve student performance [M]. San Francisco: Jossey-Bass Publishers, 1998.

[40] McDonald F, Elias. The effects of teacher performance on pupil learning. Beginning teacher evaluations study (Phase II, final report, Vol. 1). Princeton, NJ: Education Testing service,1976.

[41] Rosenshine B. Advances in research on instruction. The Journal of Educational Research,1995,88(5), 262-268.

[42] Dunkin M J, Biddle B J. The study of teaching. New York: Holt, Rinehart and Winston,1974.

[43] Suriza van der Sandt. Research Framework on Mathematics Teacher Behaviour: Koehler and Grousw's Framework Revisited. Eurasia Journal of Mathematics, Science & Technology Education,2007,3(4),343-350.

中文类

[1] 钟启泉."有效教学"研究的价值[J].教育研究,2007(6):31.

[2] 唐松林.教师行为研究[M].长沙:湖南师范大学出版社,2002:4.

[3] 叶立军,斯海霞.当前初中数学课堂教学存在的问题及其对策[J].天津师范大学学报,2010(4):52-55.

[4] 数学课程标准研制组编写.全日制义务教育数学课程标准(实验稿)解读[M].北京:北京师范大学出版社,2000:173.

[5] 张奠宙,唐瑞芬,刘鸿坤.数学教育学[M].南昌:江西教育出版社,1997:20.

[6] 张志明.实施小组合作学习中的问题与对策[J].小学数学教学研究,2007(12):26.

[7] 李祎."病态"数学教学解析[J].当代教育科学,2007(3-4):37.

[8] 郭思乐.教育走向生本[M].北京:人民教育出版社,2001:80.

[9] 列宁.黑格尔《逻辑学》一书摘要.北京:人民出版社,1965:141.

[10] 陈振华.论教师的经验学习[J].华东师范大学学报(教育科学版),2003(3):17-19.

[11] [美]Jackie Acree Walsh,Beth Dankert Sattes.优质提问教学法——让每个学生都参与其中[M].刘彦译.北京:中国轻工业出版社,2009:47,88-89.

[12] 喻平,连四青,武锡环.中国数学教学研究30年[M].北京:科学出版社,2011:250.

[13] [美]R.J.斯腾伯格,J.A.霍瓦斯.专家型教师教学的原型观[J].华东师范大学学报(教育版),1997(1):27-37.

[14] 林正范,徐丽华.对教师行为研究的认识[J].教师教育研究,2006(3):23-26.

[15] [美]Thomas L. Good,JereE. Brophy.透视课堂[M].陶志琼译.北京:中国轻工业出版社,2009:1-2.

[16] 中国社会科学院语言研究所词典编辑室.现代汉语词典[M].第6版.北京:商务印书馆,2012.

[17] [日]佐伯茂雄.现代心理学概论[M].郭祖仪译.西安:陕西师范大学出版社,1985:30.

[18] 施良方,崔允漷.教学理论:课堂教学的原理、策略与研究[M].上海:华东师范大学出版社,1998:前言,2006.

[19] 柳夕浪.课堂教学临床指导[M].北京:人民教育出版社,2003:4-5.

[20] 孙亚玲.课堂教学有效性标准研究[M].北京:教育科学出版社,2008:13.

[21] 闫龙.课堂教学行为:内涵和研究框架[J].全球教育展望,2007(36):39-44.

[22] 傅道春.教师组织行为[M].上海:上海教育出版社,1993:1,2.

[23] 钟启泉,崔允漷,张华.为了中华民族的复兴、为了每位学生的发展——《基础教育课程改革纲要(试行)》解读[M].上海:华东师范大学出版社,2001:228.

[24] 林正范.试论教师观察行为[J].教育研究,2007(9):66-69.

[25] 莲榕.教师培训的核心：教学行为有效性的增强[J].教育评论,2000(3)：24-26.

[26] 王曦.有效教学和低效教学的课堂行为差异研究[J].教育理论与实践研究,2000(9)：50-53.

[27] 俞国良,罗晓路.教师教学效能感及其相关因素研究[J].北京师范大学学报(人文社科版),2000(1)：72-78.

[28] 施长君.教学理论与教师行为[J].哈尔滨学院学报,2001(2)：120-123.

[29] 苏明强,张占成.对基础教育课堂教学中教师行为评价的再思考[J].雁北师范学院学报,2004(6)：13-16.

[30] 穆永芳,张旭.关于教师课堂教学行为的思考[J].大庆高等专科学校学报,2004(1)：106-107.

[31] 李松林.课堂教学行为分析引论[J].教育理论与实践,2005,25(4)：48-51.

[32] 左斌.师生互动论——课堂师生互动的心理学研究[M].武汉：华中师范大学出版社,2004.

[33] 陈永明.论"数学教学语言"[J].数学教育学报,1999(3)：22-24.

[34] 王姣姣.实践与反思：课堂教学行为研究——以六所中小学为个案[博士学位论文].长沙：湖南师范大学,2009：15.

[35] 吴海荣,朱德全.数学新课程标准下教师有效教学行为分析[J].数学教育学报,2002(3)：16-20.

[36] 冯立.教学改革进程中的教师教学行为变化分析——对两节数学录像课的比较研究[J].上海中学数学,2003(5)：1-4.

[37] 黄丽生.数学新课程标准下教师教学行为的转变[J].数学通报,2004(10)：2-3.

[38] 沈涛.探索中学数学有效教学的策略[J].现代教育科学(中学校长),2007(2)：73-75.

[39] 王光明.高效数学教学行为的归因[J].数学教育学报,2010(3)：75.

[40] 陈玲.课堂教学中教师教学行为与学生学习行为的调查[J].职教通讯,2000(4)：34-35.

[41] 吴康宁.课堂社会学[M].南京：南京师范大学出版社,1999：162.

[42] [德]F.W.克罗恩著.教学论基础[M].李其龙,李家丽,徐斌艳译.北京：教育科学出版社,2005：225.

[43] 姜文闵,韩宗礼,简明教育辞典[M].西安：陕西人民教育出版社,1988：540.

[44] [美]F.戴维著.课堂管理技巧[M].李彦译.上海：华东师范大学出版社,2002：152.

[45] [美]加里·D.鲍里奇著.有效教学方法[M].易东平译.上海：华东师范大学出版社,2002：8.

[46] 张建琼.课堂教学行为优化研究[博士论文].兰州：西北师范大学,2005.

[47] 盖立春,郑长龙.美国教学行为研究的发展历史与范式更迭[J].外国教育研究,2009,36(5)：33-37.

[48] 盖立春,郑长龙.课堂教学行为研究的三种范式及其基本问题[J].课程·教材·

教法.2010,30(11):33-38.

[49] 张建琼.国内外课堂教学行为研究之比较[J].外国教育研究,2005,32(3):40-43.

[50] 郑燕祥.教育的功能与效能[M].香港:广角镜出版社有限公司,1986:87-91.

[51] 岳欣云.西方教师研究发展中的问题及其转换[J].外国教育研究,2006,(10):42.

[52] 亢晓梅.师生课堂互动行为类型理论比较研究[J].比较教育研究,2001(4):42-46.

[53] 周鹏生.教师非言语行为研究简论[M].北京:民族出版社,2006:142.

[54] 傅道春,齐晓东,施长君,等.师范生教师行为训练的设计与实践[J].黑龙江农垦师专学报,1997(1):6-9.

[55] [美]赫伯特·施皮格博格.现象学运动[M].王炳文,张金言译.北京:商务印书馆,1995:533.

[56] 徐继存.教学论导论[M].兰州:甘肃教育出版社,2001:234.

[57] 陈振华.论教师的经验学习[J].华东师范大学学报(教育科学版),2003(3):17-19.

[58] 鲍建生,王洁,顾泠沅.聚焦课堂——课堂教学视频案例的研究与制作[M].上海:上海教育出版社,2005.

[59] 李如密.中学课堂教学艺术[M].北京:高等教育出版社,2009:135.

[60] 李秉德.教学论[M].北京:人民教育出版社,1991:311.

[61] [美]林格伦.课堂教育心理学[M].章志光译.昆明:云南人民出版社,1983.

[62] 王鉴.课堂志:回归课堂生活的研究[J].教育研究,2004(1):81-85.

[63] 陈向明.教师如何作质的研究[M].北京:教育科学出版社,2001:12.

[64] 黄荣金,李业平.数学课堂教学研究[M].上海:上海教育出版社,2010:13.

[65] 陈瑶.课堂观察指导[M].北京:教育科学出版社,2002:1-2.

[66] [英]戴维·霍普金斯.教师课题研究指南[M].杨晓琼译.上海:华东师范大学出版社,2009:106.

[67] [美]威廉·维尔斯曼.教育研究方法导论[M].袁振国主译.北京:教育科学出版社,1997:11.

[68] 中国大百科全书编辑委员会.中国大百科全书·教育[Z].北京:中国大百科全书出版社,1985.

[69] 余文森.有效备课、上课、听课、评课[M].福州:福建教育出版社,2010:117.

[70] [英]德朗特里.西方教育词典[M].陈建平等译.上海:上海译文出版社,1988.

[71] 李如密.教学艺术论[M].济南:山东教育出版社,1995:343.

[72] [美]Cruickshank D R, Bainer D L, Metcalf K K.教学行为指导[M].时绮等译.北京:中国轻工业出版社,2003.

[73] 赵敏霞.对教师有效课堂教学提问的思考[J].现代教育论丛,2003(3):16-19.

[74] 沈建红,郦群.如何提高数学课堂提问的有效性[J].中学数学研究,2007(7):

14-17.

[75] 斯海霞,叶立军.基于录像分析背景下的代数课堂教学提问研究[J].教育理论与实践,2010(3):41-43.

[76] 明轩.提问:一个仍需要深入研究的领域[J].外国中小学教育,1999(4):26.

[77] 顾泠沅,周卫.课堂教学的观察与研究——学会观察[J].上海教育,1999(5):14-18.

[78] 徐小芳.高中数学课堂有效提问的策略与评价[J].中学数学月刊,2008(9):15-18.

[79] 解玉亮.数学教学的课堂提问之我见[J].中学数学研究,2004(5):3-5.

[80] 卢华东.谈数学教学中的元认知提问[J].广西教育学院学报,2004(7):198-199.

[81] 陈森君,沈文选.数学课堂中的提问[J].中学数学研究,2005(9):15-18.

[82] 张晓贵.数学课堂教学的社会研究[M].合肥:安徽教育出版社,2007:144-145.

[83] 孙琪斌.课堂提问统计表的设计与应用[J].教学新论.2008(2):68-69.

[84] 申继亮,李茵.教师课堂提问行为的心理功能和评价[J].上海教育科研,1998(6):40.

[85] [美]伊凡·汉耐尔.高效提问——建构批判性思维技能的七步法[M].黄洁华译汕头:汕头大学出版社,2003.

[86] 叶立军,周芳丽.基于录像分析背景下的教师提问方式研究[J].教育理论与实践,2012(5):52-54.

[87] 高慎英,刘良华.有效教学论[M].广州:广东教育出版社,2004.

[88] 武永江,马复.基于心理咨询思想的教师提问[J].中小学心理健康教育,2005(7):4-7.

[89] [美]Marylou Dantonio,Paul C. Beisenherz.课堂提问的艺术[M].宋玲译.北京:中国轻工出版社,2006:31.

[90] [美]佳里·D.鲍里奇.有效教学方法[M].易东平译.南京:江苏教育出版社,2002:210-211.

[91] 石颐园.关于数学课堂提问有效性的思考[J].教育理论与实践,2010(7):53-54.

[92] 于振球.维果茨基教育论著选[M].北京:人民教育出版社,2005:244.

[93] 陈永明名师工作室.数学教学中的语言问题[M].上海:上海科技教育出版社,2009:5.

[94]《教育心理学》全国统编教材组编写:教育心理学参考资料选辑[M].济南:山东教育出版社,1982:437.

[95] 宋其蕤,冯显灿.教学言语学[M].广州:广东教育出版社,1999:22.

[96] 刘森林.话用策略[M].北京:社会科学文献出版社,2007.

[97] 新课程背景下义务教育阶段教师课堂教学行为规范化研究[EB/OL].http://wenku.baidu.com/view/f147da00a6c30c2259019e59.html,2011-4-11.

[98] 张兆弟,杨松耀.基于现代教育技术的课堂语言分析[J].浙江现代教育技术,2007(5):27-30.

[99] [美]戴尔·H.申克著.学习理论：教育的视角[M].韦小满等译.南京：江苏教育出版社,2003：3.

[100] 曹沂华.课堂教学语言研究文献综述[J].中国科教创新导刊,2009(1)：95.

[101] 曾庆宝.关于数学课堂语言的一些思考[J].数学通报,2006(10)：4-6.

[102] 马士学.也谈数学课堂语言艺术的重要性[J].艺术教育,2007(6)：26.

[103] 姜德民,袁冬梅.数学教师课堂语言艺术探究[J].科技信息（科学教研）,2007(35)：430.

[104] 陆忠新.感人心者,莫切乎言——试论数学教师的课堂语言艺术.考试周刊,2009(18)：37-38.

[105] 湖南教育编辑部编.苏霍姆林斯基教育思想概述[M].长沙：湖南教育出版社,1983.

[106] 姜美玲.教师实践性知识研究[M].上海：华东师范大学出版社,2008：155-156.

[107] 胡壮麟.认知隐喻学[M].北京：北京大学出版社,2004：71.

[108] 巫元琼.隐喻认知特点探析[J].上海工程技术大学教育研究,2008(3)：41-45.

[109] 叶琳.隐喻的图示——范例解释在课堂教学中的应用[J].中国外语,2006,3(5)：57-61.

[110] 李兴梅,曹学林.谈中学数学课堂教学中的师生互动[J].数学通报,2009(4)：29-31.

[111] 李秉德.教学论[M].北京：人民教育出版社,1991：311.

[112] [美]林格伦.课堂教育心理学[M].章志光译.昆明：云南人民出版社,1983.

[113] 叶立军,斯海霞.代数课堂教学中教师评价行为研究[J].教育理论与实践,2011(8)：41-43.

[114] [美]奥斯特霍夫(Oosterhof A).开发和运用课堂评估[M].谭文明,罗兴娟译.北京：中国轻工业出版社,2006：7.

[115] [美]Robert J. Sternberg, Louise Spear-Swerling.思维教学——培养聪明的学习者[M].赵海燕译.北京：中国轻工业出版社,2001.

[116] 陈羚.国内外有关教师课堂提问的研究综述[J].基础教育研究,2006(9)：17.

[117] [瑞]胡森.国际教育百科全书第七卷、第八卷.贵阳：贵州教育出版社,1990.

[118] [美]保罗·埃根,唐·考查克.教育心理学：课堂之窗[M].第6版.郑日昌主译.北京：北京大学出版社,2009：552.

[119] 贾爱武.试论教学中反馈的功能及其分类[J].洛阳师专学报,1998(6)：114-116.

[120] 韩龙淑,涂荣豹.数学启发式教学中的偏差现象及应对策略[J].中国教育学刊,2006(10)：66-68.

[121] 施志毅,廖可珍.建立教育行为学刍议[J].江西教育科研,1997(6)：26.

[122] 申荷永.充满张力的生活空间.见：勒温的动力心理学[M].武汉：湖北教育出版社,1999：43.

[123] [德]希尔伯特·迈克.课堂教学方法（理论篇）[M].龙岚岚,余茜译.上海：华

东师范大学出版社,2011:87.

[124] 高炜,宁琳.传播行为与规则——互动中建构传播理性[J].前沿,2008(2):194-197.

[125] 高凌飚,王晶.教师的教学观——一个重要而又崭新的研究领域[J].学科教育,2003(7):1.

[126] 郑君.课堂教学反馈行为类型及其实施原则[J].当代教育科学,2010(6):40-41.

[127] [德]卡尔·雅斯贝尔斯.什么是教育[M].邹进译.北京:读书·生活·新知三联书店,1991:11.

[128] 张志明.实施小组合作学习中的问题与对策[J].小学数学教学研究,2007(12):26.

[129] 沈呈民,孙连举,李善良.数学交流及其能力的培养[J].课程·教材·教法,1991(9):14-19.

[130] 李亚玲.建构观下的课堂数学交流[J].数学通报,2001(12):5-7.

[131] 施仁智.浅谈课堂教学中的数学交流[J].数学通报,1998(2):16-18.

[132] 李祎.课堂数学交流研究综述[J].中学数学教学参考,2005(8):48-51.

[133] [德]恩斯特·卡西尔著.人论[M].甘阳译.上海:上海译文出版社,2004:78.

[134] 刘旭东.预设与建构——教育价值观演进的思考[J].教育理论与实践,2007(11):5.

[135] 方明.陶行知教育名篇[M].北京:教育科学出版社,2005:2.

[136] [日]佐藤学.课程与教师[M].钟启泉译.北京:教育科学出版社,2003:230.

后　记

　　本著作是在本人博士论文基础上形成的。回顾博士学习生活,我非常感谢我的导师喻平教授。喻老师渊博的知识、敏锐的学术意识以及严谨治学的态度,令人敬佩不已。同时,他的宽容高尚的人格魅力,让我高山仰止,永远铭记。感谢涂荣豹教授!涂老师对数学教育研究的执著令人难以忘怀。感谢涂老师在论文写作过程中给予的帮助。感谢杨启亮教授!杨老师幽默、风趣的上课风格令我终身难忘,聆听杨老师的课令人感到是一种享受。感谢李明振老师、马复老师、徐文彬老师在百忙之中对开题、写作过程的精心指导。感谢宁连华老师在三年生活、学习中给予的帮助。

　　感谢安淑华、吴仲和老师多年对我学业的关心和帮助,也感谢他们对我论文写作的指导和帮助。感谢徐斌艳、鲍建生、曹一鸣、王光明等老师一直以来对我的关心和帮助。感谢杭州师范大学理学院原院长陈辉教授给予我的鼓励和支持!

　　感谢与我一起生活学习的学友们!感谢杨红萍、杨孝斌、王九红、徐伯华、于文华、谢圣英、王兴福、王彦明、皮武、贾群生、桑志坚、齐军等师兄弟、师姐妹们!

　　感谢所有参与访谈、课题研究的学校、老师们、同学们!感谢实验学校对该项实验所提供的帮助!感谢杭州文海中学、杭州滨兴学校、杭州东城中学、杭州东城实验学校、杭州北苑实验中学的老师们和同学们的参与!

　　我指导的硕士研究生自 2008 年以来参与该项目的研究,丁琳、斯海霞、王运庆、吴亚敏、于江华、王晓楠、李燕、周芳丽、彭金萍等硕士研究生参与讨论、数据采集、文献资料整理等工作,我由衷地感谢他们!

　　在后期的写作过程中,得到了 2011 年教育部人文社会科学研究规划基金项目(教师课堂教学行为研究 11YJA880139)资助。

　　最后,我要感谢我的家人对我学业的支持!感谢我的爱人赵亚英,为了我能顺利地完成学业,承担了所有的家务,让我有精力安心学习和工作!感谢我的儿子,在我学习、写作疲劳时,偶尔地打扰,给我的学习、写作增添了无限的乐趣!

叶立军

2014 年 3 月 25 日

于杭州师范大学

索 引

（以拼音字母为序）

263